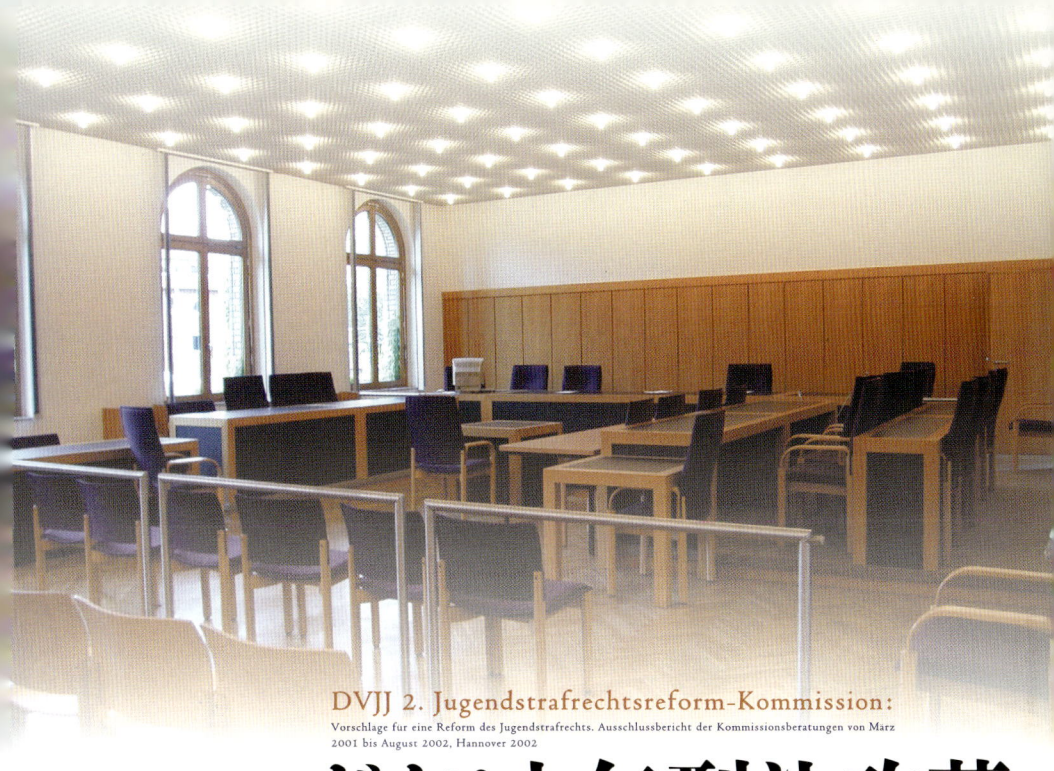

DVJJ 2. Jugendstrafrechtsreform-Kommission:
Vorschläge für eine Reform des Jugendstrafrechts. Ausschlussbericht der Kommissionsberatungen von März 2001 bis August 2002, Hannover 2002

ドイツ少年刑法改革のための諸提案

ドイツ少年裁判所・少年審判補助者連合（DVJJ）［著］
Deutsche Vereinigung für Jugendgerichte und Jugendgerichtshilfe e.V., DVJJ

武内謙治［訳］

現代人文社

職業教育施設
(ノイミュンスター司法執行施設)
施設内では、建築や木工、塗装などのほか、
最近ではコンピュータ実技の職業教育が行われている。

ドイツの司法執行施設(少年)

少年の未決被収容者のための面会室
(ミュンヘン司法執行施設)
被収容者は、
仕切りなしに家族などと面会することができる。

施設内の鳥かご
（ノイミュンスター司法執行施設）
拘禁施設の一画を使って鳥が飼われている。
施設職員の提案で始められたそうだが、
被収容者にも好評なのだとか。

施設内の公衆電話
（ノイミュンスター司法執行施設）
行刑中であっても、
被収容者の社会関係の保持には
注意が払われている。
施設内の公衆電話は、その一例。

ドイツ少年刑法改革
のための諸提案

日本語版への序言

親愛なる日本の読者のみなさん

　私たちの少年刑法改革のための諸提案に関心を持って頂いたことを嬉しく思います。ドイツ少年裁判所・少年審判補助者連合（DVJJ）が少年司法の専門団体として担っている任務は、規約に則していえば、学術的な知見と実務的な経験の顧慮のもとで、少年犯罪に関係する問題を検討し、その解決を促進する、というものです。

　私たちの諸提案は、行為者、被害者、公共体間の葛藤の調停に寄与することを意図していました。しかし、私たちの諸提案は、より多くより厳しく処罰すべきだ、という点で一致している公衆と政治の無理解に、しばしば出くわしています。憶測だけで爆発的に増加しているといわれている少年犯罪への対応として、国内においても、国際的にも、抑圧的な制裁、特に、より多くのより長い自由剥奪が、ますます要求されています。

　しかしながら、新たな処罰欲求、増大する冷酷さ、そして強まる厳罰化は、犯罪率の低下を帰結しません。経験的に確かな犯罪学的な制裁研究の知見から私たちが知ることができるのは、潜在的な被害者の利益のためには、結果指向の考え方と施設内処分に代わる新しい社会内の対応形態（例えば、行為者－被害者－和解）が価値を持つ、ということです。

　それゆえ、犯罪学的に根拠づけられ、効果的であることを目指す刑事政策が、より多くの厳しさを求める画一的でポピュリスティックな要求にとって代わらなければなりません。啓蒙された公衆は、それに見合う形で、どの対応形態・制裁形態が被害者保護にとって成功を約束するのかということ、すなわち、何が再犯と新たな被害者の出現を防ぐことができるのかということを、等閑に付すことをしません。

　少年刑法の改革に関してなされる提案は、国際的な視点を顧慮しても、次のようなものであるべきです。すなわち、100年以上の歴史を持つ少年裁判所運動に対して目下加えられている攻撃をはねのけ、その代わりに、少年司法を

良い方向で形成し、時代に適うようにそれをさらに発展させるのに、ふさわしいものであるべきなのです。合理性とヒューマニティという原則に方向づけられた慎重な対応をとらなければならない義務を、私たちは、特にわれわれの少年——公共体を構成するものとしての少年、そして少年犯罪の行為者及び被害者としての少年、に対して負っています。この点で想起されるべきは、ジャン・ポール・サルトルによる次のような一節です。
　「若者は、未来への郷愁を持つものである。」

2005年10月
ベルント=リューデガー・ゾネン
DVJJ代表

Prof. Dr. Bernd-Rüdeger Sonnen
Vorsitzender der DVJJ

序言

　少年たちは、巷で言われているよりも悪くない。他方で、教育程度の低い少年は、冷遇されていると感じている。こうした少年の中に、社会的弱者に対して攻撃を行う傾向を持つ、いわゆる「荒っぽい物質主義者たち」がいる——DVJJの第二次少年刑法改正委員会の最終報告書と時を同じくして公表されたシェル研究による2002年の報告書の中心的な指摘は、このようなものである。そうでなくてもすでに、成人になるための成長過程は少年にとって重い負担になっている。そこにおいて残っているチャンスを潰さず、若年者に犯罪者としての烙印を押さず、彼らを疎外することなしに、少年犯罪にきめ細やかで、なおかつ柔軟に対応することが重要なのであれば、少年や青年の可罰的な行動の背景と発生条件において、こうした視点が考慮されなければならない。

　「誰も犯罪者として生まれてくるわけではない。若者にフェアなチャンスを！」——このようなモットーの下で、DVJJのヘンリー・マスケ基金は、少年を邪魔者と見る視点から、われわれの少年とのつき合い・協働における新しい文化へ、というパースペクティブの転換を訴えてきた。「問題を抱え込み、社会のくずとして、あたかも社会的に残るリスクであるかのように考えられ、扱われたい少年などいない」と1999年のマグデブルガー・イニシアティブの中で言われているように、この新しい文化には、少年の参加が含まれる。

　この点で——他の点においては全くもって厳しい意見の対立を持つ立場にある——少年刑事司法に関係する全ての職業領域と学問領域を代表している30人の（DVJJの執行委員会から選出された）委員全員の見解は、一致している。この点、ここで再度強く感謝しなければならないのであるが、われわれは、連邦司法省及び連邦少年省により、財政的支援とならんで精神的な支援も得た。少年刑法改革に関するDVJJの構想は、現行の1990年少年裁判所法第一次改正法の刑事政策的な目的設定とつながっており、第一次少年刑法改正委員会による提案と1992年の少年裁判所会議レーゲンスブルク大会で議決された結果を取り上げ、1985年の少年司法運営に関する国連最低基準規則を

考慮して、それをさらに発展させている。

　第二次少年刑法改正委員会により立案された改正提案は、いくつかの根本的な問題において、新しい方向性を打ち出している。その改正提案は、少年刑法の目的と任務を明確にすること、犯罪学、社会学、教育学の現代的な研究に知見を適合させること、実務に関連し、時代に適い、若年者のニーズに方向づけられた対応制度を作り出すことを、特に目的としている。その提案は、行為者と被害者、そして共同体の間にある紛争の規整に寄与する意図を持っている。それは、結果指向、合理性、そしてヒューマニティを義務づけられた、状況を見通す能力と思慮深さを備えた少年刑事政策の表現である。この基盤の上で、活発な議論がさらに行われることを、われわれは期待している。

　　代表して
　　ベルント=リューデガー・ゾネン

目次

日本語版への序言　2

序言　4

ドイツ少年刑法改革のための諸提案

はじめに	12
1. 少年刑法の目的と任務	13
2. 人的な適用範囲	16
2.1 刑事責任年齢の下限	16
2.2 青年を少年刑法に含めること	17
2.2.1 現在の法律関係と改革の必要性　17	
2.2.2 青年に関する特別規定　19	
2.3 21〜24歳の者(「若年成人」)を含めること	20
3. 物的な適用範囲	23
4. 少年刑事手続の諸原則	24
4.1 参加の原則 (Grundsatz der Beteiligung)	25
4.2 補充性の原則 (Grundsatz der Subsidiarität)	26
4.3 裁判所外における紛争規整の優先 (Vorrang der außergerichtlichen Konfliktregelung)	26
4.4 不利な地位に置かれない原則 (Grundsatz der Nichtschlechterstellung)	27
4.5 補整の原則 (Grundsatz der Kompensation)	29
4.6 迅速性の原則 (Grundsatz der Beschleunigung)	29
4.7 専門性の原則 (Grundsatz der Fachlichkeit)	31
5. 刑法上の責任	34

　　　　検察官及び裁判所が理由づけを行う義務　　法律文言の現代化　　青年への適用

6. 軽微犯の実体法上の非犯罪化 — 38
7. 紛争を規整する手続の促進 — 40
8. 手続関与者の資格と専門教育 — 42
8.1 少年係裁判官と少年係検察官 — 42
8.2 少年援助の担い手 — 44
8.3 警察 — 44
8.4 少年係保護観察官 — 45
8.5 執行に関係する者 — 46
8.6 ユーゲント・アカデミーで専門教育を適切に行う構造をつくること — 46
9. 刑事手続における少年援助の地位と協力 — 47
9.1 刑事手続における少年援助の任務 — 49
9.1.1 少年援助の一部としての少年審判補助 49
9.1.2 専門性 50
9.1.3 助言機能と援護関係、証言拒否権 51
9.2 相互の情報交換、情報の請求及び協働のための義務 — 53
9.3 (未決) 拘禁における少年援助 — 55
9.4 審判手続における少年援助 — 56
9.5 社会内処分の執行 — 58
　　労務の給付　　監督及び統制機能
9.6 保護観察、行刑、釈放、前科の除去 — 60
9.7 任務の割り当てを適合させること — 61
9.8 データの保護 — 62
9.9 少年援助の給付の財政 — 64
10. 少年刑事手続における弁護 — 65
　　現実的な防御能力の考慮　　少年刑が予想される場合の必要的弁護
　　特別な拘禁リスクの埋め合わせ　　弁護士による被害者の代理
11. 非公開と人格権の保護 — 69
12. 非定式的な手続処理、ダイバージョンの優先 — 71
12.1 少年援助の給付が開始され、遂行された場合における 手続打ち切り — 71
12.2 審判における手続打ち切り — 72
12.3 警察及び少年局によるダイバージョン — 72

13. 手続における被害者の地位 — 75
13.1 手続における被害者の情報権と参加権の強化 — 77
13.2 少年に対する手続における公訴参加の不許可 — 78
13.3 私人起訴 — 79
13.4 付帯私訴手続 — 80
13.5 手続打ち切り決定の透明な仲介；援助の提供 — 81

14. 実体処分の改革の必要性 — 83

15. 二元主義の課題 — 86

16. 複数の実体処分の併合 — 88

17. 14〜15歳の者に関する自由剥奪処分の禁止 — 90

18. 改革された制度における少年刑法上の制裁 — 93
18.1 さらなる制裁賦課のない有罪宣告 — 94
18.2 損害回復 — 95
18.3 社会内処分 — 96
18.3.1 社会内の援助的な処分　98
18.3.2 治療的・医療的な処分　99
18.3.3 社会内の懲罰的な処分　100
　　労務の給付　過料　運転の禁止
18.3.4 期間、指示の変更　103
18.3.5 社会内処分の強制可能性と代替拘禁　104
18.3.6 執行時効　106
18.4 運転免許の剥奪 — 107
18.5 少年拘禁 — 108
18.5.1 少年拘禁に対する根本的な批判について　109
18.5.2 少年拘禁の改革　110
18.6 少年刑 — 114
18.6.1 少年刑の賦課の展開　115
18.6.2 少年刑の要件　116
18.6.3 少年行刑法　117
18.6.4 閉鎖的収容　118
18.6.5 少年刑の期間　119
18.7 少年刑の賦課及び執行の延期 — 121
18.7.1 少年刑の前の保護観察（少年裁判所法第27条）　122
18.7.2 少年刑を言い渡す場合の保護観察のための刑の延期　123

　　　　　　保護観察の要件の拡張　　原則的な保護観察期間の短縮
　　　　　　保護観察官による一貫した援護　　保護観察の事件数を減らすこと
　　18.7.3 少年刑を言い渡す場合の「事前の保護観察」 126
　　18.7.4 保護観察のための残余刑の延期 128
　　　　　　釈放の期間、審査の義務　　判断基準
　　　　　　ドイツ人ではない被拘禁者を対等の立場に置くこと
　　18.7.5 刑の延期の取消し 132
　18.8 収容 133

19. 未決勾留と未決勾留回避 ──────────────── 136
　19.1 未決勾留の回避 ……………………………………………… 137
　19.2 比例性 …………………………………………………………… 137
　19.3 14〜15歳の者に対する未決勾留の賦課の禁止 ………………… 138

参照文献 140

付　録

少年裁判所法（Jugendgerichtsgesetz） 152

少年裁判所法に関する準則（Richtlinien zum Jugendgerichtsgesetz） 189

社会保障法典 第8編 児童及び少年の援助（抄訳） 214

訳者解説──ドイツ少年司法制度と「少年刑法改革のための諸提案」（第二次提案）の意義 234

第二次少年刑法改正委員会委員

Sophie von Ballestrem	区裁判所／家庭裁判所裁判官、ミュンヘン
Prof. Dr. Klaus Boers	犯罪学教授、ミュンスター大学
Monika Brehmer	少年審判補助者、ベルリン
Klaus Breymann	上級検察官、マグデブルク
Prof. Dr. Dieter Döling	刑法・刑事訴訟法・犯罪学教授、ハイデルベルク大学〔2002年4月まで〕
Dr. Regine Drewniak	社会学者、ハノーファー
Prof. Henning Fischer	ソーシャルワーク・メディア・文化学部、メルゼブルク専門大学
Jochen Goerdeler	DVJJ執行部、ハノーファー〔2002年5月から〕
Theresia Höynck	犯罪学研究所学術研究員、ハノーファー
Joachim Katz	少年係裁判官、ハンブルク
Werner Kunath	刑事係警察職員、ハンブルク警察学校
Claus Maijer	少年審判補助者、ハンブルク
Thomas Meißner	社会教育士、ソーシャルワーカー、ベルリン
Prof. Dr. Heribert Ostendorf	少年刑法・犯罪予防研究所、キール、元シュレスビッヒ・ホルスタイン州検事総長
Petra Peterich	社会教育士、リューネブルク
Lukas Pieplow	弁護士、ケルン
Jutta Pusch-Runge	ラインラント州司法局、ケルン
Prof. Dr. Dieter Rössner	刑法・犯罪学教授、マールブルク大学
Christian Scholz	少年係裁判官、リューネブルク
Prof. Dr. Bernd-Rüdeger Sonnen	刑法及び犯罪学教授、ハンブルク大学
Andreas Guido Spahn	地方裁判所少年係裁判官、ザールフェルト
Peter Tannenberg	少年審判補助者、ミュンヘン
Prof. Dr. Thomas Trenczek	社会福祉学部、イエナ専門大学
Prof. Dr. Bernhard Villmow	刑事法学研究所、犯罪学部門、ハンブルク大学
Ltd. RegDir. Dr. Joachim Walter	アーデルスハイム少年行刑施設長
Helgard Walter-Freise	検察官、ブラウンシュヴァイク
Friederike Wapler	DVJJ執行部、ハノーファー〔2002年5月まで〕
Frank H. Weyel	教育士、ヴィースバーデン
Susanne Zinke	ソーシャルワーカー、カッセル

ドイツ少年刑法改革のための諸提案

はじめに

　本委員会は、少年裁判所法第一次改正法との結びつきで、現在の少年手続の制度には以下の点で改正の必要があると考える。

- 少年刑事手続の目的と適用可能性を(限定的な形で)明確にすること
- 青年を少年裁判所の管轄に含め、部分的には若年成人に対して少年刑法の適用を認めること
- 少年刑事手続の全体を貫徹する諸原則を定めること
- 少年刑事手続と関係する者の資格
- 司法と少年援助の協働を最大限活用すること
- 少年刑事手続における被害者の地位
- 制裁制度

　本委員会は、これらの点に関して、今現在存在している経験的・実証的な知見と経験に基づき、少年裁判所法、刑事訴訟法、社会保障法典第8編の改正に関する諸提案を作成した。この諸提案は、部分的には、法律条文の改正提案として表記されている。このようにして法律条文として書き表した提案は、点描的な性格を持っている。それらの提案は——それが提案の趣旨通りに実務に移されるとすれば——多くの場合、現行の諸法律に歩調を合わせなければならない。この委員会では、原則として、こうした調整の必要性までは調査を行わなかった。この点で、必然的に、この諸提案は不完全なものではある[1]。

1　参照文献についても、それが完全であることを主張するものではない。

1. 少年刑法の目的と任務

　少年が将来違法な行為に及ばないこと（das zukünftige Legalverhalten des Jugendlichen）を少年刑事手続の目的として定めることを、本委員会は支持する。

　教育思想は、現行の少年刑法において中心的な意味を持っている。少年刑法の全体が、少年の犯罪行為に対して少年にふさわしい形で対応するようにできている。このことは、少年裁判所法の多くの規定が裏づけている。すなわち、「教育処分」（少年裁判所法第9条から12条）が命じられ、「教育に関する一時的な命令」（少年裁判所法第71条）がなされうる。少年行刑は、少年の教育が促進されるよう形成すべきものとされている。執行にかかわる職員は、こうした「教育的な任務」にふさわしくあるべきものとされている（少年裁判所法第91条）。少年刑は、「必要な教育的効果」が及びうるよう量定されるべきものとされており（少年裁判所法第17条2項）、「教育的な理由」から、すでに服した未決勾留の算入を行わないこともできる（少年裁判所法第52条a）。

　しかしながら、「教育」という概念〔の内容〕は、少年裁判所法のどこにも定義されていない。そのため、少年刑法の目的や、特に他の刑罰目的と教育思想の関係は、学理や判例においてばらばらに理解されている。それを反映する形で、法治国家原則を切り詰めるという〔「教育思想」の〕影響についても、見解が分かれている。法治国家原則は、一般刑法理論では明確に打ち出されているが、少年刑法においては——少年にふさわしい対応という意味において——様々に制限されている。

　こうしたことにより、実務上法適用や法解釈が不統一になるという結果が生じているだけでなく、部分的には——いずれにしても、この間それぞれの分野について統計が裏づけているように——少年や青年が〔成人〕より厳しい扱いを受けるという結果が引き起こされている。

　成人刑法では、純粋に責任に依拠した判断を経て、刑罰が科される。少年刑法では、事実として存在する教育上の欠陥（Erziehungsdefizite）が、あるいは、単に想像の上だけのそれが、成人刑法におけるよりも厳しい刑罰を科す

ための理由として利用されている[2]。

　しかし、少年刑法が元来持っていた、そして今日でもなお妥当している意味内容は、まさに、少年にふさわしい援助のための措置のために国家による刑罰要求を抑制するということ（「刑罰に代わる教育 (Erziehung statt Strafe)」）にあるのであり、刑法を手にして教育がなされていないことに立ち向かうこと（「刑罰による教育 (Erziehung durch Strafe)」）にあるのではない。

　仮に、善き人間になるために教育するということを刑法による介入の目的として理解するのであれば、それは、国家による介入、特に刑法による介入を制限するという、近代的な法治国家において存在している考えと矛盾することになる。個々人の人格や尊厳を尊重するということは、少年刑法においても、犯罪行為者に対する「内心の転向」の強制を放棄するよう求めるのである。

　刑法は、内心の態度や人間が法に適った行動をとる際の動機とは無関係に、外に表れた行為——法に従った行為——に目を向けて、行為を統制する形で作用すべきものである。したがって、教育的な影響づけの限界を明らかにし、少年刑法の目的をこれまでよりも明確に定義することが、すでに法治国家的な観点から必要とされているのである。

　このことについて、オーストリアの少年裁判所が核心を突いている。その第5条1号は、次のように謳っている。

　　　「少年刑法の適用は、特に、行為者が可罰的な行為に及ばないことを目的とする。」

　この規定にならって、ドイツの少年裁判所法においても、「〔将来〕違法な行為に及ばないこと (Legalverhalten)」という他のものに優先する目的が、間違えようのない形で規定されるべきである。

　他方、教育思想それ自体を少年刑法から放逐することを、本委員会は拒否する。相応の必要性があり、行為責任の程度を超えない限りにおいて、違法な行為に及ばないという目的を達成するための方法は、まさに若年者の場合には、教育的な措置を提供することで追求されうる。刑法は、その秩序機能・

---

[2] Vgl. Dünkel, Freiheitsentzug für junge Rechtsbrecher, 1990, S. 125 ff.

統制機能の枠内に局限されなければならない。しかしその一方で、犯罪行為をきっかけにして必要になる刑法的な介入は、若年者の社会的統合を妨げるものであってはならず、可能な限り人格の発展を促進し、社会的統合を促すものでなければならない。この意味において、「教育」は、若年者の社会的統合を強め、自己の責任を負うことができ、社会で共同生活を送りうる人格を発展させるよう（社会保障法典第8編第1条[3]）、若年者を援助するということを指針としなければならない。1990年、立法者は、このような表現を用いて、児童及び少年援助法／社会保障法典第8編において、「刑罰による教育」の考えや〔それまで〕教育的であると捉えられてきた「懲罰（Denkzetteln）」を、もう一度否定したのである。刑法においても、こうした教育の現代的な理解に歩調を合わせることが必要である。

条文の提案：

第1条は、次のように規定される。

少年裁判所法第1条［少年刑法の目的］

少年刑法の適用は、若年者が犯罪行為と関係しない生活を送ることができるようにすることに資するものでなければならない。

若年者は、刑法上意味を持つ逸脱行為を契機としても、自己に責任を持ち社会で共同生活を送ることができる人格へと自己を発展させ、かつ、その促進を求める権利を持つ。

この社会的統合という目的に寄与することは、少年援助の他、司法及び全ての国家機関の義務である。

3　今日一般的に児童及び少年援助法（KJHG）と表記されているものは、もともとは、児童及び少年援助法の新規定に関する法律の第1章第1条の一部である。その法律においては、「社会保障法典第8編　児童及び少年援助」が導入され、10を数える章が規定されている。それゆえ、児童及び少年援助法上の個別の規定に関する正確な引用方法は、社会保障法典第8編...条（§ ... SGB Ⅷ）というものになる。社会保障法典第8編の導入に関する1990年6月26日のいわゆる条文法を念頭に置く限りにおいて、KJHG〔児童及び少年援助法〕という略語を用いることにする。

2．人的な適用範囲

本委員会は、次のことを支持する。
- 刑事責任年齢の下限に変更を加えないこと
- 青年全体を少年刑法に含めること
- 実体処分に関する規定を21歳から24歳までの若年成人に対しても適用する可能性を認めること

2．1 刑事責任年齢の下限

発達心理学上の知見からも、犯罪学上の知見からも、14歳という現在の刑事責任の下限に何らかの変更を加えることは、支持されない[4]。

刑事責任年齢を12歳に引き下げることは、意味のあることではなく、むしろ当事者となっている児童にとって不利益な結果を与える。児童は、少年と比べた場合でも唐突で思慮なく行動をとるものなのであり、刑罰による威嚇で影響づけられるものではない。特に児童には、綿密に細分化されている社会保障法典第8編による少年援助の給付が、適切な手段を提供している[5]。

刑事責任の下限を引き下げる要求[6]は、主には、児童に対して自由剥奪制裁を可能にする意図を持って提起されている。しかし、種々の理由からこれには疑問がある。こうした主張は、通例、意味を持っておらず、釣り合いのとれたものにもなっていない。加えて、こうした可能性を開くことは、若年者に対する自由剥奪が有害な効果をもつことを示し、14歳以上16歳未満の年齢集団の者について可能な限り自由剥奪処分の賦課を控えるよう求めている少年裁判所法第一次改正法の考えと、明確に矛盾する（**15．二元主義の課題**を参照のこと）[7]。

---

4 Hubert, ZfJ 1998, S. 361 (362 f.); Ostendorf, ZRP 2000, S. 103 (106).
5 Ostendorf, ZRP 2000, S. 103 (107); Hubert, ZfJ 1998, S. 361 (363); 補充的には、次の文献も参照のこと。Hefendehl, JZ 2000, S. 600 (608).
6 ただし、Hinz, ZRP 2000, S. 107 (107 ff, 113) は、他の処分に対して、自由剥奪がウルティマ・ラティオであることを強調している。

制裁の賦課という意味において家庭裁判所の権限を拡張することで、14歳という刑事責任の下限が持っている意味を失わせることは許されない[8]。もっとも、児童に差し迫った危険がある場合には、現行法上可能な枠組みで、時宜を得て家庭裁判所が少年局からバトンを渡されることはありうる。

　刑事責任を16歳に引き上げることも、支持されない。確かに、刑事手続においては特別な配慮と用心深さを持って14～15歳の者を扱われなければならないということに、争いはない。しかし、この年齢の者については、まず少年手続にも存在しているダイバージョンや社会内処分、裁判所の外での紛争規整、そして拘禁回避の可能性を拡充し、それらをより一層用いていくことが目指されなければならない。

2.2　青年を少年刑法に含めること

2.2.1　現在の法律関係と改革の必要性

　青年を少年刑法に含めることは、〔ドイツにおいて19世紀の終わりに生じた〕少年裁判所運動が実現していない最も古い要求のひとつである。すでに1924年に、この要求は、第6回少年裁判所会議の場で出されており[9]、1977年の第17回ドイツ少年裁判所会議でも明確にこの要求が繰り返されている[10]。現在の議論において、専門家の間では、青年を全般的に少年刑法の中に含めることは有意義であるという見解が、ほぼ一般的なものになっているといえる[11]。

　青年という年齢集団は、発達心理学の視点から見れば、柔軟で、社会的

7　BT-Drs. 11/5829, S. 44; 11/7421, S. 24.
8　しかし、BT-Drs. 14/3189 に見られるようなCDU/CSU連邦議会会派の法律提案もある。本提案と同様にこうした主張に反対するものとして、次の文献がある。Walter, ZStW 2001, S. 742 (770).
9　Verhandlungen des 6. Deutschen Jugendgerichtstages (1924), S. 56 f. Ostendorf, JGG, Grdl. z. §§ 105 - 106, Rn. 2.
10　Vgl. Die Thesen des 17. Deutschen Jugendgerichtstages vom 27. bis 30. September 1977. これは、次の文献に所収されている。DVJJ (Hrsg.), Junge Volljährige im Kriminalrecht, Selbstverlag, München 1978, S. 215 ff.
11　D/S/S-Sonnen, § 105, Rn. 10; Ostendorf, JGG, Grdl. z. §§ 105 - 106 Rn. 10 ff.; Böhm, in: FS Für Spendel 1992, S. 775 (787); Ostendorf, ZRP 2000, S. 103 (107); Walter, ZStW 2001, S. 742 (770); こうした要求を拒否するものとして、Hinz, ZRP 2001, S. 106 (108).

統合に指針を合わせた対応をとるのに全くもってふさわしい対象である。社会的な行動様式を習得するのには、若年者の場合、20歳代まで時間が掛かるからである。

現在の少年裁判所法第105条によれば、青年に関しては、個別の事件において、一般刑法を適用するのかそれとも少年刑法を適用するのかが審査されなければならない。少年刑法を適用する基準は、青年の成長状態や行為の評価が「少年の非行」(少年裁判所法第105条第1項)とみなされるかどうかにある。これらふたつのメルクマールは、漠然としており、実務上さまざまに解釈されている。こうしたことが、少年裁判所法第105条が地方により極めて多様に適用されているという結果を導いている。すなわち、1998年について諸ラント〔州〕の運用を見てみれば、少年刑法の適用の割合は、92%(ハンブルク)から30%(ブランデンブルク)までの開きがある[12]。その上、青年に対して少年裁判所法が適用される割合は、非行の種類によりさらに強く変化する[13]。こうした状況は、平等原則や法治国家原則から見て、少年裁判所法第105条の現在の規定形式は憲法違反なのではないか、という疑問を引き起こさざるをえない。

少年裁判所法第105条に反映している元々の立法趣旨[14]に反して、青年を〔全面的に少年裁判所の適用対象の中に〕含めることは、すでに現行法下でも長きに渡って、例外ではなく原則として理解されている[15]。これは、少年裁判所法第一次改正法の刑事政策的な基本路線や最高裁判例[16]に沿うものである。

12　ハンブルク：92%、シュレスビッヒ・ホルスタイン：89%、ザールラント：84%、それに対して、ラインラント・プファルツ：47%、バーデン・ヴュッテムベルク：43%、ブランデンブルク：30%。Heinz, in: Doölling (Hrsg.), Das Jugendstrafrecht an der Wende zum 21. Jahrhundert, S. 53, 80 f. による。Ostendorf, JGG, Grdl. zu §§ 105- 106, Rn.5 ff. も参照。Christian Pfeiffer, in: Sachverständigenkommission 8. Jugendbericht (Hrsg.): Risiken des Heranwachsens, Probleme der Lebensbewältigung im Jugendalter, Materialien zum 8. Jugendbericht, Band 3の研究も参照のこと。Weinheim/München, S. 153 - 291, Hubert, ZfJ 1998, S. 361 (363) から引用すれば、ハンブルクでは、青年の対象者の3%が一般刑法で有罪の言い渡しを受けているのに対し、バイエルンにおけるその割合は80%となっている。
13　Ostendorf, JGG, Grdl. z. §§ 105- 106, Rn.6における記述を参照のこと。
14　BT-Drs. 1/3264, S. 44.
15　Kreuzer, MschrKrim 1978, S.1
16　BGHSt 12, S. 116 (119).

青年にはもっぱら一般刑法を適用すべきだという要求が、近年政治の場では繰り返されている[17]。こうした主張は、この年齢集団における犯罪率が高いことや少年刑法による対応が余りに生ぬるいと誤って考えられていることに基づいている。特に、10年という少年刑の上限が、この関係で攻撃にさらされている[18]。

　しかし、こうした要求は、現代的で合理的な少年刑法に適合しない。この現代的で合理的な少年刑法の目的設定やそこでとりうる対応からいえば、それは生ぬるい法律なのではなく、柔軟な法律なのである。裁判官は、少年手続において、古典的な刑事制裁とならんで、あるいはその代わりとして、特に支援や統合、将来の展望を開くことに役立つ処分を科す可能性を持つのである。

　青年という集団の内部で〔少年裁判所を適用するかどうか〕区別をつけるためのこれまでの基準は適切ではないことが、明らかになっている。青年は、訓示規範（Verweisungsnorm）を超えて、その全体が少年刑法のもとに置かれなければならない。

2.2.2 青年に関する特別規定

- 親権者をも適用対象に含んでいる規定は、青年がすでに成人に達していることから、適用すべきではない。
- 青年の場合には、成人の場合と同様に刑法上の有責性が前提とされ、心神耗弱・喪失（刑法第20条、第21条）の根拠がある場合にのみ、その有無が調べられなければならない。
- 少年刑の上限は、少年については5年に引き下げることが主張されるのに対して、青年については10年に据え置き、これまで通りとする。
- 青年に対する手続では、公訴参加と私人起訴を引き続き認める。

17　CDU/CSU連邦会派による「暴力及び極右主義に反対する立法提案」（„Initiative gegen Gewalt und Rechtsextremismus" der CDU/CSU-Bundestagsfraktion）は、DVJJ-Journal 1993, S. 103 に所収されている。Gesetzesvorhaben des Freistaates Bayern v. 5.8.1997, in: BR-Drs. 562/97.

18　例えば、CDU/CSU連邦会派による「暴力及び極右主義に反対する立法提案」によって、この点が攻撃されている。

それに対して、本委員会は、青年について簡易手続（刑事訴訟法第417条から第420条）の適用を許す理由はないと考える。この点で、少年手続は、簡易少年手続（少年裁判所法第76条から第78条）により、手続を迅速に進めるためにふさわしい可能性をすでに備えている。本委員会は、青年に関して公判のための身体拘束（刑事訴訟法第127条b）が適用される可能性を排除するために、簡易手続の適用を認めないことが特に必要であると考える。

同じことは、略式手続の排除（少年裁判所法第79条第1項）についても当てはまる。

条文の提案：
第1条の後に次の第1条aを挿入する。
少年裁判所法第1条a［人的・物的適用範囲］
(1) 一般規定によれば可罰的である行為に少年が及んだときには、この法律が適用される。
(2) 少年とは、行為時に14歳以上18歳未満の者をいう。
青年とは、行為時に18歳以上21歳未満の者をいう。
(3) 第105条に別段の規定がない限りにおいて、青年に対してはこの法律の規定が適用されなければならない。
［(4) 後掲］

2.3 21〜24歳の者（「若年成人」）を含めること

少年福祉法において、21歳を超える年齢集団にもなお少年援助の必要がありうることを、立法者は明確に認めている。「若年成人」（社会保障法典第8編第7条第1項第3号）は、相応する要件がある場合には、26歳まで少年援助の提供を求めることができる。それに反して、27歳に至るまでの全ての若年者を少年刑法に含めることは、非現実的であり意味がないように思える。それに対して、考える価値があるのは、21歳以上の者に加えて、24歳までの若年成人のために、少年刑法の柔軟な制裁手段を用いる可能性を開くことである。

修学・職業教育期間が長期に渡るようになっていることで、過去数十年において、少なくともいくつかの領域では少年期が長期化している。加えて、ま

さに重大な犯罪に及んだ若年者や頻繁に再犯に及んでいる者の場合、成長過程で多大な問題を抱え、社会化が不足していることが目にされる。こうした理由から、これまでの年齢の枠組みを超えて、対応の可変性ゆえに少年刑法を提供することができるチャンスと援助の可能性を若年成人に開くことが、大きな意義を持つように思われる。

　もっとも、青年と全く同じように若年成人を完全に一般的な形で少年刑事手続に含めることは、本委員会は見合わせる。むしろ、本委員会は、少年刑法の実体処分が用いられるのであれば、ここではそれで十分である、という意見である。実体処分の適用可能性も一般的に求められるのではなく、個別の事件において、それが若年成人に対する「適切な対応可能性」である場合に、求められるものである。本委員会は、結論としては、それを上回って若年成人に対する実体処分の適用に関する要件を具体化することまではしなかった。というのも、その要件は、少年裁判所法第105条第1項のこれまでの基準と同じような批判にさらされるだろうからである。

　若年成人に対する手続は、原則として——少年援助の関与のもとに——少年裁判所で行われるべきである。それにより、管轄をめぐる争いが回避され、少年裁判所法上に存在している制裁が真剣に考慮され、青少年問題や少年司法の問題に関する該博な経験と知識をすでに駆使することができる者によりそれが適用されることが、保証されるべきである。

　こうした主張により、少年裁判所が刑事裁判管轄の中で大きな部局になることを、本委員会は自覚している。しかし、本委員会は、このことをチャンスであると考えている。それは、この最終報告書で提唱されている少年係裁判官や少年係検察官への資格要求[19]と関係づければ、この提案は、まさに犯罪学的・社会学的知見との関連で、刑事司法の専門性を向上させるものになりうるからである。

　　条文の提案：
　　　第1条の後に次の第1条aを挿入する。
　　少年裁判所法第1条a [人的・物的適用範囲]

---

[19] 下記**8.1　少年係裁判官と少年係検察官**を参照のこと。

〔(1)～(3)　前掲〕
(4)　少年刑法の実体処分は、それが適切な対応である場合には、行為時21歳以上25歳未満の若年成人に対して適用される。その他の場合には、この年齢集団については、一般刑法が適用される。

3. 物的な適用範囲

　一般法の規定の適用、特に不法や危険の量の高まりに基づく加重構成要件の適用にあたっては、少年の特性が考慮されなければならないことに、本委員会は賛成する。

　刑を加重する加重構成要件を含めて、少年や青年に一般刑法の犯罪構成要件が妥当するという原則には、変更を加えないものとする。もっとも、一般規定の解釈にあたっては、一般刑法の構成要件が理念型として成人の能力と成長状態に合わせられたものであることが考慮されなければならない。

　法的なカテゴリーや定義では、場合によっては、少年の生活世界を不十分にしか把握できない。そのひとつの例は、共犯に関係する多くの加重構成要件である。成人の場合、共同行為や分業的な行為は、まさに特別な犯罪エネルギーの表れとみなすことができるのに対して[20]、少年の場合、集団で行動をとることはこの年齢に典型的な行動様式である[21]。それに見合う形で、判決で言い表される責任非難は成人より少なくなりうる。

　このようにして少年と成人の間では行為の意味が違っていることが、法解釈や処分選択にあたって考慮されなければならない。

　条文の提案：
　第2条は、次のように表される。
　　少年裁判所法第2条［一般法の適用］
　　　一般法の規定は、本法に別段の規定がない限りにおいてのみ、適用される。
　　　一般法の規定の適用にあたっては、少年の成長状態に基づく特性が、考慮されなければならない。

---

[20] 例えば、刑法244条1項2号における刑法上の集団の概念に関する議論については、BGH, NStZ 2000, S. 474 (477); Müller, JA 2001, S. 12 (14).

[21] 数多くの作為による加重が根拠に置いている危険性の高まりは、この場合、大抵は存在していないことに注意が払われなければならない。

4．少年刑事手続の諸原則

　　少年刑事手続にとって最も重要な諸原則を、整理された形で少年裁判所法に採り入れることに、本委員会は賛成する。

　少年は人格の発展過程にあり、特別な配慮や援助、そして社会的な疎外に対して法的に保護する必要があること、他方で少年はなおも可塑性に富んでおり、教育的な働きかけに対して反応を返しやすいということから、〔成人刑法とは別の〕少年刑法の存在が理由づけられる。こうした特別な保護の必要性や特別予防的な影響づけの可能性から、少年刑事手続を特徴づけ、それゆえ明記されておかなければならないいくつかの原則が導き出される。このような目的は、すでに、第一次少年裁判所法改正委員会が、追求したものでもあった。

　本委員会は、諸原則を少年裁判所法の中に採り入れることで、これらの原則を規定する条項が個別事件の解決の際に直接適用できるようになることを期待しているわけではない。むしろ重要なのは、こうした諸原則が少年刑法にとって指針となり、解釈や審査の際に基準や議論の雛形として考慮されることなのである[22]。

　本委員会が提唱している改革を行うには、現行法を少年司法に関する国際条約に適合させなければならないことに注意する必要がある。ここで中心的な意味を持つのは、特に、1985年の少年司法運営に関する国連最低基準規則（「北京ルールズ」）である[23]。

　以下に掲げる諸原則は――北京ルールズとともに――次のような目的を追求する。すなわち、年齢が増すにつれて責任をとることが求められる一方で、疎外の進行や比例性を欠く国家的対応の回避を正面に据えて、少年に対する刑事手続を形成する、という目的である。

---

[22]　例えば、行刑法の冒頭に置かれている諸原則（行刑法第2条から第4条）が、これと似た機能を持っている。
[23]　Höynck/Neubacher/ Schüler-Springorum, S. 78でドイツ語訳が公にされている。

4.1 参加の原則 (Grundsatz der Beteiligung)

　北京ルールズ14.2[24]に基づき、手続に参加し理解に満ちた雰囲気の中で自由に発言できる機会が、少年に与えられなければならない。このような規定の表現がとられていることは、若年者が手続において国家による刑罰要求の単なる客体と考えられてはならないことを示唆している。刑事手続という負担が掛かる状況で、可能な限り、少年自身が主体であると感じることができなければならない。したがって、少年は、犯罪行為から生じた結果を乗り越え、新たな非行を避けるための結論を出すプロセスに最大限参加させられなければならない。

　1989年の国連子どもの権利条約12条[25]も、これと同じ方向性を持っている。それによれば、少年の意見は、自らに関係する全ての事柄において、適切かつ年齢や成熟性に応じて、考慮されなければならない。

　このような少年の能動的な役割は、ドイツ少年福祉法の冒頭部分にも見ることができる。社会保障法典第8編には、少年援助の決定に少年の参加を求め（社会保障法典第8編第8条第1項を参照）、あるいは関係する機関や担い手が複数ある場合にどの機関がよいかの希望を述べ、それを選択する権利 (ein Wunsch- und Wahlrecht) を少年に認める規定（社会保障法典第8編第5条を参照）が数多くある。また、給付を行うにあたっては、自律や自己責任に対する少年の能力やニーズが成長の途中にあることが考慮されなければならない（社会保障法典第8編第9条第2項）。刑事手続の枠組みで行われる少年援助の給付（社会訓練コース、援護援助）も、その目的を達成するために少年の能動的な協力を前提にしている。

　それゆえ、本委員会は、特に社会教育に指針を合わせた処分を行うにあたっては、少年自身に協力する準備があることとその自発的な行動があるということを、処分決定の前に問い合わせ、そのことが考慮されることが必要であると考える[26]。

24　Höynck/Neubacher/ Schüler-Springorum, S. 80 による引用。
25　http://boes.org/un/gerun-c.html.

4.2 補充性の原則 (Grundsatz der Subsidiarität)

　少年刑法における補充性の原則は、比例性原則という憲法上の要請が少年に特化した形で現れたものである。その上、補充性の原則は、教育上の経験にも適っている[27]。少年の態度や行動を変えるのには、度を超えず抑制的な対応をとる方が、よりふさわしい。なぜなら、反抗的態度や迎合的な振る舞いを避けることができ、したがって処分の重さがエスカレートしていくことを防ぐことができるから、というのが教育上の経験である。

　すでに少年裁判所法に置かれている三段階の少年刑法の補充性（定式的な手続態様に対する非定式的な手続態様の優先；刑法上の処分に対する少年援助給付の優先；自由剥奪処分に対する社会内処分の優先）をこれまでよりも拘束力を持つように規定することを、本委員会は提案する。こうした段階性のある配列を拘束力のある形で規定することを通して、少年裁判所法第一次改正法の刑事政策上の目的設定は、整合性のある形で発展することになるであろうし、比例性原則への注意も、実務において促されるであろう[28]。

4.3 裁判所外における紛争規整の優先
　　 (Vorrang der außergerichtlichen Konfliktregelung)

　社会的平和の保護と回復は、優先されるべき法の任務である。行為者−被害者−和解や損害回復は、この任務に役立つ優れた方法である。若年者は、非行の結果に直面させられ、そのことで成長しながら成人社会の中に適合することで自分の振る舞いを判断し、その振る舞いに対して責任を持つという経験をすることができる。さらに、若年者は、法に適った方法で争いを規律することがどのようなことなのか、そして責任を果たすということはどのようなの

26　これについては、オステンドルフ の「協働的な処分決定 (kooperative Sanktionierung)」という考えを参照。Ostendorf, in: BMJ (Hrsg.): Jugendstrafrechtsreform durch die Praxis, Berlin 1989, S. 328 ff.
27　Eisenberg, JGG, § 2, Rn. 5.
28　これについては、少年裁判所法第一次改正法の理由書BT-Drs 11/5829, S. 11とTrenczek, ZRP 1993, S. 184を参照。

かを学習することができる。このような方法で、被害者との和解に至るのであれば、争いは清算されたものと捉えることができるし、社会的な平和が回復されたとみなすことができる。多くの事件では、この結果を超えて刑法上の対応をとる必要はない。裁判所外の紛争規整を強化し、手続関与者にさらに明確に意識させるために、裁判所外の紛争規整の優先が、手続原則として少年裁判所法の総則部分に規定されなければならない[29]。

4.4 不利な地位に置かれない原則
（Grundsatz der Nichtschlechterstellung）

　少年刑法の制裁実務を一般刑法のそれと比べてみると、様々な傾向を確認することができる。そこには、少年がより寛大な扱いを受けているのではなく、反対に、より重い制裁を受けている、という傾向がある。中程度に重い犯罪行為の領域では、成人刑法よりも頻繁に、なおかつ重く、施設内処分が用いられている。しばしば、ダイバージョンの枠組みにおいても、成人であれば何ら刑法上の対応がとられないような事案で、処分が「軽い」と誤って考えられて教育的措置が科されている。

　このテーマに関係するいくつかの調査は、1990年代の初頭に以下のような知見に至っている。

- 比較することができる犯罪類型では、総じて、少年刑法による少年刑の方が、一般刑法における自由刑よりも基本的には頻繁に科されている。この傾向は、前歴の数が増えるにしたがって強まる[30]。
- 科された少年刑／自由刑の総数のうち、少年刑により有罪の言い渡しを受けた者の方が、一般刑法による者よりも多く、保護観察を付けられずに刑罰を科されている[31]。その上、少年や青年に対して科された少年刑は、一般刑法の領域における自由刑よりも刑期が長い[32]。

29　これについては、**7. 紛争を規整する手続の促進**も参照のこと。
30　Pfeiffer, Neuere kriminologische Forschungen, S. 62, 67 ff; Dünkel, Freiheitsentzug für junge Rechtsbrecher, S. 124 ff., 特に S. 125, Fn. 248. S. 747 f. のTabelle 29aとS. 745 f. のTabelle 29、S. 125, Fn. 248も参照。

- 少年刑法の領域においては、より頻繁に未決勾留が命じられており、未決勾留の期間も長い[33]。ここでも、有罪の言い渡しを受けている年齢段階が早ければ早いほど、少年刑法の領域において未決勾留が命じられる割合が高い、ということが当てはまる。こうした傾向は、成人刑法では確認されえない。少年刑法の領域で命じられる未決勾留の期間は、より長いものとなっている[34]。
- 一般刑事手続では、手続打ち切り事件のうち2件に1件は無条件の手続打ち切り(刑事訴訟法第153条、第153条a)であるが、少年刑法では、ほとんどが教育的な措置と結びつけられている[35]。

新しい調査は、当時確認された実務が本質において何ら変化していないことを示している[36]。

刑法による対応が少年に対しても刑法上の責任という基準、もしくは比例性原則により制限されることが、少年裁判所法において明確にされなければならない[37]。それゆえ、教育的であると思われている対応は、一般刑法によれば責任に見合っておらず、あるいは比例性を失しているところで、上限にあたること

---

31 Dünkel (Fn.30), S. 124 ff., 特にS. 125, Fn. 247. S. 745 f.のTabelle 29とS. 747 f.のTabelle 29aも参照のこと。Pfeiffer (Fn.30), S. 60 (68 f).
32 Pfeiffer (Fn.30), S. 63, 65, 67 ff; Dünkel (Fn.30), S. 126. S. 728 f.のTabelle 29とS. 747 f.のTabelle 29aも参照; Ostendorf, JGG, § 5, Rn 6; vgl. Heinz, http://www.uni-konstanz.de/rtf/kis/sanks98.htm, unter III., 4.- Freiheitsentziehende Sanktionen nach allgemeinem Strafrecht und nach Jugendstrafrecht im Vergleich-; vgl. Schaubilder 41, 43 (データは、1981年から1998年まで含んだものである)。
33 Pfeiffer (Fn.30), S. 62, 68, 70; Heinz, Abschaffung oder Reformulierung des Erziehungsgedankens, S. 386; ders., Jugendstrafrechtsreform durch die Praxis, S. 13 (32 f.); ders., BewHi 1987, S. 5 (25); Ostendorf, JGG, Grdl. zu §§ 71 – 73; ders., StV 1998, S. 297 (300). いずれもDünkel, NK 1994, S, 21の研究を引用している。
34 Pfeiffer, (Fn.30), S. 62: 成人の場合の2ヶ月と比較すると、平均2.8ヶ月になっている。
35 Heinz, Erziehungsgedanken S. 36; ders., Abschaffung oder Reformulierung des Erziehungsgedankens, S. 380 ff.
36 Heinz, www.uni-konstanz.de/rtf/kis/sanks98.htm, Kapitel III 3.4 – Untersuchungshaft – und III 4 – Freiheitsentziehende Sanktionen nach allgemeinem Strafrecht und Jugendstrafrecht im Vergleich.
37 これについては、**18. 改革された制度における少年刑法上の制裁**に関する条文の提案を参照のこと。

になる。

　ここで提案している不利な地位に置かれないという原則は、一般刑事手続であれば個々の事件で言い渡されるであろう実体処分と常に対比することを手続関与者に対して求めているわけではない。むしろ、少年刑法上の規定の解釈やその適用にあたって、議論の雛形や思考の調整基準として効果を発揮することを、本委員会は――すでに冒頭において論じたように――この原則に期待している。

4.5 補整の原則（Grundsatz der Kompensation）

　犯罪キャリアの根源は、通例、少年の社会的・家庭的負因の蓄積にある。葛藤状況では、しばしば、ふさわしい社会的・精神的資源の欠乏が刑法上の逸脱行為に反映する。補整的な少年刑法の第一次的な任務は、とりわけ、こうした冷遇を埋め合わせることにある。

　このように言い表した「欠乏に方向づけられた」観点が、数多くありうる少年非行に関する見方のひとつにすぎないことは、本委員会も自覚している。少年の可罰的な行動は、全ての事件において社会的統合の不足や教育の欠乏を示すものではなく、不利な出発点に立たされた若年者の全てが非行に及ぶわけでもない。ここでは、不利な地位に置かれない原則が、度を超えた教育上の努力に対する調整手段として、注意されなければならない。しかしながら、非行は、若年者が背後に根源的な問題を抱えていることのひとつの指標でありえ、そうである場合、刑事手続の関与者も可能な限り当事者の少年と一緒に問題解決の糸口を見つけ、それを発展させなければならないのである。

　社会的統合を強化し、不利益が存在しているのであればそれを埋め合わせるという、ここでまとめた事柄は、個々の住民グループのそれぞれが置かれている特別な生活状態や様々な背景に手続関与者の視線を向けさせることも、同時に目的としている。

4.6 迅速性の原則（Grundsatz der Beschleunigung）

　少年刑法実務の重大な弱点のひとつは、行為と裁判所の判断、裁判所の判

決とその執行までの時間が長いことにある[38]。多くの場合、数ヶ月にも及ぶ期間の間に、少年が事件のことを正当化したり、軽く捉えたりすることが起こり、それが固まっていく危険性がある。また、行為と刑法的対応との関連が失われることにもなる。少年に対して効果的な働きかけを行うという視点から、迅速な介入が目指されなければならないことについて、学理と実務には一致がある[39]。

　この点を等閑視するにしても、手続に費やされる時間があまりに長くなれば、それは当事者の少年にとって著しい負担になる。それゆえに、北京ルールズ20.1は、次のように述べるのである。

　　「それぞれの事件は、はじめから迅速かつあらゆる不必要な遅延なしに、扱われなければならない。」

　確かに、迅速性の原則は、現在の少年刑事手続においてもすでに妥当している[40]。しかし、行為後審判までの期間の大半は、第一審で3ヶ月から半年も費やされる裁判所内部における事務処理で占められており、それが長期化の原因になっている[41]。

　もっとも、本委員会は、手続のさらなる短縮を可能にするよう立法に突破口を開くチャンスは現在のところない、と考えている。少年刑法は、簡単な事件を行為と近接した時点で処理するために、少年簡易手続という有用な手段をすでに用意している。法治国家的な手続保障や特に被疑者の防御権は、手続の迅速化のために意のままに伸縮できる物差しではない。特に、介入的な制裁が問題になっており、事実関係の解明に労力が掛かるなどの理由で少年裁判所法第76条、第77条の要件が満たされない場合には、無罪推定原則や、

38　Ostendorf, SchlHA 2000, S. 2 (4).
39　すでに1953年の少年裁判所法に関する官公庁の理由づけも参照のこと。BT-Drs. 1/3264, S. 46.
40　これは、例えば第72条第4項（未決勾留手続）や第43条第1項第1文（可能な限り迅速な個人に関係する事情の調査）において、表現されている。
41　ある調査結果によれば、1995年について、開始から処理までに要した平均的な時間は次の通りであった。すなわち、少年係裁判官による手続が3.7ヶ月、少年参審裁判所による手続が4.1ヶ月、少年審判部における手続が5.5ヶ月である。BT-Drs. 13/7992, S.45.

必要なだけの時間と注意深さを持って事実関係の解明を行い、制裁を決定することを優先するという法治国家原則が、手続の迅速性を制約することになる。

ところで、非定式的な事件処理が全ての処理形態の中で最も速いこと、つまり行為に最も近接した時点で行われる処理であることを指摘しておくべきだろう。しかし同時に、非定式的な処理は、何も構わないことや何も対応をとらないことを意味しない。それは、多くの場合、少年非行への適切な対応なのである。

少年刑事司法で事件数が増加しているにもかかわらず、それに見合う人的、財政的、物的な拡充が認められていないことも、本委員会は指摘しておきたい。こうした資源の窮乏を若年被疑者の権利を切りつめることで埋め合わせることは許されない。

もっとも、注意されなければならないのは、裁判所の判断にとって大きな意義を持ちうる裁判所外の手続の進行も、〔処遇にあたって利用する〕居住施設や治療施設の料金同意手続も、時間を集中して行うべきであり、少年刑事手続における迅速性の追求を無駄にするようなことがあってはならない、ということである。

それゆえ、手続進行の迅速性の出発点は――必要な範囲で財政の拡大を行う一方で――内部的な処理を速め、手続関与者間の協力を改善することで、時間を最大限に活用することにある[42]。

4.7 専門性の原則 (Grundsatz der Fachlichkeit)

刑事手続の枠組みにおける社会的コントロールによる若年者とのかかわり合いは、特に、学際性とそれによる二重の――一方では少年*刑法*の、他方では少年*援助法*の――法的な関係枠組みにより特徴づけられる。この場合、学際的な思考と能力は、二つの専門的な観点で要求される。すなわち、一方にお

---

[42] これについては、Die niedersächsischen Jugendkommission, Landespräventionsrat, Kommission Jugend Abschlußbericht, Hannover 2001, S. 79 ff. ; Trenczek, Forum Jugendhilfe 2001, S. 9 ff; *ders*., MschrKrim 2000, S. 259 (268)を参照のこと。

いて、少年刑法による介入のきっかけとなる行為や潜在的な教育の必要性を解釈するためには、刑法に関する知識が求められるだけでなく、他の学問領域、特に犯罪学、（発達）心理学、教育学の知見を持つことが前提になる。他方において、適切な制裁を決定するためには、少年の性格と、考えうる実体処分が少年の今後の成長にもたらしうる効果に関する立ち入った分析が必要になる。このような分析は、それを行うために必要な学問領域の知見なしには行いえない。裁判過程の結果は、それが専門的に裏づけられる場合に、（「是認できる」という意味において）正しいものになりうるのである。専門的に見て十分ではない根拠づけは——すでに現在の法律関係によっても——裁判の法的な瑕疵となる[43]。

　さらに、立法者により望まれている、少年刑事手続における様々な機関相互の協力は、手続関与者が専門的な資格を持つことを強く求める。法曹、警察関係者そして少年援助は、それぞれに異なる任務や社会化、職業教育、職業上の役割、関心を持っており、刑事手続に関与する機関の機能と役割を顧慮すれば、極めて多様な物の見方を基礎にしている。これは、特に、組織に関係する行動様式や関与する手続段階、あるいは制裁の適切さや必要性、適切な制裁内容、それぞれの制裁の基準の評価にかかわる問題である。それゆえ、少年司法への個人的、専門的、職業的なアプローチの仕方がそれぞれに異なっていることや、そこで引き起こされる問題から困難が生じることは、不思議なことではない。このことが、部分的には、不可避的な衝突をもたらしているのである。それは、〔現在〕未解決のままとなっており、可能な限り解決することが必要である。

　こうした問題状況に対応させる形で、専門性の原則は、法的に拘束力を持つ形で資格を求めることとしても表現されなければならない。この点に関して、本委員会は、全ての手続関与者について、それに見合う形での具体的な案を提示している（後述 **8. 手続関与者の資格と専門教育** を参照のこと）。

　　条文の提案：
　　第2条の後に次の第2条aを挿入する。

43　BGHSt, 31, 86, 89; Pfeiffer, StPO, § 337 Rn.12.

少年裁判所法第2条a［少年手続の諸原則］

⑴　少年は、実体処分の決定に際して、参加を保障されなければならない（参加の原則）。

⑵　実体処分を決定するにあたっては、少年援助の提供が優先する。
　　非定式的な手続処理は、定式的な手続処理に優先し、社会内処分は、自由剥奪制裁に優先させられる（補充性の原則）。

⑶　当事者から希望があった審判手続外の調停及び行為者−被害者−和解の他、責任の埋め合わせ及び損害回復のための行為者の一方的な努力も、手続のあらゆる段階で促され、かつ、少年刑事手続の枠組みにおいて考慮される（裁判所外における紛争規整の優先）。

⑷　刑法上の規定を適用することにより、少年は、一般法の規定が適用される場合よりも不利な地位に置かれてはならない（不利な地位に置かれない原則）。

⑸　手続及び決定される実体処分は、少年の社会的統合を妨げ、又は害してはならず、かつ、不利益な状況が存在する場合には、それを埋め合わせるのに適切なものであるべきものとする（補整の原則）。

⑹　少年刑事手続においては、迅速性の要請が特別な方法で妥当する。
　　裁判所内における手続の進行は、可能な限り迅速に行われなければならない。
　　手続の進行に際しては、少年の個人的な生活状況が考慮されなければならない。
　　少年の防御権は、迅速化された手続進行により、制限されてはならない（迅速性の原則）。

⑺　少年刑事手続の全ての手続関与者は、特別な方法で、専門的な資格を持たなければならない（専門性の原則）。

5. 刑法上の責任

　本委員会は、次のことを支持する。
　・少年裁判所法3条［刑法上の責任］の文言を改めた上で、年齢に基づく弁別能力・制御能力の欠如を明確に具体化すること。
　・検察や裁判所に、刑法上の責任が認められることについて理由づけを行う義務を負わせること。

　少年刑法による介入が行われるそれぞれの個別事件において、まず、少年の刑法上の責任を検討することが、規範としても事実としても必要である。〔少年刑法では〕成人刑法におけるものとは違い、被告人に完全な責任能力があるということをア・プリオリの出発点にすることはできない。成人に対する一般刑法では、責任の存在——正確にいえば、その不存在——は、心神耗弱や心神喪失の疑いに、事実に基づいた根拠がある場合にのみ、検討されるべきものとされているにすぎない。少年裁判所法第3条は、むしろ、刑法上の責任があることを明確に確認することを求めている[44]。児童や少年の成長状態やその早さは〔各人〕全く違っていることから、こうした措置を〔個別〕具体的に行うことが必要になるのである。とりわけ、刑事責任年齢の下限に近い年齢の者が、刑法上の責任を根拠づけるほどの成長状態にはまだ達していないということは、しばしば出くわすことである[45]。

　ここで明確に指摘しておかなければならないのは、刑法上の責任の検討を信頼できる形で、なおかつ法律上の規定に従った形で行うことに賛成することは、〔責任能力がないと判断された場合に〕対応を何らとらないことに賛成することと同一視されてはならない、ということである。ここで想起されるべきは、少年援助法と民事法により対応する可能性である。

　刑法上の責任がないということは、国家が対応を十分にとる可能性がないと

44　Eisenberg, JGG, §3, Rn. 4; D/S/S-Diemer, §3, Rn. 2; Ostendorf, JGG, §3, Rn. 15.
45　Eisenberg, JGG, §3, Rn. 22; Schaffstein/Beulke, Jugendstrafrecht, §7 I., S. 56 f.も同様の指摘をする。

いうことを意味するものではない。

検察官及び裁判所が理由づけを行う義務

それにもかかわらず、少年裁判所法第3条は、司法実務において微々たる役割を果たしているにすぎない。犯罪学的調査は、最も重い刑罰が言い渡される場合でさえ、立ち入った責任能力の検討がしばしば行われていないことを明らかにしている[46]。したがって、その適用を実務において拘束力を持つようにするために、検察や裁判所が〔責任能力の存在に関する〕理由づけを行わなければならない義務が、規定に採り入れられなければならない。つまり、刑法上の責任があるという推定は、個別の事案ごとに積極的に根拠づけられなければならない。ただ〔形式的にのみ判断して〕疑いがないということだけでは――すでに現行法によってもそうであるように[47]――足りない。条文の規定では、刑事責任の有無の検討が可能な限り早い手続段階において行われなければならないことが、記されなければならない。

法律文言の現代化

法律条文の文言を、より時代に適い、より的確なものにするために、本委員会は、「道徳的及び精神的な成熟」という概念を「成長の状態」という概念に置き換えることを支持する。同時に、弁別能力・制御能力という概念も、少年の特性がすでに法律の文言に表されるように具体化されなければならない。この年齢によくあることなのであるが、相応の知識がなかったために行為の法律効果としてどのような実体処分が科されるのかが認識されていないことが理由であれ[48]、法益侵害の態様にまだ子どもらしさが残っていることが理由であれ[49]、

---

[46] 1987年から1996年までの最高刑を言い渡した判決(10年の少年刑)の全てを分析したある研究は、21の判決理由のうち少年裁判所法第3条が適用されていたのはわずかに2件だけだったことを明らかにしている。ひとつの判決では、それが全く引き合いに出されておらず、大多数の判決では、この規定が単に形式的にだけ肯定されていた。事件の52.4％では、この規定の要件に一度も触れられていなかった。vgl. Schulz, MschrKrim 2001, S. 310, 315; 多くの研究の要約は、Rupp-Diakojanni, S. 115にある; Momberg, MschrKrim 1982, S. 65 (73); Ostendorf, JGG, Grdl. z. §3 Rn. 4 f. その他多くの文献がある;「ステレオタイプな空虚な形式」への批判については、Schaffstein/Beulke, Jugendstrafrecht, §7 I., S. 56.

[47] Schaffstein/Beulke, Jugendstrafrecht, §7, I., S. 55 f.; Böhm, Einführung in das Jugendstrafrecht, §6, 1., S. 30.

5. 刑法上の責任

事実関係や法律関係に対する是非弁別が欠けることがありうる。少年の場合、制御能力が特別な態様で欠けることもありうる。少年は、集団内での圧力や刺激的なコマーシャルといった外部からの影響を受けると、成人に求められうるのと同じ状態を保つことができないからである[50]。

青年への適用

これまでと同様に、責任に関する規定は、少年にだけ適用する。民事法上完全な行為能力をもつ青年は、刑法上の観点においても、原則的に完全な責任能力を持つと考えられなければならない。刑法上の責任の有無は、成人の場合と同じように、それが欠けることについて具体的な根拠がある場合には、即座に〔少年裁判所法第3条とは別の〕刑法第20条、第21条の枠組みで検討が行われなければならない。

条文の提案：

第3条は、次のように規定される。

少年裁判所法第3条［少年の場合の刑法上の責任］

(1) 行為時において、その成長の状態から見て行為の不法を認識でき、かつ、その認識にしたがって行動することができた場合にのみ、少年は刑法上の責任を負う。

その年齢にある者に特徴的な形で法益保護の意味が認識されていない可罰的な行為により、法益が侵害若しくは危殆化されたとき、又は行為がなおも子どもらしい振る舞いの表れにすぎないときには、原則として弁別能力は存在しない。

特に、少年が、他の者の支配的な影響又はそれに類する内心の葛藤状態のもとで行為に及んだときには、制御能力は欠けることがある。

---

48 例えば、義務保険法や著作権法あるいは文書の流通の保護の意味がこれにあたる。Ostendorf, JGG, § 3 Rn. 9; D/S/S-Diemer, § 3, Rn. 12.
49 例えば、子どもによくある喧嘩が傷害とされることが、これにあたる。Ostendorf, JGG, § 3, Rn. 9.
50 Vgl. Ostendorf, JGG, § 3, Rn. 10.

(2) 検察は——無条件の手続打ち切りの場合の他——全ての事件において、すでに捜査が終結する前に、少年に刑法上の責任があることを個別に検討しなければならない。

刑法上の責任が認められる場合、それが理由づけられなければならない。

6. 軽微犯の実体法上の非犯罪化

　本委員会は、少年による軽微な犯罪を処罰対象としないことを支持する。

　軽微な少年非行は遍在する現象で、その大部分はいかなる国家的介入もなしに自力で止むものである、という知見からは[51]、こうした軽微な非行に対しては原則として国家的介入が必要とされない、ということが帰結される。軽微な非行の領域において、定式的な対応の方が不介入や非定式的な対応よりも特別予防という意味において効果的である、という明証は、これまでのところ存在しない。むしろ、反対のことが指摘されている[52]。もっとも、実務が常にこうした知見に従っているわけではない。万引きの初犯を特に対象に据える社会教育的なコースのようなプロジェクトで示されているのは、軽微な犯罪に対する国家の対応がむしろ広がるおそれがある、ということである[53]。

　刑法は、少年を対象にする領域でも、国家による対応のウルティマ・ラティオとしての性格を失わない。それゆえ、確かに少年の行為により犯罪構成要件が満たされているけれども、行為が繰り返されるとは予想されず、犯罪に及ばせるような他の要因もないような場合、（少年）刑法を用いることは正当性を欠くことになる。したがって、本委員会は、軽微な非行の領域における〔実体法〕規範のレベルでの非犯罪化に賛成する。

　ここで模範になりうるのは、オーストリア少年裁判所法の第4条第2項第2号である。それによれば、次のような場合、16歳未満の少年については、実体的な処罰阻却事由 (ein materieller Strafausschließungsgrund) が妥当する。すなわち、

51　Schaffstein/Beulke, Jugendstrafrecht, § 2 I., S. 11; Brunner/Dölling, Einf., Rn. 5; Ostendorf, JGG, § 45, Rn. 9 f.; Walter, ZStW 2001, S. 742 (761).
52　1968年生まれの者で単純窃盗と無免許運転の全ての初犯を対象とする調査では、非定式的な手続打ち切りで対応された者は、定式的に有罪を言い渡された者に比べて、10%再犯率が低かったという結果が出されている。Storz, S. 131 ff; Heinz, DVJJ-Journal 1999, S. 11 (16).
53　これについては、Breymann/Fischer, DVJJ-Journal 2000, S. 291 ff.を参照。

- 軽罪[54]が問題になっており、
- 責任が重大でないときで、なおかつ
- 少年刑法の適用が、特に特別予防上の理由から、必要とされないとき、である。

　本委員会の提案にしたがえば、ドイツ法における軽微性条項には年齢の制限がかからないが、判例・学説上軽微犯とみなされる事案、つまり、例えば〔僅少のものの窃盗及び横領の犯罪構成要件に該当する〕刑法248条aの事案などにその対象範囲が限られることになる。それによれば、具体的な損害がなおも軽微であると評価されえ、行為無価値が実行された行為の処罰を求めない限りにおいて、処罰阻却事由が用いられる。

　事情によっては、この条項は再犯にも適用される。事件のきっかけや行為の動機、付随する事情が〔以前の事件と今次問題になっている事件の〕双方の事件において比較することができる場合にのみ、再非行は以前にとられた対応が正しくなかったということを示すものになる。

　条文の提案：
　第3条の後に次の第3条aを挿入する。
少年裁判所法第3条a〔軽微性〕
　　　行為が、損害若しくは危険を引き起こしておらず、又は軽微な損害若しくは危険しか引き起こしておらず、かつ、行為者の責任が小さいときには、その行為は罰しない。

---

[54] オーストリア刑法では、3年を超えない自由刑が科される可能性のあるものが「軽罪」のカテゴリーに整理されるので、この排除規定は、軽微事件を超えて、例えば36,000ユーロ〔約500万円〕の損害のある財産犯や、重大な傷害も、長期療養や死亡結果の場合という例外はあるけれども、対象犯罪に含むことになる。

7. 紛争を規整する手続の促進

　本委員会は、裁判所外の和解を法律上さらに強調して規定することに賛成する。

　行為者が被害者との和解やその他の埋め合わせにより行為の結果を取り除くよう可能な限り努めている場合、すでにこれまでにも、検察官は、少年裁判所法第45条第2項により刑事訴追を見合わせることができた。行為者−被害者−和解の他、裁判所外での紛争の調停あるいは損害回復を行いうるかどうかをあらゆる手続段階で検討する義務を、〔あらゆる手続段階で、被疑者・被告人と被害者との和解を達成させる可能性を、検察と裁判所は検証すべきことを規定している〕刑事訴訟法第155条aの範囲を超えて、全ての手続関与者が引き受けることを、本委員会は提案する。

　一般的にいって、〔法人を含めた〕人が損害を被っている犯罪であれば全て和解に適しているものと考えられうる[55]。優先的に被害者として考えられるのは、自然人である。それは、行為者−被害者−和解は、行為者と被害者との間のコミュニケーションによる紛争規整を目指しているからである。個人の被害者がいない場合には、交渉を行うことが可能で、行為者と個人的に会う準備のある相手が被害を受けた機関にいるかどうかが、個別に確認されなければならない。そうした相手がいない場合でも、行為結果を埋め合わせるその他の手段や損害回復をとる可能性は残る。

　犯罪が重いということも、行為者に前歴があるということも、和解の努力を排除する理由にはならず、行為者−被害者−和解が成功する見込みを残している[56]。当事者の参加準備は、基礎になる犯罪が刑法上どのように評価されているかということに影響されない[57]。むしろ、重い犯罪と軽い犯罪の抽象的な区別は、しばしば適切なものではない。行為に加担した者が経験した現実は、

55　例えば、ハルトマンとストロゥーツェルによる調査は、犯罪により次のような幅があることを明らかにしている。傷害63.6%、器物損壊14.5%、窃盗及び詐欺11.3%、名誉毀損9.3%、強盗及び恐喝8.9% (n=2409)。Hartmann/Stroezel, S. 149 (165)における調査データ。
56　Vgl. Hartmann/Stroezel, S. 149 (165); Schöch, RdJB 1999, S. 278 (286).

多種多様である。そのために、客観的・主観的な不法の程度や損害の結果、主観的な責任が、様々な範囲で〔これまでより〕ずっと強く考慮される[58]。形式的な基準を満たす場合であれば、全て行為者–被害者–和解が提案されるべきである[59]。事案が行為者–被害者–和解に適しているかどうかは、原則として、行為者や被害者と連絡をとり、事前の話し合いを行って初めて分かるからである。しかし、行為者-被害者-和解は、行為者と被害者の双方にとって、提案としての性格を持つものでなければならない。行為者も被害者も、プレッシャーを受けることは許されず、和解の試みを拒否することで手続において不利益を被ることは許されない。〔なお〕オーストリア少年裁判所法にならい、行為者–被害者–和解の成功が刑罰消滅事由(Strafaufhebungsgrund)になるよう規定する、という実務家から提起された案は、本委員会では多数の支持を得なかった。

条文の提案：
第4条は次のように規定する。
少年裁判所法第4条［損害回復と行為者–被害者–和解］
(1) 刑事手続のあらゆる段階において、検察、裁判所及びその他の手続関与者は、被疑者と被害者が裁判所外の和解に至りうるかどうか、又はその他の形態の(一方的な)損害回復が促進されうるかどうかを、検討しなければならない。

適切な場合には、手続関与者は、行為者–被害者–和解が成立するよう努めなければならず、調停及び行為者–被害者–和解のための専門機関に事件を送致しなければならない。

(2) 事実関係が明らかになっており、刑法上の責任が肯定され、かつ、被害者にそのための準備がある事件は、原則として全て、行為者–被害者–和解に適している。

被害者及び被疑者の準備は、調停の専門機関により確認される。

---

57 いくつかの重大な犯罪における関与者の準備に関するハンブルクにおけるアンケート調査については、Sessar, FS Kaufmann, S. 373 (388 ff.)を参照。
58 Dünkel/Rössner, ZStW 1987, S. 845 (872).
59 Eisenberg, JGG, § 10, Rn. 27; Dünkel/Rössner ZStW 1987, S. 845 (872)も参照。

8. 手続関与者の資格と専門教育

少年刑事手続の協力者は犯罪学、教育学、法学上必要とされる資格を持たなければならないことを、法律上明記することに、本委員会は賛成する。

少年刑事手続は、一般刑事手続と比較して、様々な職業集団を代表する者が学際的に協働することで特徴づけられる。少年刑事手続では、特に司法と少年援助の間で、一致を見るのが必ずしも容易ではない、異なった専門的な物の見方や問題関心に出くわすことがある。協力関係は、手続関与者全員の職業教育や専門教育を通して、そしてまさに他の専門分野における諸原則や物の見方を超えたところで、本質的にさらに前進させることができる。このことは、北京ルールズ20によっても、求められている。

8.1 少年係裁判官と少年係検察官

特に少年係裁判官と少年係検察官について、本委員会は、少年裁判所法にその資格と専門教育の必要性を規定することが不可欠であると考える。現行の少年裁判所法第37条では、特別に少年の分野について資格を持つ裁判官や検察官だけが少年係裁判官や少年係検察官になることができる、という立法上の目的を達成することができない。

1986年に少年係裁判官や少年係検察官として活動していた者のうち、連邦規模において44%が職業教育中に犯罪学の講義を受けておらず、60%が独立した科目としての少年刑法の講義をとっておらず、さらには83%が行刑に関する講義を受けていなかった[60]。実務での経験によれば、こうした数値は、アクチュアリティを失っていない。少年刑法は、ますます「柔らかい」専門分野であると考えられており、第二次国家試験に合格したばかりの試補（Assessoren）

---

60 Adam/Albrecht/Pfeiffer, S. 53 ff.; 用いられているのは、570人の少年係裁判官と少年係検察官に関する情報である。

にすぐに担当させ、彼らに実務経験を積ませるための「瞬間湯沸器」として用いられている。そこでは、第一次国家試験に合格しただけの試補見習(Referendare)が担当しても大きな惨事は引き起こされないだろうとすら、誤って考えられている。その上、検察は、少年部から全ての犯罪領域を切り離し、それを例えば、交通犯罪部門といった他の特別部門に組み込む傾向にある。こうした実務運用で見誤られているのは、多様な措置をとることができる可能性や少年福祉法との強い関係、手続関与者の教育的な資格が大きな意味を持っていることによって、まさに少年刑法がひとつの専門領域になっているということであり、それは、まさに司法の外にある専門知識と人生経験が全くもって特別な方法で求められる専門領域である、ということである。したがって少年刑法は、法律家の職業領域として早急に価値を引き上げられる必要がある。

このような目的のために、本委員会は、少年裁判所法第37条を拘束力のある形で規定することを提案する[61]。少なくとも、大学での選択科目群である「少年刑法、犯罪学、行刑」に相応する専門知識を身につけた者だけが、少年係裁判官や少年係検察官の職に任じられるべきである。こうした資格を持つ者がいない場合には、その職に就いて間もなく、それに見合う専門教育が行われなければならない。

すでに活動している少年係裁判官や少年係検察官については、定期的に専門教育を受ける義務があることが規定されるべきである。刑事法学に関係する新しい知見は、こうした方法により、今現在何が重要かを示す形で、実務に浸透することになるだろう。

条文の提案：
第37条は次のように規定する。
少年裁判所法第37条［少年係裁判官と少年係検察官の任命］
(1) 犯罪学と少年刑法の基本的知識を持つことを証明できる者のみが、少年裁判所における裁判官及び少年係検察官として、その職に就くことができる。
　　こうした基礎的知識を持たない者は、それに見合う専門教育がす

61　Ostendorf, JGG, Grdl. zu §§ 33 – 38, Rn. 10も同様である。

ぐに行われることが保証されるときには、個別の事件ごとに選任されることができる。
(2) その他、定期的な専門教育が義務づけられる。

8.2 少年援助の担い手

非行に及んだ少年を相手に活動を行うことは、少年援助の担い手にも特別な専門知識を求める。それゆえ、刑事手続における少年援助の協力という枠組みでは、国により承認されたソーシャルワーカーや社会教育士のみが任命される。これらの者は、形式的・実質的な意味での少年刑法や犯罪学の知識を持たなければならず、その知識は専門教育によって常に最新のものにしておかなければならない。社会保障法典第8編第72条は、こうした要請に適合させられなければならない。

条文の提案：
社会保障法典第8編第72条［担い者、職業教育］において、第1項の後に次の新しい第1項aを挿入する。
（1a） 刑事手続における少年援助の協力の任務を委ねられる専門家には、国家により承認されるソーシャルワーカー／社会教育士のための職業教育が必要とされる。
　これらの者は、少年刑法及び犯罪学の知識があることを証明できなければならず、その専門知識は定期的に最新のものにしておかなければならない。

8.3 警察

警察に関しては、連邦規模における拘束力のある規定がない。というのも、警察に関する立法権限はラントが持つからである。しかし、少年裁判所法に――少年裁判所法第43条ですでに試みられているように、そしてこの問題はすでにそうした〔連邦法のレベルで少年事件に関する捜査活動を規整しようとする〕試みを必要としている――（警察及び検察による）捜査活動に関する拘束

力のある諸原則は、規定を置くことができる。学校や職業教育の場に情報を照会するという、もはや時代に合わない捜査機関の義務は、この機会に廃止されるべきであろう。

警察活動に関しては、さらに、1995年の警察官職務規則(PDV) 382[62]により、警察の任務領域に関係する模範的な規定が広い範囲で存在している。実務上、この規則は、全ての地方で完全に実施に移されているとはまだ到底言えない状態である。特に、特別な少年係の職員が任用されなければならないという規則1.2で言及されている事柄は、本委員会によっても強く支持される。

条文の提案：
第43条［捜査の範囲］において、第2項が、次のように規定される。
(2) 少年係検察官及び警察は、手続が開始された後、可能な限り早期に、被疑者の生活若しくは家庭関係、生育歴、これまでの行為、刑法上の責任の評価及び場合によっては制裁を科す際に意義を持つその他の事情を捜査しなければならない。
　　教育権者及び法定代理人は、可能な限り、聴取を受けるべきものとする。
第38条3項が注意されなければならない。

8.4 少年係保護観察官

少年の保護観察に関しても少年の領域に専門化された担い手を投入することを、本委員会は支持する[63]。さらに、オーストリアにおけるように、〔保護観察に携わる〕担い手1人あたりの事件数を減らすよう努めるべきだろう。ドイツでは、連邦規模で、保護観察官1人あたりの担当者数が50.3人から88.4人にまで達しているのが普通であるが[64]、オーストリア少年裁判所法においては、

62　DVJJ-Journal 1997, S. 5 ff. に所収されている。
63　Vgl. Die Vorschläge der niedersächsischen Jugendkommission, Landespräventionsrat Kommission Jugend Abschlußbericht, Hannover 2001, S. 100.
64　連邦規模において、平均は68.5人となっている。Ostendorf, JGG, Grdl. zu §§ 21 – 26a, Rn. 5 (1990年に調査を行った際の数である)。

官職の保護観察官の場合には、1人あたりの担当者数は年間20人に、篤志の協力者の場合には5人とされている[65]。これと同じように事件数を少なくすることによってのみ、継続的で教育的に意味のある少年への援護を行いうる。

8.5 執行に関係する者

　少年裁判所法第91条第4項は、出発点のみを記しているにすぎないが、この規定のように、少年行刑においても教育的・犯罪学的に資格づけられた担い手が投入されるべきだろう。任用の要件は――少年行刑に関係する他の全ての問題と同じように――成人に対するものとは別の少年行刑法において、規定されなければならない。現在、少年行刑が法律上の基礎を持っていないことについては、数年来、憲法違反という批判がなされているところであり、早急な改革が必要である[66]。

8.6 ユーゲント・アカデミーで専門教育を適切に行う構造をつくること

　それぞれの専門分野において固有のものとして求められている専門教育は、その時々の職業教育や大学での修学過程の内容のみによって、保証されるわけではない。必要なのは、それを超えて実務全体を覆い、なおかつ学際的に行われる専門教育の構造である。それは、異なる職業集団に属する担い手に対して、きめ細やかな職業教育・専門教育・継続的な教育を提供することができるような専門教育の仕組みである。DVJJ内部では、いくつかの異なった時点において、いわゆる「ユーゲント・アカデミー」の設立を求める声が聞かれた。異なる専門分野の知見を束ね、相互に結びつけるようなこうした機関は、今日の状況においても、多くの場所で指摘されている専門教育の貧窮に対処するのに望ましいものであり、適切なものであると、本委員会は考える。

65　Ostendorf, JGG, Grdl. zu §§ 21 – 26a, Rn. 5; Jesionek, Entwicklungstendenzen, S. 285.
66　これについては、下記**18.6.3 少年行刑法**を参照のこと。

9. 刑事手続における少年援助の地位と協力

　本委員会は、次のことに賛成する。
- 「少年審判補助」の概念を「刑事手続における少年援助」の名称に代えること。
- 少年援助と司法との関係を、それぞれの法的根拠に基づいて活動を行うふたつの相対する機関同士、少年の支援という目的のために、緊密でなおかつ信頼に満ちた協働を必要としている機関同士の協力関係と定めること。
- 刑事手続における少年援助の役割を、少年の付添人と裁判所の社会教育的な助言者として定めること。
- 裁判所により決定される処分が果たされないことがないよう、緊密かつ双方向的に協力することが少年援助と裁判所との共同責任であることを明らかにすること。
- 〔少年との〕信頼関係の保護のために、少年援助の担い手には職業上の理由に基づく証言拒否権を認めること。

　少年援助と少年裁判所の関係は、本委員会で対立し、極めて白熱した議論の対象であった。少年刑事司法を成功裡に実務運用するために不可欠である少年援助と司法との協力は、本委員会の経験と評価によれば、時折不十分にしか機能していない。〔少年援助の〕履行や〔司法による〕処分がうまく調和しないままに行われたり、財政モデルが不明確であったり、教育と刑罰の関係に関する考えが〔少年援助と司法の間で〕対立していることが、例外ではない。その場合に、援助の必要性についての評価が裁判所と少年援助の間で違っているために、あるいは双方の機関の協力が悪いために裁判所が命じた指示や遵守事項が実施されない、ということが、時折目にされる。こうしたことは、緊急に克服されるべき悪しき状況であると、〔本委員会は〕一致した理解に至った。悪しき協力関係の受難者は、結局はいつも、そして特に、少年なのである。
　しかし、裁判所により命じられた処分を遂行するために少年援助に義務を負わせるという考えは、本委員会は採らない。それとは反対に、本委員会では、

刑法と社会法では構造原理が異なっている[67]という声や、少年援助を執行機関として組み入れることは適切な協力という意味では有益ではない[68]という声が聞かれた。

　本委員会の評価によれば、こうした状況が生じているひとつの理由は、それぞれの法律上の基盤——少年援助にとっては社会保障法典第8編、司法にとっては少年裁判所法——にある規定が、相互にうまく調和していないことにある。社会保障法典第8編により、立法者は、1990年の児童及び少年援助法/社会保障法典第8編の改革において、少年援助の領域にとって現代的な社会法を創り出した。それは、若年者のニーズと困難な生活状況において支援を求める請求権を正面に据えている。刑事手続における少年援助の協力も、社会保障法典第8編第52条により、この原則にしたがって行われる。

　少年裁判所法では、「少年審判補助」に関する規定（特に少年裁判所法第38条）が、少年裁判所法第一次改正法により社会保障法典第8編に見合う形では適合させられていない。ここでは、個別的な改正のみが限定的に行われ、総体としての「手続における少年援助の地位と任務」は、「さらに改革が必要」な領域として手がつけられずにいた[69]。それゆえ、とうの昔に時宜を失している、刑事手続における少年援助の協力に関する法的基盤の整備が、今行われるべきなのである。

　本委員会は、現在の困難を解決するための優先的な手段は、双方の機関の協力を改善することにあると考える[70]。このことは、一方では、協力の準備があること——そして個別事件において制度を具体化する者にやる気があること、を前提にする。しかし、それを超えて、法律上の条件枠組みが改善されなければならない。本委員会は、刑事手続における少年援助の協力の任務と限界を明らかにすることで、これを成し遂げたいと考えている。〔少年刑法と少年援

---

[67] Münder et. al., SGB VIII, vor § 50 und § 52 Rz.78 ff.; Trenczek, Rechtliche Grundlagen, S. 19 ff.; Wiesner, Wer erzieht denn nun - Die Justiz oder die Jugendhilfe? DVJJ-Journal 1995, S. 175f.

[68] Trenczek, DVJJ-Journal 1994, S. 30 ff.; これと異なる見解として、Kunkel, DVJJ-Journal 1993, S. 339 ff.も参照。

[69] BT-Drs. 11/5829, S. 14.

[70] Ostendorf, SchlHA 2000, S. 2 (4); Trenczek, MschrKrim 2000, S. 259 (268)による少年審判補助に関する包括的なアンケート調査も参照。

助法が〕統一化された「少年法」を――70年代に議論されたように[71]――つくるという、これを上回る計画は、本委員会によっては追求されていない。

　少年援助と司法は、社会的コントロールの枠組みにおいて本質的に異なる任務を引き受けなければならない。同時に、若年者の成長や社会的統合を危険にさらすことなく、刑法上意味を持つ行為に対する責任を若年者に対して明らかにする、という少年刑法の目的は、各々の任務や活動のフィールドの限界を隠さずに、双方の機関が相互に協力する場合にのみ、達成されうる[72]。「司法の援助機関」として刑法上の制裁を加えることに協力することは、少年援助の任務ではないし、司法が自らをよりよき少年援助だと思うことも許されないのである。

　それゆえ、本委員会が努めるのは、協力を成功させるために立法上の枠組みを改善するということである。このことについて、本委員会は、一方では、少年刑事手続における少年援助の手続法上の地位を定める少年裁判所法第38条を包括的に新たに規定し直すことを提案する。本委員会の見解では、しかしさらに、社会保障法典第8編第52条も、少年援助にとって重要な意味をもつ任務を割り当てる規範として、それに見合う形で改正されなければならない。

9.1 刑事手続における少年援助の任務

9.1.1 少年援助の一部としての少年審判補助

　「少年審判補助」という概念は、社会保障法典第8編においてもはや自覚的に用いられていない。ここでは、「刑事手続における少年援助の協力」という表現がとられている（社会保障法典第8編第52条）。このような表現方法で、立法者は、少年審判援助が少年援助の一部であることを明らかにしたかったのである[73]。少年刑事手続におけるその任務は、社会保障法典第8編により定義された少年援助の専門的な視点を有効に働かせるという点にある。その際、

71　これについては、Jans/Happe/Saurbier, Einl., S. 8における歴史的に立ち入った説明を参照。
72　Wiesner-Kaufmann, § 52, Rn. 15.
73　Trenczek, MschrKrim 2000, S. 259 (261)における表現も参照。

前面に出るのは、社会教育的な援護の任務である[74]。この関係で、非行〔そのもの〕は〔少年援助の〕給付構成要件のメルクマールではない。それは、場合によっては、逸脱行為の背後にある問題のひとつの徴表となり、その問題が援助の必要性を根拠づけることがありうる、という性質のものなのである[75]。

　立法者により望まれた、手続におけるこの少年援助の自立的な機能は、現行の少年裁判所法第38条においては、〔社会保障法典8編と〕同じようには表現されていない。「立法におけるためらい（die Unentschiedenheiten in der Gesetzgebung）」[76]により特に帰結されているのは、少年審判補助者は本質的に手続に方角を定められた任務を持つ裁判所の「密告者」であるという考えが依然として司法実務において支配的である、ということである。

　それゆえ、司法と少年援助とは同等の権利を持つ二つの並列する制度であることを強く明確にすることが必要である、と本委員会は考える。たとえ刑事手続において制裁に関する決定権限を持つのが裁判官だとしても、少年に対する少年援助の受給に関する命令を履行するために、裁判官は少年援助に義務を負わせることはできない。少年援助は、社会保障法典第8編による要件が存在する場合にのみ、給付を提供するのである。それゆえ――社会内の援助の命令やその遂行の場合に――双方の法領域が重なり合う部分で、関与者間の特に緊密な申し合わせが必要になる。

　このことを言い表すために、社会保障法典第8編と少年裁判所法を一致させる動きの中で、「少年審判補助」の概念は、「刑事手続における少年援助の協力」というニュートラルな表現に代えられるべきであろう。

9.1.2 専門性

　もっとも、「少年審判補助」という概念〔を用いること〕に反対することを決断することで、この任務領域に専門化された担い手はもはや少年局に居るべきではない、という評価が下されるわけではない。しかし、刑事手続におけるこの少年援助の任務をどの機関が引き受けるのか――少年局なのか、民間の少年

74　Vgl. Münder et.al., SGB VIII, § 52, Rn. 1 ff.
75　Münder et.al., SGB VIII, § 52, Rn. 24; Wiesner-Kaufmann , § 52, Rn. 1.
76　Wiesner-Kaufmann, § 52, Rn. 4.

援助の担い手なのか、専門化された「少年審判補助」部門なのか、一般の社会保障の職にある担い手が重点的な任務としてそれを行うのか——という問題は、少年裁判所法が規定すべき事柄ではない。刑事手続において少年援助が自立した地位を持っているということは、まさにその任務領域において組織が高い地位を持つことにもつながる。

9.1.3 助言機能と援護関係、証言拒否権

少年援助は、緊張に満ちた二重の役割の間で板挟みになっている。それは、裁判所の助言者として刑事手続に組み入れられ、〔他方で〕少年の〔社会的な〕統合や成長を促進するための付添いを義務づけられてもいる。したがって、少年援助は、裁判所に対する助言の義務を負い、場合によっては証人として召喚されうる一方で[77]、その援護活動は、確かな信頼関係に基盤を置いた少年との協働を前提にしていることになる[78]。

このような二重の役割が必然的にもたらす葛藤は、しばしば〔少年に対する〕援護機能に負担を掛けている[79]。例えば、少年審判補助の代表者は、事実関係の解明のために犯罪構成要件にとって重要な情報を得るために、証人として召喚されるのである。特に、少年援助の担い手が援護関係の枠組みにおいて少年から内々に打ち明けられた情報を〔裁判所から〕尋ねられる場合、〔少年との〕信頼関係が崩壊することになる。多くの被告人がいる場合に、少年自身が同意していなくても、少年審判補助者の報告書が共同被告人の在廷時に朗読されることが、しばしばある[80]。

しかし、手続関与者は、あらゆる手続段階において、専門的に見ても支持できる、意味のある解決策を若年者のために導くようなやり方で、少年の利益のために相互に協力する義務を負っている。職業上の役割や活動の任務の相違は、できるだけ良い形で一致させられなければならず、利益の衝突は包み隠さず明らかにされなければならず、またそれは可能な限り解決されなければな

77　Eisenberg, JGG, §38 Rn.29f.
78　Eisenberg, JGG, §18 Rn.30 その他多くの文献がある。アイゼンベルクは、それゆえ、証言の拒否は一定の事件において信頼関係を保護するために当を得たものであると指摘している。
79　Wiesner-Kaufmann, §52, Rn. 33.
80　Ostendorf, ZfJ 1991, S. 9 (10).

らない。

　手続関与者が協働するための糸口は、すでに現行法でも多くの場所で見出される[81]。司法と少年援助の関係において包括的な報告義務・意見聴取義務があることは、少年の福祉のための協力が立法者によって望まれたものであることを示している。こうした手がかりを発展させ、法律上明確にしなければならない。

　もっとも、協力というのは、異なった目的や活動の視座を混同したり、一方を他方に従属させることではない。少年裁判所法と社会保障法典第8編を並列することは、この観点で極めて明解な効果を持っている。機能する協働の基礎は、むしろ、一方の担い手の専門性に対して他方の任務領域を明確に限定することと、一方が他方に敬意を表することにある[82]。刑事手続において制裁賦課の決定権限を裁判所が持っているとしても、〔司法と少年援助の〕各々の領域が同等の権利を持つものとして考えられなければならない。

　確かに、このような緊張関係を完全に解消することはできない。しかし、本委員会は、任務を明確に境界づけ、援護の任務を強化することで、この緊張を弱めることができると考えている。

　少年援助は、裁判所と協働する場合には、教育に関する相談者としての役割に限定されなければならない。少年援助は、社会教育的で少年を援助するために重要な観点を有効に働かせる。それに対して、事実関係の解明も具体的な制裁の決定も、その任務領域には属さない[83]。

　〔少年に対する〕信頼関係の保護と裁判所の助言者としての少年援助の機能が衝突する場合には、援護関係を保証するため、信頼関係の保護が優先する。それを超えて、少年援助の担い手には、職業上の理由に基づく証言拒否権が与えられなければならない[84]。

81　例えば、少年裁判所法第38条と児童及び少年援助法／社会保障法典第8編第52条。
82　Münder et.al., SGB VIII, vor § 50 und § 52 Rn. 99; Trenczek Strafe, Erziehung oder Hilfe? 1996, S. 123 ff.
83　Ostendorf, ZfJ 1991, S. 9 (10).
84　Ostendorf, ZfJ 1991, S. 9 (10); D/S/S-Sonnen § 38 Rn. 13; a.A. BVerfGE 33, S. 367 (374)も同様である。もっとも、連邦憲法裁判所は、憲法第1条第1項との結びつきを持つ憲法第2条第1項により証言拒否権が権利として認められうるのは、狭く限定された例外的状況においてであることを、判決理由において詳細に述べている。

しかし、本委員会の判断によれば、必要な協力は、法律に規定を置くだけでは限定的にもたらされるにすぎない。実務上もっと大きな意味を持つのは、協働を定期的に検証、改善する地域的なネットワークとコミュニケーション組織〔の存在〕である。確かに、法律上の報告義務と発言権はひとつの基礎をなすものではあるが、インフォーマルなレベルでも経験を交換し、相互に情報を与え、衝突を明らかにするためには、協力という考えを日常において生かさなければならないのである。

　条文の提案：
第38条は、次のように規定される。
　　少年裁判所法第38条［手続における少年援助の協力］
　　(1)　社会教育的な観点を有効に働かせるために、少年局は、社会保障法典第8編第52条により、少年刑事手続において協力しなければならない。
　　　　少年援助の担い手は、少年刑法上の決定が少年のその後の生活に与える影響を特に考慮して、手続において少年を援助し、かつ、裁判所に助言を行う。
　　［(2)～(6)　後掲］
刑事訴訟法53条［職務上の理由に基づく証言拒否権］1項においては、3号bの後に新たに3号cを挿入する。
　　［次のことには、証言の拒否の権利が与えられる。］
　　3c.　少年援助の担い手が、少年裁判所法38条による刑事手続における協力の枠組みにおいて告知を受け、又は知りえた事項。

9.2 相互の情報交換、情報の請求及び協働のための義務

　機能的な協力は、関与者相互の情報交換を前提にする。これまで、こうした情報の義務や報告義務は個別的にのみ規定されていた[85]。情報や協働の義務が手続全体において一貫して存在していることを明確にするために、これらの義務は一般的な形で規定されなければならないだろう。
　少年援助は、どの手続段階においても、各々の管轄機関から情報の提供を

受けなければならない。即座に無条件に手続が打ち切られる場合だけが、例外である。任務を果たすために必要である限り、少年援助は捜査段階においても照会を行うことができる。

少年援助が手続全体に関与しなければならないことは、簡易手続にも当てはまる。簡易手続においても、少年援助は積極的に関与することができる。このことは、誤解されがちな時間の節約に優先しなければならない。時間の節約は、少年援助に情報を与えた後に初めて達成されうるものなのである[86]。

反対に——すでに社会保障法典第8編第52条第2項第2文が規定しているように——少年援助の提供が受け容れられたことに基づいて、訴追の見合わせや手続の打ち切りが考慮される場合、少年援助は、司法機関に通知を行わなければならない。

　条文の提案：
38条は、次のように規定される。
　少年裁判所法第38条[手続における少年援助の協力]
　　[(1)　前掲]
　(2)　少年局は、手続全体に関与しなければならない。
　　　少年に対する捜査の遂行について警察から通知がなされていない場合、手続が即座に無条件に打ち切られるときでも、検察は、少年局に、捜査手続の開始に関して遅滞なく情報の提供を行う。
　　　任務を引き受けるために必要である場合、少年局は、捜査の状況や結果について、情報の提供を受けなければならない。
　　　さらに、裁判所は、それに引き続く手続において少年局が包括的に情報の提供を受けることを保証する。
　　　検察又は裁判所は、少年局に手続の結果を通知する。
　　[(3)～(6)　後掲]

85　例えば、少年裁判所法第50条第3項（審判手続の時間及び場所の通知）、第70条第1項（手続の開始及び結果の少年審判補助への通知）、第72条a（勾留状／一時的な身体拘束の発付及び執行の通知）。
86　Ostendorf, JGG, §§ 76-78, Rn. 16; これと異なる見解として、Eisenberg, JGG, §§ 76-78, Rn.26.

9.3 (未決)拘禁における少年援助

　実務においてほとんど顧みられていない少年援助の活動領域のひとつは、少年裁判所法第72条第1項及び第4項による未決勾留の回避もしくはその短縮化である。未決勾留の回避が効果的に行われずに失敗しているのは、多くの場合、すでに少年援助が介入しないか適時に介入していないためである[87][88]。少年裁判所法第72条第1項で、立法者は、ショックを与え烙印を押す未決勾留の体験を可能な限り完全に少年に免れさせるという目的を追求している[89]。このような形で未決勾留を完全に回避することは、勾留状が執行される前に、すでに少年援助が代わりとなる援護形態をとるよう努力する機会を持つ場合にのみ、可能となる[90]。

　このような理由から、拘禁事件における〔勾留〕決定の前に少年援助を介入させ、実際にその意見を聴くことが保証されなければならない。もっとも刑事訴追機関のこのような義務は、週末でも連絡がつくようにする準備業務を少年援助の側に浸透させることを前提にする。現在、このような業務は、都市や市町村の約3分の1においてのみ行われているにすぎず[91]、したがってその拡充が強く求められる。

　　条文の提案：
　　第38条は、次のように規定される。
　　　少年裁判所法第38条［手続における少年援助の協力］
　　　　［(1)～(2)　前掲］
　　　　(3)　少年局は、少年裁判所法第71条、第72条による措置が少年に対

87　Brunner/Dölling, JGG, §72a, Rn. 1, 2.
88　拘禁の短縮又は拘禁の回避の成功例は、シュレスビッヒ・ホルスタインの規定である。これは、SchulHA 1990, S. 82 f.に紹介がある。
89　BT-Drs. 11/5829, S. 30における少年裁判所法第一次改正法（1. JGGÄndG）の理由づけも参照のこと。同様に、D/S/S-Diemer, §72, Rn. 7; Eisenberg, JGG, §72, Rn. 3; Ostendorf, JGG, §72, Rn. 5も参照。
90　Brunner/Dölling, JGG, §72a, Rn. 1, §38, Rn. 5c.
91　トレンクツェクによる少年審判補助に関するアンケート調査は、著しい地方較差があることを示している。Trenczek, MschrKrim 2000, S. 259 (278).

してとられる前に、意見を聴取されなければならない。

　拘禁事件では、少年局は、迅速にその任務を引き受ける。

　未決勾留の目的が教育に関する暫定的な命令又はその他の措置により達成されえないかどうかが、特に検討される。

　少年局は、弁護人と同じ範囲で、被拘禁者との接見及び書類による交通を行う。

〔(4)〜(6)　後掲〕

9.4 審判手続における少年援助

　審判手続において、少年援助は、少年にとって負担が大きく、しばしば理解するのが困難でもある状況で、彼に付き添うことを任務とする。同時に少年援助は、教育学的見地からの事件の見方について、裁判所に助言を与えなければならない。刑法上の制裁に代えて少年援助の給付も考慮に値するかどうかが問題になる場合には、少年援助と裁判所は、特に緊密に協力して活動しなければならない。こうした協働の基礎になるのは、相互の情報交換とそれぞれの専門ではない立場を考慮することである。本委員会の見解では、最低でもこのような協力の最低限の前提が、法律に規定されるべきである。

　これまで通り(少年裁判所法第50条第3項第1文、第48条第2項第1文)少年援助は、審判手続への関与が可能なように、審判手続の期日と場所を、適時に通知されなければならない。他方で、やむをえない理由によりそのようにできない場合を除いて、〔常に〕審判手続に関与することが、将来、少年援助の義務に数えられなければならない。「審判手続には……、すでに管轄権を持っている少年援助の専門家が関与[すべきものとする]」という条文の提案は、それゆえ、この意味において理解されなければならない。少年のための援護・付添い機能に重点を置くことで、審判手続への関与は、個別事件において特別な理由がある場合にのみ免れることができる少年援助の義務的な任務として理解される。

　さらに、本委員会は、質問権を与えることで、従前すでに規定されている少年援助の発言権(少年裁判所法第32条第2項第2文、同条第3項第3文、第50条第3項第2文)を補完することが有意義であると考える。この場合、その

権利は、刑事手続における少年援助の管轄領域からの質問にのみ及びうることになる[92]。証人その他に質問を行うことで事実関係を解明することは少年援助の任務ではないという意味においても、各々の任務と管轄を厳格に定義づけることは、少年援助にも当てはまる。

現行の法律規定や定着した実務によれば、少年援助の代表者は、どのような制裁を科す可能性があるのかについて、意見を表明する。さらに、現在の実務では、ソーシャルワーカーが自ら自由剥奪処分を提案している[93][94]。本委員会の見解によれば、少年援助のこのような関与の仕方は、その少年援助法上の任務と一致しない[95]。むしろ、少年援助の任務は、第一に、具体的な事件において少年援助の給付がどれくらい意義を持つのかを評定することにある。さらに、科される可能性のある刑法上の制裁が若年者のその後の成長にどのような影響を与えうるのかについて少年援助が意見を述べることは、望ましいことであり、少年援助の任務に含められる。

しかし、実務では、少年援助による専門的な評価が〔裁判所により〕考慮されたのか、どのように考慮されたのか、あるいは場合によってはどのような理由から裁判所は少年援助の評価にしたがわなかったのかが、必ずしも跡づけできるものにはなっていない。少年援助の意見表明が持っている価値を高めるために、その本質的な結論は記録に残されなければならない。裁判官が少年援助の提案や評価から外れた判断を行うのであれば、裁判官は判決においてそのことを理由づけなければならない。少年裁判所法第38条第2項第2文と第54条は、それに見合う形で規定されなければならない。

条文の提案：
第38条は、次のように規定される。

---

[92] この点において、制限のない質問権を求めていた第一次少年裁判所法改正委員会の第Ⅱ委員会とは異なる主張となる。DVJJ-Journal 1992, 21; さらなる法政策的な意見については、Eisenberg, JGG, § 38 Rn.28.
[93] D/S/S-Sonnen, § 38, Rn. 29.
[94] 処分を提案する準備は、専門性の度合いが下がるほどに、低くなっている。トレンクツェクによる少年審判補助に関するアンケート調査を参照。Trenczek, MschrKrim 2000, S. 259 (275 f.).
[95] Münder et.al., SGB VIII , § 52, Rn. 26, 73 も参照。

少年裁判所法第38条［手続における少年援助の協力］
［(1)～(3)　前掲］
(4)　裁判所は、少年援助が審判手続に関与できるようにしなければならない。

期日と場所が、少年局に適時に通知しなければならない。
審判手続には、すでに管轄権を持っている少年援助の専門家が関与すべきものとする。

その任務の範囲内において、少年援助は審判手続において質問を行うことができる。質問は、請求に基づき許されなければならない。

少年援助は、特に刑法上の処分とそれが若年者のその後の成長に与える影響について、意見を表明する機会を持つ。

意見表明の結果は、記録にとられなければならない。
［(5)～(6)　後掲］

第54条［判決理由］第1項においては第3文が次のように規定される。
少年援助による評価について、判決理由において、意見が表明されなければならない。

9.5　社会内処分の執行

　自由を拘束する処分の枠組みにおいて少年援助による援護が行われる場合にも、任務や管轄の峻別が妥当する。それによれば、少年援助の活動は、社会保障法典第8編を基準とすることになる。判決中の社会内処分の命令により義務を負わせられるのは、少年であり、少年援助ではない[96]。少年援助は、社会保障法典第8編により社会教育的な提供を行う局面で、その法律により履行の要件が存在する場合にのみ、活動を行うのである。これは、裁判所が少年に命令を行う前に、常に少年援助の意見を聴くことを不可欠にする。

---

[96]　BT-Drs. 11/5948, S. 89; Münder et.al., SGB VIII, § 52, Rn. 75 ff.

労務の給付

成人刑法では、労務の給付は司法により執行される。少年刑法では、原則として少年局の協力の下で、これが行われている。多くの事案において純粋に行政管理的に行われている教育的に意味のない労務の給付は、結局のところ、少年援助の任務ではない。それゆえ、それを少年局に根づかせることは、簡単には基礎づけることができない。このような任務の割り当ては、公益作業の形態を変化させるよう努力する場合にのみ、正当化される。たとえ作業指示が教育的な背景を持たずに命じられるとしても、それを教育上有意義に形成することが、目的であるべきだろう。少年援助を取り巻く状況としては、少年にとって有意義と思える活動に彼らを組み入れ、社会教育的に援護を行うよう試みているいくつかのモデル・プロジェクトが存在している[97]。

もっとも、少年援助の担い手は、それについて財政的に収支が合う場合にのみ、その任務を果たすことができるだろう。ここでは、少年援助が司法からその任務を委ねられていることの反作用として、司法の負担が軽減されていることが考慮されなければならない。したがって、司法から「委ねられた」労務の給付やその他の処分の執行ということで、司法の側にあるコスト負担の問題も論じられるのである。

監督及び統制機能

深刻な役割葛藤がある状況で、現在少年援助は、少年裁判所法第38条第2項第5文から第7文において規定されている監督及び統制機能を負わせられている[98]。ここでは、法律の改正が必要である。一方では、少年援助が司法と対等な地位を持っており、司法と同様に重要な役割を担っていること〔したがって、少年援助は司法から命令を受ける立場にはないこと〕を前面に押し出すことが重要となり、他方では、情報保護法上必要になっている事柄に規定を適合させなければならない。

自明のことながら、裁判所は、少年に命じられた処分が満たされたかどうかについて情報を求める正当なニーズを持つ[99]。少年援助がこうした処分を現実

97　Meißner/Pelz, S. 309 ff. に例示がある。
98　Vgl. Münder et.al., SGB VIII, § 52, Rn. 66 ff.

に移す管轄権を持つのであれば、少年援助は裁判所にその結果に関する情報を与えなければならない。このことは、少年が裁判所の命令を満たしているという情報にも当てはまるし、少年が最終的に裁判所の命令を満たさなかった場合には、そのことの通知にも関係する。この問題では、少年援助は、証言拒否権を盾にとることができない。

「著しい違反行為」（少年裁判所法第38条第2項第2文）の限界事例については、違反行為が「重大」であると判断されうるかどうかを少年援助が自分の裁量で決定することが、明らかにされる必要がある。

条文の提案：
第38条は、次のように規定される。
少年裁判所法第38条 [手続における少年援助の協力]
[(1)～(4) 前掲]
(5) 給付が社会保障法典第8編により行われるべきものとされている場合には、その履行は少年局の決定を要件とする。

社会保障法典第8編を基準にして、少年局は少年援助の給付を行う。

少年援助は、その他の社会内処分、特に労務指示及び行為者－被害者－和解を司法の委託により行う。

このような態様の処分に関する決定を行う前には、少年局の意見が聴かれなければならない。

少年局は、検察又は裁判所に処分の結果及び重大な違反行為の通知を行う。
[(6) 後掲]

9.6 保護観察、行刑、釈放、前科の除去

本委員会は、明確性を理由として——そのことで現在の任務に変更を加えることは企図せずに——保護観察中や執行段階、あるいは麻薬法による刑の

---

99 Brunner, Zbl. 1973, S. 53 (58 f.).

執行の見合わせや前科の除去に関する少年援助による協力や援助を新しい少年裁判所法第38条の枠組みでまとめることを支持する。

条文の提案：
第38条は、次のように規定される。
少年裁判所法第38条［手続における少年援助の協力］
　［(1)〜(5)　前掲］
　(6)　少年刑の執行が保護観察のために延期されるときには、少年援助は、保護観察官と緊密に協働する。
　　　行刑中、少年援助は、有罪の言い渡しを受けた者と連絡をとる。
　　　少年援助は、刑の執行の見合わせ（麻薬法第35条）又は仮釈放（少年裁判所法第88条）のための要件を創り出すよう、協力を行う。
　　　少年援助は、少年の同意を得て、前科の除去を申請することができる。

9.7　任務の割り当てを適合させること

　上述した改正には、社会保障法典第8編にある少年援助に関する任務の割り当てに関する規定も、適合させられなければならない。
　少年裁判所法第38条と社会保障法典第8編第52条第1項のこれまでの規定は、任務の割り当てを行う基本的な規範が少年審判補助にとって特別な意味を持っていることを正当に評価していない。むしろ、少年援助の任務は、社会保障法典第8編において、任務の優先順位を明示するような方法で包括的に記述されなければならない。少年裁判所法第38条においては、特に任務を手続法上実現することと刑事手続における少年審判補助者の地位が問題になる。根本的に任務を書き換えることを考えて、社会保障法典第8編第52条第1項と少年裁判所法第38条第1項をかなりの部分で同じように規定することにより、少年援助が活動する分野が特別な緊張を持っていることが明らかになり、その点で、すでに双方の観点から少年審判補助が特別な責任を持っていることが示されることになる。第1項に置かれる原則にかかわる規定の具体化は、それに引き続く条項において行われる。社会保障法典第8編においては、

援護の任務や給付の任務が顧慮され、少年裁判所法ではそれを刑事手続で実現することが試みられる。

条文の提案：
社会保障法典第8編第52条は、次のように規定される。
第52条 [少年裁判所法による手続への協力]
(1) 少年局は、社会教育的な観点を有効に働かせるために、少年刑事手続において協力しなければならない。
　　少年局の担い手は、手続全体に渡り、少年又は若年成人に対する援助及び援護を行い、親権者を支援し、かつ、決定に際しては裁判所に助言を行うものとする。
(2) 少年局は、少年又は若年成人のために少年援助の給付又は他の援助が問題になるかどうかを、早期に検討しなければならない。
　　適切な給付がすでに開始され、又は行われたときには、その給付により訴追の見合わせ（少年裁判所法第45条）又は手続の打ち切り（少年裁判所法第47条）が可能になるかどうかを検討することができるように、少年局は、検察又は裁判所にすぐにそのことを通知しなければならない。
(3) その後の手続においても、行うことが可能であり、すでに開始され、又はすでに行われた社会教育的な給付、特に自由剥奪の代替手段並びに頻繁に非行に及んでいる少年及び若年成人のために適切な少年援助の提供に関して、少年局は裁判所に情報の提供を行うものとする。

9.8 データの保護

本委員会は、刑事手続において少年審判補助が協力を行うために、データ保護の規定を明確に置くことが必要であると考える。

刑事手続における少年援助のデータ保護の権限と義務に関するこれまでの法律関係は、不十分という程度を超えている。というのも、社会保障法典第

8編第61条第3項によれば、刑事手続における少年援助の協力については、社会保障法典第8編（第61条以下）によるデータ保護規定は関係せず、むしろ「少年裁判所法の規定」を参照するよう指示されているからである。しかし、このような参照指示は無意味である。というのも、少年裁判所法には本来的な意味でのデータ保護規定がないからである[100]。

　本委員会は、少年裁判所法は、少年援助に義務を負わせるデータ保護規定を置くのに適切な場所ではない、という見解である[101]。少年裁判所法には刑事手続における少年援助の任務は規定することができるが、その任務を引き受けるための法的要件や限界は、児童及び少年援助法／社会保障法典第8編が規定すべき事項である。したがって、少年援助に関係するデータ保護規定は――刑事手続における協力から生じる特殊性を考慮した上で――完全に、そしてもっぱら社会保障法典第8編において規定されるべきであろう。

　したがって、本委員会は、社会保障法典第8編第61条第3項を代替なく削除することを提案する。これにより、まず、社会保障法典第8編のデータ保護規定が刑事手続における少年援助にも適用され、現在残されている不明確な部分が取り除かれる。それゆえ、少年援助による刑事手続における協力に関しても、社会保障に関するデータは、当事者の同意があって初めてとることができる。しかしさらに――少年の利益のためにも――刑事手続において任務を遵守できるように、少年援助が少年の承諾なしでも少年に関する情報をとることが必要になる。したがって、第62条第3項第2号cにより少年の協力なしでも必要なデータを集めるという社会保障法典第8編第52条から生じるその任務を引き受けることが、将来、少年援助に認められるべきである。

条文の提案：
社会保障法典第8編第61条［適用範囲］においては、第3項を削除し、第4項を第3項とする。
社会保障法典第8編第62条［データの収集］においては、第3項第2号c

100　Wiesner-Mörsberger, § 61 Rn.19; Klier/ Brehmer/ Zinke, S. 153f.
101　少年裁判所法第38条がすでに授権規定になるのか、それとも社会保障法典第8編第61条以下が優先するのかには、争いがある。Brunner/Dölling, JGG, § 38, Rn. 19bは、前者を肯定する。D/S/S-Sonnen, § 38, Rn. 12 は、後者の立場である。

において、「第42条から第48条aまで」という文言の後に「又は第52条による」の文言を挿入する。

9.9 少年援助の給付の財政

本委員会は、ラントが関与することで社会内処分の提供を浸透させることを確実にすることが、ラントのひとつの重要な役割であると考える。

連邦規模で見ると、刑事手続において少年援助が活動を行うための財政基盤は、依然として不統一である。本委員会に出席している実務家の経験と知識によれば、その財政基盤は、多くの領域において十分ではない。もはや財政支出が不可能なので、集中的に行われる社会教育的な個別援護や社会的なグループ・ワーク/社会訓練コースといったコストの掛かる援助形態を審判手続で提案しないよう少年援助の担い手が指示された、という報告も行われている。このような措置は、法治国家的な観点の下では疑わしいという以上のものであるが[102]、それは同時に、公的な予算が少年援助の領域にいかに大きな圧力をかけているかの表れでもある。少年裁判所法により社会内処分を提供する少年援助の民間の担い手の多くは、予算状況により変わりうる不安定な財政基盤の上で活動している。

いくつかのラント（ニーダーザクセン、シュレスビッヒ・ホルスタイン）においてすでに試みられているように、非行に及んだ少年のためになされる社会内の援助の提供を地方自治体が浸透させ、そのことに対して支出を行う際に支援を行うことは、ラントの特別な任務である。

---

102 Trenczek, Rechtliche Grundlagen, S. 26f. その他多くの文献がある。

10. 少年刑事手続における弁護

　　本委員会は、少年刑が科される可能性があること、被害者が弁護士により代理されていること、保護観察の取消し及び自由剥奪処分の賦課又は継続を、さらなる義務的な必要的弁護事件として予定することに賛成する。
　　本委員会は、刑事訴訟法第140条第２項の適用実務が、少年の年齢が若いために自己の弁護を適切に行う能力が限られていることを十分に考慮していないことを、強く指摘する。

　教育思想により刻印されている少年刑事手続では、しばしば弁護人は邪魔者と考えられている[103]。このことは、少年刑事事件に弁護人が関与する頻度にも現れている。80年代に行われた調査は——成人の刑事事件と比べて——少年刑事事件において弁護人が協力する割合が極めて少なく、それが全手続の８％から25％に過ぎないことを明らかにしている[104]。対立構造を持ち、基本法を脅かしそれを制限する刑事手続としての少年刑事手続の性格には十分な注意が払われておらず、当事者が手続に主体として参加できる場合にのみ、法治国家における刑事手続が正当化されうるということを、どうやら、教育に照準を合わせることで、忘却の彼方に置く誘惑があるように見える。手続への主体的な参加は、当事者が原則として防御能力を持っていることを前提としているのである。

現実的な防御能力の考慮

　若年者は、通常、刑事手続において重要な権利を不十分にしか知らない。若年者は、他の手続関与者に対して権利を主張する能力も、ほとんど自由に駆使できない。通例、行為の結果やその効果を正しく見通すことが全くもって

---

[103] Walter, NJW 1989, S. 1022.
[104] それに対し、成人刑法においては、手続の約60％で弁護人の関与がある。Ostendorf, JGG, Grdl. zu §§ 67 - 69, Rn.6.

できない少年は、自分の利益に見合った主張を自ら行うことができない。少年は、裁判所の審理における儀式にも、そこで用いられる法律用語にも対処する力がない。こうした弱点の結果、しばしば少年は無力のまま国家的な刑事訴追機関と対峙している。まさに少年拘禁の賦課が、寄る辺のないまま若年被疑者が自分で防御行為を行っていることの領収書となっていることが、稀ではないのである。弁護人の任務は、特に、若年の被告人が裁判所でより自立的に、より多くの専門的知識を持って行動できるように、彼を援助することにある。まさに少年刑事手続において、公正な司法のために、国家刑罰権により捕らえられている若年者に基本法上保障されている主体的地位が特別な方法で保証されなければならない[105]。

　したがって、少年刑事手続における弁護は、特に補整的な措置なのであり、〔裁判所における〕対話におけるひとつの不可欠な部分である。刑罰による害悪を質量ともに可能な限り回避しようという少年裁判所法に内在する固有の補整的な関心が、まだなおそれ自体としては余り開花していない（「有害な性向」、「懲戒処分」〔という概念がなお用いられているように〕）間は、弁護は、「刑罰による教育」の哲学を修正するためのひとつのチャンスを意味する。弁護人は、こうした基礎の上で、積極的な参加を果たしている他の全ての手続関与者とともに、事実に則した〔法〕解釈を行うための解明活動に携わり、それを手に現在その構造において整合性のない〔少年裁判所法という〕法律の舵取りを行うのである。弁護は、不可欠のものである。それは、まさに本委員会の改正提案が立法により（まだ）現実に移すことができるとは〔立法者により〕考えられていない分——いよいよもって——不可欠なのである。

　手続法は、現在の必要的弁護制度において、義務的な弁護人の選任を行う場合であっても、国家が少年に対して特別な配慮義務を持つ[106]十分な可能性を与えている。刑事訴訟法第140条第2項によれば、「被疑者が自ら防御することができないことが明らかである」場合に、裁判長は弁護人を選任する。この自ら防御を行う能力がない、ということについては、年齢に基づいて判断することができる[107]。

105　LG Gera, StV 1999, S. 656; AG Saalfeld, NStZ-RR 2002, S. 119.
106　Vgl. Zieger, Rn. 168.

本委員会は、この領域では、実務上刑事訴訟法第140条第2項の拡張解釈〔を行うこと〕が若年の被告人のために必要であると強く考えている。この点、若年の被告人は、警察や検察、少年裁判所に対する権利や防御の可能性をより明確に形成され、保障されることに対するより強められた請求権を持つのである[108]。このことについては、いわゆる「ケルン準則 (Kölner Richtlinie)」[109]に書き留められた諸原則が、くすみなくアクチュアリティを持ち続けている。

少年刑が予想される場合の必要的弁護

　若年者にとって少年刑が重大な結果をもたらすこと、最短でも6ヶ月という刑期、そして「行為の重大性及び責任の重大性」という賦課要件に鑑みれば、少年刑が科される可能性がある場合には、例外なく弁護人が必要である。このことは、すでに現行法下でも文献上長い間認識されてきたことであるし[110]、今や判例においても採り入れられている[111]。多くの負の効果を持つウルティマ・ラティオとしての少年刑は、専門的な援助者の介入を求めるのであり、特に自由剥奪は、成人の場合とは比較にならないほどに少年にとって重大な意味を持っている[112]。したがって、〔比較的軽い事件を管轄する単独の〕少年係裁判官による審判手続においても、弁護されていない少年に対して少年刑を賦課することは支持されえない。むしろ、少年刑が言い渡される場合には、それが保護観察のために延期されるか否かにかかわりなく——すでに行為の重大性と

107　OLG Celle, StV 91, S. 151.
108　すでに、AG Saalfeld, NStZ 1995, S. 150 がこれを肯定している。これを強く支持するものとして、Beulke, Die notwendige Verteidigung in der rechtlichen Entwicklung, S. 37 ff, 43; ders., FS Böhm, S. 647, 656.
109　NJW 1989, S. 1024 ff. に所収。
110　例として、D/S/S-Diemer, JGG, § 68 Rn. 10; Eisenberg, JGG, 9. Aufl., § 68 Rn. 24; Ostendorf, JGG, 5. Aufl., § 68 Rn. 8; Albrecht, Jugendstrafrecht, S. 346; Schaffstein/Beulke, Jugendstrafrecht, S. 203; Radbruch, StV 1993, S. 553, 557を参照。少年刑事手続における必要的弁護に関する「ケルン準則」もすでに同様の考えに立っている。NJW 1989, S. 1024, 1026.
111　誤解の余地なく明確にこのことを示すものとして、LG Gera, StraFo 1998, S. 270; LG Gera, StV 1999, S. 655; こうした判例を明確に支持するものとして、HK-Julius, § 140 Rn. 19; Beulke, FS Böhm, S. 658 f.; Burhoff, Rn. 603; Großbölting/Kaps, S. 194 f.; より狭く理解するものとして、OLG Brandenburg, NStZ-RR 2002, S. 184, 185. これは、個別の事案によるものと理解している。
112　すでに、LG Essen, NStE Nr. 3 zu § 140 StPOがこのことを指摘している。

いう観点の下で——原則的に必要的弁護事件として認められなければならない。

特別な拘禁リスクの埋め合わせ

一般刑法に対して不利な拘禁〔による〕リスクと、統計上確かめることができる未決勾留や少年刑が命じられる頻度の高さから、少年刑法では、自由剥奪処分が考えられる全ての場合について弁護人の協力が求められる。さらに、有罪の言い渡しを受けた若年者に対する自由剥奪処分の執行手続の全てが、必要的弁護事件になる。

弁護士による被害者の代理

本委員会は、結論としては、被害者に弁護士の付添いがある場合には、少年刑事手続において被疑者に義務的に弁護人が選任される必要があると考える。立法者は、このような特別な位置関係を、刑事訴訟法第140条第2項の枠組みにおいてすら強調している。しかし、それは単なる例示的な性格を持つにすぎず、この場合においても弁護人の選任は裁判長の羈束裁量（das pflichtgemäßen Ermessen）となっている[113]。

条文の提案：
第68条［必要的弁護］においては、
a.) 第4号において文の最後に次の文言が付け加えられる：「勾引の期日に立ち会うことができるよう、弁護人は適時に通知されなければならない」。
b.) 第4号の後に、以下の第5号から第7号が新たに付け加えられる。
   (5) 被害者が弁護士により代理されるとき、
   (6) 条件付又は無条件で少年刑が科される可能性があるとき、
   (7) 保護観察の取消し、自由剥奪処分の継続更新又は終了に関して決定が行われるとき。

113　K/Meyer-Goßner, § 140 Rn.22.

11. 非公開と人格権の保護

　本委員会は、若年の被告人を保護する利益は公開原則よりも重いという見解である。少年又は青年とともに成人も刑事手続において起訴されている場合であっても、審判手続は公開されないものとする。
　さらに、本委員会は、責任能力に関する少年援助その他の鑑定人による報告書との関係で、人格権の保護が強化されなければならないという見解である。

　刑事手続に少年の被告人と成人の被告人がかかわる場合、少年の被告人を保護する特別な利益が、公判の公開という手続上の原則と必然的に衝突する。公開原則は、刑事手続において高い価値を持っており[114]、その違反は絶対的上告理由となり[115]、判例により発展させられてきた厳格な形式的要求[116]により支えられている。もっとも、現在の法律関係によれば、少年の他に青年又は成人が被告人となっている場合、少年を保護する利益は後退するものとされている（少年裁判所法第48条第3項）。
　しかし、このような解決策とは反対に、本委員会は、公開原則や公開審理による他の被告人の利益よりも重要なものとして、少年である被告人を保護する利益の方を重視する。年長の共同被告人の横にならべれば、少年の被告人は彼らよりも原則として弱い〔存在である〕ということも、このことの根拠となる。
　それにもかかわらず、両親又はその他の教育権者の関与は、被告人の希望があれば、許されるべきである。しかし、本委員会は、こうしたことを行うのに法改正は必要なく、すでに少年裁判所法第48条第2項第3文により可能であるという見解である。確かに、この規定は、出席が認められるための例外的な根拠として「特に」教育目的があることを示しているが、これは例示に過ぎないのであり、それにより他の根拠から第三者の出席が認められることもあるの

---

[114] BGHSt 23, 176, 178; K/Meyer-Goßner, § 338 Rn.46. その他多くの文献がある。
[115] 刑事訴訟法第338条第6号。
[116] これについては、K/Meyer-Goßner, § 338 Rn.48で参照指示されている文献を参照のこと。

である。

　さらに、本委員会は、青年もこの規定の例外とはならないことを支持する。青年に対しても審理は非公開で行われるべきである。

　最後に、本委員会は、少年援助の報告書や起訴された少年の責任能力に関する心理学その他の鑑定書を共同被告人やその弁護人の在席中に審判手続で朗読し、細かく検討するという、現在の法律関係の基礎の上で慣れてしまっている実務には問題がある、と考えている。こうした鑑定書や意見の表明で朗読される情報は、しばしば最もプライベートな部分の機微を扱っており、人格権の核心部分に抵触するような、（自己の）〔人間としての〕尊厳にとって極めて重要な記述を含んでいる[117]。他方で、このような情報は、原則として被告人の共犯関係の判断、つまり行為の〔解明という〕問題にとってはもはや意味を持っていない。

　したがって、本委員会は、共同被告人や、この類の報告が行われる間に、手続参加や出席が必要でない手続関与者は排除されるべきであり、この点に踏み込む立法行為が必要であると考える。

　条文の提案：
　第48条［非公開］において、第3項を削除する。

---

[117] Ostendorf, FS Riess, S. 847 ff.

12. 非定式的な手続処理、ダイバージョンの優先

本委員会は、現在のダイバージョンの可能性（少年裁判所法第45条、第47条）を慎重に拡充することに賛成する。
本委員会は、ダイバージョンの権限を警察や少年局に委譲することを拒否する。

他の箇所ですでに詳述したように、非定式的に手続を終結することは、定式的な手続に対していくつかの利点を持っている。まず、被疑者に掛かる負担はより小さくて済む。第二に、非定式的な制裁により、行為に個別的に対応することができる。加えて、〔国家に対する〕親の権利の優先を少年に有効に働かせることができる。最後に、司法の負担は軽減され、その分の労力を頻繁に非行に及び、重大な犯罪に及んでいる本来の対象者に割くことができる。

このことは、近年継続的に上昇しているダイバージョン率からも確認されることであるし[118]、少年裁判所法第一次改正法の目的にも適っている[119]。この領域においてさらに行われるべき立法も、こうした目的設定に方向づけられるべきであろう。必要であると思われるのは、現時点において、現在のダイバージョン条項に少しだけ変更を加えることである（これについては、下記**12.1**と**12.2**を参照のこと）。それに対して、ダイバージョンの権限を警察や少年局に移譲することができるとする提案には、疑問がある（これに関しては、**12.3**を参照のこと）。

12.1 少年援助の給付が開始され、遂行された場合における手続打ち切り

少年裁判所法第45条第2項による検察の手続打ち切りは、条文相互の文言を整えるために、社会保障法典第8編の用語法に合わせられるべきである。「教

118　Heinz, Konstanzer Inventar, III. 3.2, www.uni-konstanz.de/rtf/kis/ sanks99d.htm.
119　BT-Drs. 11/5829, S. 11 ff.における法律案の理由書を参照。

育的な措置 (die erzieherische Maßnahme)」という概念は、「少年援助の給付 (Leistungen der Jugendhilfe)」の語に代えられるべきである。

少年が被害者と和解し、又は損害を回復もしくは除去する努力を行った場合には、検察が訴追を見合わせることができるよう、規定の適用が早急に拡大されるべきである。

条文の提案：
第45条 [訴追の見合わせ] においては、第2項が次のように規定される。
(2) 教育的な措置又は少年援助の給付が開始、又はすでに行われており、かつ、第3項による裁判官の関与も公訴の提起も必要ないと思料するときには、検察官は、訴追を見合わせる。
少年援助の給付は、被害者との和解を達成し、又は損害を回復若しくは除去する努力と同じ価値を持つ。

12.2 審判における手続打ち切り

裁判官は、少年裁判所法第47条により、審判において検察の同意なしに手続を打ち切ることができるようにされなければならない。この場合、検察は抗告権をもつ。

条文の提案：
第47条 [裁判官による手続の打ち切り] 第2項においては、第1文が次のように規定される。
(2) 手続の打ち切りは、検察官の同意なしに、行うことができる。

12.3 警察及び少年局によるダイバージョン

この間、諸ラントのダイバージョン準則 (die Diversionsrichtlinien) では、警察が「ダイバージョンを目指して」捜査を行うべきものとする実務が広がりを見せている。そのことが意味するのは、警察は捜査にあたって検察又は裁判所のダイバージョン決定にとって意味を持つ事実に特別な注意を払わなければな

らない、ということである。このような実務には、法治国家的な疑義はない。というのも、ここでは、警察は検察の「補助機関」としての枠組みの中で活動しており、それに見合う形で検察により指揮、統制されているからである。反対に、この枠組みの中であれば、警察の権限に基づく捜査活動は決定的な意味を持っている。それは、通例、警察による情報と評価の上で、検察もその後の決定を組み立てるからである。

しかし、いくつかのラントのダイバージョン準則では、警察が自らの判断の上で少年と「教育的な話し合い」を行い、あるいは後のダイバージョン決定の基礎となる教育的な措置を提案することすらできる、という手続の方法も存在している。シュレスビッヒ・ホルスタイン[120]やブランデンブルク[121]のダイバージョン準則には、少年裁判所法第45条第2項の領域における警察の幅広い提案権限が規定されている。それは、次のようなものである。すなわち、教育的な措置が開始され、又は遂行されたことを考慮して、手続の打ち切りが適切であると考える場合には、警察は、検察に対して自らそうした措置を電話で提案し、その承諾を得る。警察は、引き続きその「任意の」措置の遂行を監督し、その終了後に検察官に手続打ち切りを提案する、というものである。

ベルリン[122]でもこれと似た実務が行われているが、そこでは、検察との電話による話し合いの後に、教育的な措置を提案することができるいわゆる「ダイバージョン仲介者」が介入するという違いがある。

こうした警察の権限に裏づけを与えているのは、実務上のいくつかの事情である。つまり、国家機関による対応が可能な限り行為に近い時点で行われ、その点でそれは迅速性の要請に適うということである。ひとつの国家機関だけが手続に関与するという事実からの結果として、スティグマと少年の負担は小さくて済むことになる。最後に、犯罪学的な研究からは、まさに警察による尋問は、少年刑事手続全体の中で、少年に大きな印象を残すということが知られている[123]。

120　DVJJ-Journal 1998, S. 260 ff. に所収。
121　DVJJ-Journal 2001, S. 183. に所収。
122　これについては、Herrlinger, DVJJ-Journal 1999, S. 148; ダイバージョン準則は、DVJJ-Journal 1999, S. 201 (203)で公にされている。
123　Heinz, DVJJ-Journal 1999, S. 11 (17).

しかし、裁判官もしくは検察の権限を警察に委譲する、という現在目にされる傾向は、憲法上の疑義に直面する。この理由から、本委員会は、権限の純粋な移譲を拒否する。権力分立の原則により、執行権と司法権の機能は、相互に分離されなければならず、特に異なる機関に分割されなければならない。事実関係の司法的評価や手続打ち切りに関する決定の権限が、司法機関である検察や裁判所の手中にとどまるのであれば、その限りにおいて、そこに矛盾はない。先に言及した手続の方法では、検察が電話で情報を提供され、処分の許可が最終的にその手中に残されているために、形式的にはこの原則が満たされてはいる。しかし、実務上、このことは、多くの場合、警察に事実上の手続打ち切り権限を与えることを帰結し、その点で批判的に評価されるべきものである。当該の措置が教育的な措置という意味で捉えられており、したがって制裁としての性格を持っている限り、いくつかのダイバージョン準則において予定されている警察による被疑者との「教育的」又は「規範を明確にする」話し合いにも、同じことが原則として当てはまる[124]。

　同様のことは、少年援助が、検察により少年裁判所法第45条第2項によるダイバージョンの決定の準備を自分の判断で開始する「権限を付与される」という、新しいモデルにも当てはまる。ここでは「アムバッハ・モデル (das „Ambacher Modell")」の名前だけでも挙げられるべきだろう。このモデルは、少年局が独自の判断で少年に10時間までの「任意による」労務の給付を提案することができ、その措置が終了した後に、手続の打ち切りを検察に勧告するというものである。〔本来〕少年局は、警察のような検察の「補助機関」ではない。したがって検察による「権限付与」は地方自治の原則をも破っているという追加的な問題も、ここにはある。

---

[124] Vgl. Ostendorf, JGG, § 45, Rn. 16; Eisenberg, JGG, § 45, Rn. 20e; Heinz, DVJJ-Journal 1999, S. 131 (141); Schaffstein/Beulke; Jugendstrafrecht, § 36 I.

13. 手続における被害者の地位

> 本委員会は、公訴参加手続、私人起訴又は付帯私訴（Nebenklage-, Privatklage- oder Adhänsionsverfahren）を少年刑事手続にまで拡張することと起訴強制が及ぶ範囲を拡張することを拒否する。
> しかし、〔一般刑事訴訟手続では〕公訴参加権限を要件とするものであるが、刑事訴訟法406条d以下による被害者の権利を少年刑事手続において適用できるようにすることを、本委員会は支持する。

　刑事手続や少年刑事手続における被害者の地位は、近年繰り返し法政策的な議論や法律提案の対象になっている。もし、裁判所外の紛争調停が行われないならば、被害者に残されるのは証人としての役割だけということになり、それが不満足に感じられるということが、その背景にある。

　現在の論争は、本委員会にとっても、少年刑事手続における被害者の地位により深く取り組むきっかけになっている。その際、本委員会は、公訴参加手続、私人起訴そして付帯私訴を少年刑事手続まで拡張することは有意義なものではない、との結論に至った。

　むろん、刑事手続における被害者の役割を強化しようと努力する際には、刑事手続は必然的に行為者を中心に据えなければならない、ということが考慮されなければならない。行為者は、国家による制裁の賦課に脅かされており、それゆえ無罪推定や防御権〔保障〕による保護を必要としている。少年刑法について、このことはさらに特に強く当てはまる。まさに少年に対しては、被害者にやさしいと誤って考えられている厳しい処分や刑罰よりも、用心深く非定式的な対応を行う方が、将来の犯罪行為を阻止するのにずっとよりよい成果を上げる助けになるのである。

　ここで注意しなければならないのは、まさに少年の暴力犯罪行為者の圧倒的多数は、生活領域、特に社会的な親密圏において暴力を体験してきており、また、なおも体験しているということである[125]。したがって、こうした少年を刑事手続で行為者の役割に一面的に縛り付けることは、少年のために役立つものではない。確かに、被害者のためにも自分が犯した行為の結果を少年に明

確に示さなければならないのではあるが、そこではむしろ同時に、暴力の〔悪〕循環から離脱するために適切で効果的な措置の提供を行わなければならないのである。行為者に対する影響づけを適切に行うことで、将来被害者が生まれるのを未然に防ぐことができるのである。

したがって、被害者の利益は、刑事手続では常に限定的にのみ考慮される。犯罪行為で体験させられた結果を刑事手続への関与によって清算することは、刑事手続の目的にも適っておらず、現実に可能なものでもない。この局面で被害者に誇張された期待を呼び起こすことは、誤りであろう[126]。現在刑事手続との関連において口にされている被害者のニーズの多くは、心理社会的な援護を改善することでより適切に受けとめられる。この枠組みにおいてのみ、被害者のニーズが決して一様ではないということ——それが保護や援助、損害回復、贖罪、それらに関係する情報、あるいは刑事手続における参加に向けられていることにも、適切に柔軟に応えることができる。

多くの経験的な調査により明らかになっているのは、犯罪被害者の多くは、特に「助言を得る権利 (konsultative Rechte)」と経済的な損害回復の領域で地位が強化されることを望んではいるが、しばしば主張されるような「武器対等」という意味での手続関与者としての積極的な役割を手に入れたいとは考えていない、ということである[127]。被害者の処罰欲求も、時折想像されているよりも明らかに弱いものである[128]。

このような理由から、少年刑事手続に関しては、特に被害者の刑事手続における参加権と情報権の改善が目指されなければならない。それに対して、少年に対する公訴参加のような積極的な被害者の権利を拡充することには、大きな留保が付される。したがって、公訴参加や私人起訴、付帯私訴手続が排除されている現在の状況が維持されなければならない(個別的には、以下の記述を参照のこと)。この立法提案の体系によれば、相当する規定(少年裁判所法第80条以下、第109条第2項)において、青年にあたる年齢集団に関して、

---

125 ザクセン=アンハルトにおける極右主義的な犯罪行為者に関する調査については、Mentzel, S. 47, 289.
126 これについては、Reemtsma, DVJJ-Journal 2002, S. 3 ff. を参照のこと。
127 Kilchling, DVJJ-Journal 2002, S. 14 (18); Sessar, GS Kaufmann, S. 373 (388 ff.).
128 Kilchling, DVJJ-Journal 2002, S. 14 (20).

先に挙げた〔公訴参加、私人起訴、付帯私訴手続という〕諸手続の不許可を当てはめず、もしくはそれを限定的にのみ妥当させる例外規定が、挿入されなければならない。

13.1 手続における被害者の情報権と参加権の強化

　古典的な刑事訴訟が批判を受けているのは、特に、犯罪被害者が固有の情報の利益と参加の利益を持つ主体として扱われていないということである。多くの犯罪被害者は、「自分の」行為者に対する手続に関して包括的に情報を与えられることを期待しており、犯罪行為が行われた状況で自分が体験したことを聴かれ、考慮されることを望んでいる。

　争いがあるのは、少年に対する手続に関して、刑事訴訟法第406条d以下の拡張された被害者のニーズを適用することができるかどうかである。これらの規定は、被害者に次のような手続上の権利を与えている。

- 証拠の閲覧（刑事訴訟法第406条e）
- 手続の開始に関する通知を受ける権利（刑事訴訟法第406条d）
- 手続全体について法的な補佐を受ける可能性（自己の費用によるものについては刑事訴訟法第406条f、その資格については刑事訴訟法第406条g）

　したがって、特に公訴参加の権利付与と結びついている権利（刑事訴訟法第406条e第1項第2文［弁護人による制限のない証拠閲覧権］、刑事訴訟法第406条g［公訴参加権のある被害者の補佐］）は、少年刑事手続では公訴参加の排除（少年裁判所法第80条第3項）により否定される[129]。刑事訴訟法第406条d以下で規定されている全ての積極的な権限は、つまりは刑事訴訟法406条e1項1文も、部分的には適用できないものとして留保されている。このようなふたつの解釈の手がかりになっているのは、少年裁判所法第2条であ

129　Schaal/Eisenberg, NStZ 1988, S. 49 (50 ff.); Eisenberg, JGG, § 81, Rn. 13; D/S/S-Schoreit, § 80, Rn. 12.

る。この規定は、少年裁判所法に明文規定がない場合でも、少年裁判所法の諸原則に矛盾するときには一般刑法の規範の適用を排除する[130]。

このような制限的な考え方に対しては、ここで触れられている〔刑事訴訟法第406条d以下に規定されている〕諸権利はもっぱら手続における情報や出席、援護を保障しているにすぎないという批判がありうる[131]。〔こうした批判がいうように〕この参加形態によって、少年の被疑者の権利が明白に侵害されるわけではない[132]。このような理由から、それが〔一般刑事訴訟では〕公訴参加の権利付与と結びついているものではあっても、刑事訴訟法第460条d以下は少年に対する手続でも適用されうるということが明確にされるべきである。

弁護されていない少年が法律的な補佐により援助を受けている被害者と対峙することがないよう、被害者が弁護士により代理される事件は、必要的弁護事件のカタログに取り入れられなければならない。

13.2 少年に対する手続における公訴参加の不許可

少年〔事件〕の場合、公訴参加は現行法上認められていない(少年裁判所法第80条第3項)。本委員会は、公訴参加を少年刑事手続にまで拡張することは適切でないと考える。

少年に対する手続における公訴参加を認めることについては、いずれにしても1986年の被害者保護法以来、公訴参加はもはや攻撃的な制度ではなく、保護的で参加的な制度になっており、したがって少年裁判所法でそれを排除する動機はもはやないということが主張されている[133]。いずれにしても、被害者の参加がTOA〔行為者-被害者-和解〕で積極的な(教育的な)経験をもたらしていることにより、それが問題にならない場合であっても、その教育的な潜在的可能性を公訴参加でも利用しようとする考えが出てくることになる。

---

130 Rieß/Hilger, NStZ 1987, S. 145 (153); Brunner/Dölling, JGG, § 80, Rn. 8; Eisenberg, JGG, § 80, Rn. 13.
131 OLG Koblenz, NJW 2000, S. 2436 (2437); Stock, MschrKrim 1987, S. 352 (359).
132 OLG Koblenz, NJW 2000, S. 2436 (2437); Stock, MschrKrim 1987, S. 352 (359).
133 Nelles/Oberlies (Hrsg.), Reform der Nebenklage, S. 29; Hinz, DriZ 2001, S. 321 (332 f.).

もっとも、TOAの出発となる状況は、多くの観点において、公訴参加の場合とは根本的に異なっている。すなわち、参加は（行為者の側からすれば、比較的、ということになるけれども）任意であり、その核心は二人の人間の和解にあり、攻撃と防御にはない。参加準備のある被害者に関していえば、報復や応報の欲求とは異なるものが前面にあることが、TOAでは再三明らかにされている。しかし、〔TOAの場合に〕事実そうだとしても、いずれにせよ公訴参加はひとつの攻撃手段にとどまり、行為者志向的で教育的な手続の方向性と調和させるのが困難なのである。

　それに対して、少年刑事手続における公訴参加手続を認めないことを支える根拠は、依然として全面的に当てはまっている。懸念されるのは、特に、権利と復讐を盾にとった被害者が対決的な姿勢を硬化させ、少年にふさわしい審理の遂行や適切な教育上の影響づけができなくなってしまうことである。

　最後に、少年刑事手続において公訴参加の導入を主張する際、特にふたつの事柄が問題になるように思われる。すなわち、一方では、手続に参加したいという多くの被害者が持つ正当なニーズであり、他方では、いずれにしても重大な犯罪の場合、これまでよりもかなり広い範囲に渡って国費での弁護士による補佐を可能にすることである[134]。しかし、このような二つの関心には、出席権と発言権〔の保障〕を通して対応することができる。その場合、少年裁判所法第48条第2項に基づく現在の出席権は、被害者に審判の期日と場所を通知しなければならなくすることで、保証されるべきであろう。公訴参加が可能な犯罪にあたる場合に関する規定に沿う形で、被害者は法律的な補佐人を付けることができる。ここでも、このことが、少年にとっては必要的弁護事件を再び根拠づけるものとなる。

13.3 私人起訴

　私人起訴（刑事訴訟法第374条以下）も、これまで通り、少年に対する手続では認められえない（少年裁判所法第80条第1項第1文）。まさに少年の非

---

[134] これら二つの点は、刑事訴訟法406条d以下のどの規定とも異なっている。これについては、Stock, MschrKrim 1987, 352 (359).

行に対しては、国家の刑罰要求が私人の手に委ねられるべきではない[135]。さらに、私人起訴が可能な犯罪を教育上の理由又は被害者の正当な利益から検察官が訴追できるようにしている少年裁判所法第80条第1項第2文の特別規定は、削除されるべきである[136]。この領域で検察が拡張された起訴権限を持つことは、成人に比して少年を不利な地位に置かない原則に違反している。改正の必要性は、確かに、特に私人起訴の制度が全体として実務上余り利用されていないということに関係している――しかし、それは刑法全体にかかわらざるをえない議論である[137]。被害者が刑事司法制度に拒まれていると告発されている事態は、私人起訴の道が少年刑事手続において断たれているからというよりも、今日通常には、一般刑法における私人起訴に目が向けられることがほとんどないことにより、生じている。

13.4 付帯私訴手続

　付帯私訴（刑事訴訟法403条から406条c）についても、同様の留保がある。付帯私訴は、現行法上、少年裁判所法第81条により少年の場合には適用がなく、青年の場合も、少年刑法が適用される場合には（少年裁判所法第109条第2項）、適用が排除されている。付帯私訴は、現在の実務では、成人刑法でもあまり適用がない[138]。もっとも、犯罪行為により引き起こされた民・刑事法上の結果をひとつの手続において――原則からすれば事実に即した形で――清算できるようにするために、付帯私訴を改革し、活気づける多様な努力がなされている[139]。

　この問題にかかわりなく、実務上重要なのは、少年刑事手続で付帯私訴手続を適用することに対する根本的な疑問である。少年刑法は、少年裁判所法第一次改正法による改革以来、一般刑法よりも極めて強く、行為〔結果〕の埋

135　Ostendorf, JGG, Grdl. z. §§ 79-81, Rn. 6.
136　このことは、すでに第一次少年刑法改正委員会の第Ⅰ委員会により主張されていた。DVJJ-Journal 1992, S. 11.
137　このことに関する詳細な記述は、AK-Rössner, vor §§ 374 – 406h, Rn. 11 ff.
138　AK-Schöck, vor § 403, Rn. 3; これは、ショルツによって「見せかけだけの存在」と述べられてもいる。Scholz, JZ 1972, S. 725 (726).
139　Vgl. Schmanns, S. 97 ff.

め合わせや和解、そして損害回復の思想に刻印されている。こうした傾向は、この諸提案によりさらに強められ、拡充されるべきである。しばしば〔当事者同士が〕対立的に作用する民事手続における状況は、このような形で手続関与者のコミュニケーションと構造的な紛争処理を目指している手続と相容れない。確かに、刑事手続が終結した後に、負担が小さくない民事訴訟が場合によっては行われるというのでは、少年は、いよいよもって事情を理解することができなくなるだろう。その点で、それがTOAであれ、裁判所による損害回復の履行命令や裁判記録を用いた損害を埋め合わせるための和解の命令であれ、すでに刑事手続の場で、損害の埋め合わせや経済的な損害の回復を達成できるようなあらゆる可能性が促進されなければならない。

13.5 手続打ち切り決定の透明な仲介；援助の提供

　手続打ち切り決定を踏み込んで検討することが、一般刑法では、従前よりも頻繁に議論されている。もっとも、実際には、被害者が正式に手続に参加できる権限を求めていることの背後には、情報〔提供〕と〔被害者への〕配慮を改善することへのニーズが隠されているように見える。少年の領域で一般刑法におけるよりも手続打ち切りが大きな意味を持つようになった後では、いずれにしてもこれまで以上に、個々の被害者のためにもこうした決定を透明に行うという視点に注意が向けられなければならない。それゆえ、手続打ち切りの決定の――その他の手続上の決定も同じなのではあるが――記載や説明の改善が図られるべきである。検察や裁判所が分かりやすい言葉を使うよう心がけることは、司法が市民に受け容れられるためにも不可欠なことである。

　それに対して、起訴便宜の領域（少年裁判所法第45条、第47条、刑事訴訟法第153条以下）にある手続打ち切り決定を再点検し、場合によってはそれを取り消させる可能性を正式に被害者に認めることは、拒否される[140]。この領域では、立法者が刑事訴追機関に自覚的に起訴便宜の決定のための余地を与えているのであり、その手段を尽くすことは正当に評価されなければならない。

140　Osterdorf, FS Böhm, S. 635; ders., JGG, Grdl. z. §§ 45 u. 47, Rn. 8; a.A. Breymann, DRiZ 1997, S. 82 (83); Heinz, MschrKrim 1993, S. 355 (372)も同旨である。

ところで、多くの犯罪被害者が、まさに犯罪行為により引き起こされた結果を乗り越えるための心理社会的な援護が十分ではないと訴えている事実に鑑みれば、司法機関も、手続打ち切りの決定やその他被害者に対する通知の枠組みで、地域にある被害者援護機関の紹介を行うべきであり、そうした制度の拡充を目指すべきであろう。

14. 実体処分の改革の必要性

本委員会は、教育処分や懲戒処分という時代遅れのカテゴリーを放棄することを支持する。

本委員会は、現在の制裁を、補充性の原則の意味に即して段階化することを提案する。その際、特に社会内処分と施設内処分を区別し、社会内処分の内部では社会教育的な措置の提供を抑圧的な処分から厳格に切り離すべきである。

少年裁判所法の実体処分は、科される可能性がある措置が細分化されており、柔軟性を持っていることが特徴である。同様に、まずもって教育に動機づけられている実体処分も、第一次的にはより抑圧的な実体処分も用意されていることは、裁判所法特有のものであり、教育思想に即応するものになっている。このような基本的な方向性には、何ら変更が加えられるべきではない。もっとも、現在の制裁制度は、実務、そしてまたその理論的な厳密さにおいて、次のような欠陥を持っていることが確認される。

- 「懲戒処分 (das Zuchtmittel)」の概念は、1943年の少年裁判所法改正により導入されたものであり、(「懲らしめる」という) これまでの教育と刑罰の理解を示唆している。それゆえ、この概念は置き換えられなければならない。
- 「教育処分」と「懲戒処分」のカテゴリーは、第5条第1項の規定が暗示している (「……教育処分で十分ではない場合、懲戒処分又は少年刑が科される」) にもかかわらず、軽い処分から重い処分へという、跡づけ可能な形での序列にはなっていない。例えば、「戒告」という懲戒処分は、社会訓練コースに参加させる指示などよりも介入強度がずっと小さい処分である。このような不明確なカテゴリーは、補充性の意味において処分を配列することを困難にする。
- 少年刑法の実体処分は、全て、将来において遵法的な振る舞いを少年にさせるという、同じ制裁目的を追求している。しかし、「処分」という

独自のカテゴリーで「第二の道」が〔刑罰よりも〕前面に出されている。このようにして他の実体処分から「処分」を体系的に切り離していることは、実務では不自然に感じられている[141]。
- 個々の実体処分の要件、特に施設内の制裁におけるそれが厳格ではなく、そのために量刑の際に教育的な観点と処罰的な観点が混同されるという結果が招かれている。
- これまでの規定は、社会保障法典第8編の規定と十分には調和していない。
- 抑圧的な処分と社会教育的な処分を併合するという広まった実務は、教育と刑罰の関係を不明確にしており、少年や青年が成人に対して不利な地位に置かれること(「教育のためのおまけ(erzieherische Draufgabe)」)を導いている。
- 少年裁判所法第一次改正法の意図に反して、少年裁判所法により有罪を言い渡された者を成人よりも不利な地位に置くことが帰結されるような抑圧的な制裁〔の賦課〕が実務を支配している。

現在の制裁制度が持つこのような弱点を取り除くために、次のような抜本的な刷新が必要である。

- 施設内処分に対して社会内処分を厳格に優先させることを目指す制度のために、〔教育処分、懲戒処分、少年刑という〕これまでの制裁カテゴリーを放棄すること。
- 社会教育を志向する処分と抑圧的な処分を切り離すこと。
- 制裁の併合を厳格に運用すること。
- 社会内処分を優先する規定を明確に置き、より厳格な要件を規定することで、少年拘禁を抑制すること。
- もっぱら責任と行為の重大性に関係づける形に、少年刑の要件を改めること。
- 保護観察のために少年刑を延期する可能性を拡充すること。

141　Vgl. Schüler-Springorum, FS Roxin, S. 1021.

・16歳未満の者に対して自由剥奪制裁を命じることを原則的に禁止すること。

15. 二元主義の課題

本委員会は、これまでのいわゆる制裁制度の二元主義、すなわち刑罰と改善及び保安の処分の分離を放棄することに賛成する。

　成人刑法は、いわゆる二元主義的な制裁制度により特徴づけられている。すなわち、一方では〔刑罰により〕抑止的な制裁が、他方では〔処分により〕予防的な制裁が科されるのである。このような制度は、数年に及んだ学派の争い後の「歴史的な歩み寄り」として、1933年の危険な常習犯罪者並びに保安及び改善処分に関する法律で導入されたものである。少年裁判所法第5条第3項により、懲戒処分又は少年刑と、精神病院又は教育施設への収容を〔併合して〕並べることは放棄されてはいるが、現行の少年裁判所法第7条により、二分割されたこの制裁制度が形式的には結合されている。

　従来の刑罰と処分の分離は、今日すでに成人刑法にとっても不自然であると評価されている。それに応じて、連邦通常裁判所 (BGH) は、「少年刑法における自由剥奪処分の一元化」を話題にしている[142]。同様に、シューラー＝シュプリンゴルムは、「第二の道の〔必要性や合理性を裏づけ〕証拠」を発見することができなかった[143]。その上、この間さらなる〔新たな〕道が話題にのぼってきている、という事情が加わる。つまり、保護観察[144]や行為者－被害者－和解[145]が、〔刑事制裁の〕第三の道として示されているのである。将来に渡って合法的な行為を若年者にさせるという統一的な制裁目的を考えると、制裁をこのようにして〔刑罰と処分に〕分けておくことは、すでに体系上の理由から時代遅れである。さらに、二元的制度を維持することで、まず、制裁に特別な抑圧的な目的が置かれることになり、他方で、〔例えば、社会生活に重大な影響を及ぼす〕運転免許の剥奪の場合であっても、〔刑罰ではなく処分であるという形式的な理由だけで〕処分による利益の侵害が軽視される危険性がある。このよう

142　BGH, StV 2002, S. 416.
143　Schüler-Springorum, FS Roxin, S. 1021 ff.
144　SK-Horn § 56 Rn. 2.
145　Roxin, AT I, S. 67 ff.

な刑罰と処分の並列は、少年刑法の統一的な関心をぼやけさせるだけでなく、制裁を不適切に積み重ねていくことを帰結することにもなる。グスタフ・ラートブルフが、成人刑法においてただ「刑法の発展という不変の目的」として追い求めていたこと[146]は、今日、少年刑法において実現されなければならない。

---

146 Radbruch, Einführung in die Rechtswissenschaft, 11. Aufl., S. 148.

16. 複数の実体処分の併合

　本委員会は、複数の制裁を同時に科す可能性をより限定することを支持する。

　それぞれの制裁の固有の型を保持し、部分的には実務に見られる無思慮な制裁の積み重ねを避けるために、異なる種類の制裁を併合する可能性は、現行の少年裁判所法第8条よりも制限されるべきである。特に処罰的な処分と教育的な処分の併合は、多くの場合、非建設的であり、平等性にも反することが明らかになっている。このような併合は、一方では、それ自体は援助的な性格を持ち、少年の積極的な参加を必要としている社会教育的な処分の価値を下げることになる。教育的な処分が刑罰と併合されれば、それは当事者の少年にはもはや援助の提供としては受け取られず、刑罰により目的とされた害悪の賦課の一部として、あるいはそれどころか、意地悪を加えられたとすら感じられることになる。こうしたことは、手続に参加する少年の準備を断ち切り、善きものと考えられている処分の命令の意味を空疎にし、無に帰す結果を導くのである。

　他方で、教育的な処分を〔併せて〕命じることで、刑罰的な制裁により加えられた害悪は相対化される、という誤った考えを起こさせる誘惑もある。このような視点が見落としているのは──上述した少年の感じ方という効果の他──（権威を背にして命じられた）教育的な処分は、基本権を侵害するものであり、〔少年にとって〕ひとつの負担でもあるということである。その上、〔こうした併合で〕成人との関係で、少年をより不利に扱うということも帰結される。それは、少年が行為責任に方向づけられた刑事罰に加えて「教育のためのおまけ」までもらうことになるからである[147]。

　このような問題は、特に社会教育的な処分に当てはまる。それゆえ、社会教育的な処分は、もはや社会内の処罰的な処分や拘禁、保護観察の付されない少年刑と併合されることは許されない。それに対して、少年刑が延期される

147　Drewniak, S. 242.

場合の保護観察の遵守事項の一部としては、社会教育的な処分は意義を持っている。

これに応じて、第8条はより制限的に規定されなければならない。

17. 14〜15歳の者に関する自由剥奪処分の禁止

　本委員会は、14〜15歳の者に対する自由剥奪処分の禁止を規定することに賛成する。

　すでに1980年に、ドイツの少年大臣会議は14〜15歳の者を司法執行施設から閉め出し、少年援助の下に置くことを提案していた。しかし、この提案は〔諸ラントの司法大臣が集う〕司法大臣会議により拒否されたのである[148]。DVJJの第一次少年刑法改正委員会は、1992年の提案において一般的な形での「処罰責任年齢（Bestrafungsmündigkeit）」の要求を取り上げていた[149]。
　近年14〜17歳の者が少年行刑に占めている割合が、再び激しく大きくなっていることは、〔この年齢層について〕措置をとる必要性が以前と変わらずに存在していることを示している。1990年以来その割合は、7.4%から12.8%（1998年）にほとんど倍増しているのである[150]。このような傾向に立ち向かい、社会内処分を優先させることと、この年齢集団を保護する必要性が特に高いことを明らかにするために、「処罰責任年齢」の導入に関する提案が新たに取り上げられる[151]。それによれば、16歳未満の者に対する自由剥奪処分の賦課は、もはやできない。
　自由剥奪が持つ明らかに有害な結果は、14歳から16歳までの年齢集団の者にとって最も深刻に現れる[152]。少年は、現存する社会的なつながりから切り

148　D/S/S-Sonnen, § 2, Rn. 4.
149　DVJJ-Journal 1992, S. 12; これに賛成するものとして、D/S/S-Sonnen, § 2, Rn. 4.
150　少年行刑における14〜17歳の者の割合は、1970年（15.2%）から1990年（7.4%）までの期間、恒常的に低下していた。事件の絶対数は、1998年で823件である。Ostendorf, JGG, Grdl. z. §§ 91-92, Rn. 4.
151　Ostendorf, JGG, Grdl. zu §§ 1 - 2, Rn 9も同じ主張である。施設教育に関する国際協会（Die internationale Gesellschaft für Heimerziehung）による1983年11月18日の少年裁判所法第一次改正法の討議案に対する意見は、ZfStrVo 1985, 99にある。SPD-Thesen zur Reform des Jugendkriminalrechts vom 31. Januar 1981, Recht und Politik 1981, S. 144 (145); Heinz, RdJB 1990, S. 133 (43); Dünkel, Freiheitsentzug für junge Rechtsbrecher, S. 469; 補足的に、少なくとも未決勾留に対してこのことを主張するものとして、Jung, JuS 1992, S. 186 (190); Heinz, ZRP 1991, S. 183 (188).

離される。「犯罪者」としてのスティグマは、自己像に著しい〔負の〕影響を与え、犯罪に及ぶ行動の模範や社会的に統合されていない状態を固まらせるおそれがある[153]。この年齢集団にある者は、特別な方法を用いた、援助的で統合を促す介入を必要としているのであり、それは行刑を手段とするよりも少年援助によった方がはるかによく果たされうるのである。

　本委員会の見解では、この原則には例外がある。被害者死亡事件もしくは極めて重大な暴力犯罪を理由として有罪になった16歳未満の少年については、少年刑を科す可能性が引き続き残される。この場合に自由剥奪処分を禁止すれば、おそらくこの年齢集団・行為者集団のために〔福祉法上の〕閉鎖的収容が拡大されることが帰結されるだろうが、そのことを本委員会は支持しない（これについては**18.6 少年刑**を参照のこと）。同様に、生命や人身又は性的自由に対する重大な故意犯に及んだ場合、少年は、精神病院や〔アルコールや薬物への依存を治療するための〕離脱治療施設（Entziehungsanstalt）に収容される可能性もある。

　本委員会は、同時に自由剥奪の代替策が強化されてのみ、このような法改正が意味を持つことを自覚している[154]。このことは、一方で、少年援助の労力をより強くこの領域にある者に注ぐことを意味する。学校や少年精神科医そして警察といった他の社会サービスと協働して、窓口の敷居を低くすることから集中した個別援護を行うまで、非行に及んだ年少少年の集団のために行

152　このことは、すでに14～15歳時に少年刑を言い渡された少年の再犯率が特に高いことからも明らかである。Lamnek, Spezialpräventive Wirkungen jugendrichterlicher Maßnahmen, S. 17 (59 ff.)によれば、このグループを構成する者は、通常、同じ年齢で少年刑を言い渡されていない者よりも、次の年にさらに多くの有罪の言い渡しを受けている。一体、後に裁判所の手続が行われているのか、という問題に対しては、次のように答えられる。すなわち、後にさらに有罪の言い渡しを受けている割合が最も低いのは、14～15歳時に少年刑を科されていない少年であり、それよりも高い割合を示しているのが、この年齢時に保護観察のために少年刑を延期された者であり、最も高い割合を示しているのが、この年齢時に保護観察なしの少年刑を受けている者である。このことは、明確に、少年刑の特別予防効果を支持しない。この年齢グループの者に対する身体拘束が持つ社会化に対する効果については、総合的に、Kersten/Kreissl/Wolffersdorf-Ehlert, Die sozialisatorische Wirkung totaler Institutionen, S. 186 ff. を参照。
153　Kersten/Kreissl/Wolffersdorf-Ehlert, Fn. 152, S. 186 (242); Lamnek , Spezialpräventive Wirkungen jugendrichterlicher Maßnahmen, S. 17 (20f.).
154　以下の文献も、同じ理解に立っている。Ostendorf, JGG, Grdl. z. §§ 1-2, Rn. 9; D/S/S-Sonnen, § 2, Rn. 4 ff.; Schüler-Springorum in: SchülerSpringorum/Albrecht, S. 16.

われる幅広い給付の提供を準備する包括的なモデルが発展させられなければならない。

　条文の提案：
少年裁判所法第7条は、次のように規定される。
　　第7条［14歳及び15歳の者に対する自由剥奪処分の禁止］
　　　16歳に達していない少年に対しては、この法律に別段の規定がない限り、自由剥奪制裁を科すことができない。

18. 改革された制度における少年刑法上の制裁

本委員会は、上述した観点を基礎にして、次のような実体処分のカテゴリーで段階づけられた制度を提案する。個別的な説明は、以下の章で行う。

- さらなる制裁賦課のない有罪宣告 (Schuldspruch ohne weitere Sanktioneirung)
- 損害回復 (Schadenswiedergutmachung)
- 社会内の社会教育的な処分 (ambulante sozialpädagogische Maßnahmen)
- 社会内の医療的・治療的な処分 (ambulante medizinisch-therapeutische Maßnahmen)
- 社会内の懲罰的な処分 (ambulante ahndende Maßnahmen)
- 運転免許の剥奪 (Entziehung der Fahrerlaubnis)
- 拘禁 (Arrest)
- 少年刑の前の保護観察 (Bewährung vor der Jugendstrafe)
- 保護観察付の少年刑 (Jugendstrafe mit Bewährung)
- 保護観察なしの少年刑 (Jugendstrafe ohne Bewährung)
- 精神病院又は教育施設への収容 (Unterbringung in einem psychiatrischen Krankenhaus oder einer Erziehungsanstalt)

行為者-被害者-和解 (TOA) は、この実体処分制度には含まれていない。TOAのひとつの重要な基本原理は、紛争当事者全員の関与が自由意思に基づいて行われることである。権威を背にした判決によりTOAを命じることは、この原則と相容れない。それゆえ、TOAを教育処分として規定している現行の少年裁判所法の第10条第7号は、その創設以来体系に矛盾するものとして批判されてきたのである[155]。

---

[155] すでに少年裁判所法第一次改正法の立法手続において、このことを指摘したものとして、例えば、Kerner et.al., DVJJ-Rundbrief Nr. 131 (1990), S. 19 (20f.).

しかし、TOAを判決で言い渡す実体処分として放棄することは、審判手続において和解の試みが行われえない、ということを意味しない。反対に、裁判官は、裁判所外における紛争調停の優先の原則にしたがって、審判手続においても和解の成立を目指す義務を負っている。TOAが問題になることを確認した場合には、裁判官は、手続を中断しなければならず、調停の専門機関に向かうよう関係者に指示しなければならない。調停の努力の結果は、その後の手続において考慮されなければならない。

　同様に、ここでの列挙には行状監督が含まれていない。本委員会は、この領域の改革の必要性について専門的な評価を行うのに十分と言えるほどには、この問題に取り組むことができなかった。その点で、この報告書には、ひとつの欠落がある。

　　条文の提案：
　　少年裁判所法第5条は、次のように規定される。
　　　第5条[少年による犯罪行為の効果]
　　　少年による犯罪行為の効果として考えられるのは、以下のものである。
　　　　1．さらなる制裁賦課のない有罪宣告
　　　　2．損害回復の義務づけ
　　　　3．社会内の社会教育的な処分
　　　　4．社会内の医療的・治療的な処分
　　　　5．社会内の懲罰的な処分
　　　　6．運転免許の剥奪
　　　　7．拘禁
　　　　8．少年刑の前の保護観察
　　　　9．保護観察付の少年刑
　　　　10．保護観察なしの少年刑
　　　　11．精神病院又は教育施設への収容

18.1 さらなる制裁賦課のない有罪宣告

　さらなる制裁賦課のない有罪宣告は、これまで懲戒処分に分類されてきた

戒告（第14条）に代わるものである。この制裁は、ダイバージョンが問題にされない事件を念頭に置いている。それは、例えば、すでに少年援助の給付が開始されていることから、形式的な制裁は不必要と思われるけれども、形式的な有罪の言い渡しは必要であると裁判所が考えるような事件である。これと極めて類似した規定は、オーストリア少年裁判所法の第12条（「刑罰のない有罪宣告」）に存在している。

実務上、戒告はしばしば他の制裁と併合されており、そのために単に「シンボリック」な実体処分という〔本来の〕性格を失っている[156]。ところで、すでに有罪の言い渡し自体が通常は警告の機能を持っているのであるから、それを超えて明確な戒告を行うことは不必要であるように思われる。それに対して、さらなる制裁賦課のない有罪宣告は、行為に対する責任を明らかにし、その責任を果たすことを求めはするものの、その先の制裁は明確に放棄するというものである。

条文の提案：
第9条は、次のように規定される。
第9条［さらなる制裁賦課のない有罪宣告］
不法を明確にするのに十分であり、かつ、さらなる処分が必要でないときには、少年裁判所は、さらに制裁を科さずに、判決において少年の責任を確認する。

18.2 損害回復

損害回復の義務づけは、さらなる制裁賦課のない有罪宣告と社会内処分の中間にある独立した制裁カテゴリーに分類される。損害回復が包含するのは、せいぜい被害者が民事法上の規範により要求できるものまでである[157]。それは、行為者-被害者-和解（TOA）とは厳格に区別されなければならない。行

---

156 Ostendorf, JGG, § 14, Rn. 3.
157 このことは、現在の法律関係に関する支配的な見解でもある。Ostendorf, JGG, § 15, Rn.7他多くの文献を参照。

為者–被害者–和解(TOA)は、双方の準備の上で合意に達しなければならず、それゆえ権威を背にした判決による命令からは遠ざけなければならない。

　条文の提案：
第10条は、次のように規定される。
　第10条［損害回復のための義務づけ］
　　　裁判官は、少年に、行為により生じた損害を回復する義務を負わせることができる。
　　　その際、少年に過当な要求を行ってはならない。

18.3 社会内処分

　少年の領域におけるダイバージョンの拡充が、本質的には、少年犯罪の通常性とエピソード性により根拠づけられるのに対し、「新しい社会内処分（die neuen ambulanten Maßnahmen）」の起源は、これとは違った、犯罪学的研究の現代的な知見にある。その知見は、まさにいわゆる頻回行為者の場合に、彼らが平均以上に問題のある生活条件の下に置かれており、社会的統合にあたっての困難で著しく苦しんでいる、ということを明らかにしている。このようなターゲット・グループについては、伝統的に彼らに科されてきた自由剥奪処分よりも、社会教育的に方向づけられた介入を行う方が適切であるように思われる[158]。同じことは、犯罪行為者としての自己像を固まらせており、犯罪的な副次文化や身体拘束された経験を持つような年長者による持続的な影響に脅かされている年少の行為者にも当てはまる[159]。

　社会内処分を拡充するのと平行して自由剥奪制裁を縮減することが、少年裁判所法第一次改正法の主たる目的であった。実務では、すでに50年代から施設内制裁と比べて社会内制裁が大きな意義を獲得してきた[160]。もっとも、それとともに現在の実務では、むしろ抑圧的である懲戒処分、特に労務遵守事

158　v. Bernstorff u.a. 1992, 402f. による「新しい社会内処分の命令及び遂行のための手引き（Leitfaden für die Anordnung und Durchführung der neuen ambulanten Maßnahmen）（いわゆる「最低基準」）」を参照; Trenczek, Strafe, Erziehung oder Hilfe, S. 11 ff.
159　これについては、Drewniak, S. 240.

項が優勢である[161]。教育的な目的の方向性を明白に持ついわゆる「新しい社会内処分」(社会訓練コース／社会的なグループ・ワーク／援護指示)の割合については、TOAの適用と同様に、余り細分化されていない数しか分かっていない[162]。90年代初頭から行われているいくつかのアンケートは、この領域の処分の提供が拡充されていることを証明してはいるが、その供給が広範囲に行き渡っているとはいえないことも、同時に示している[163]。

さらに、「新しい社会内処分」に関しては、それがターゲット・グループにまで行き届いていないことが、明らかになっている。このことは特に、裁判所の制裁実務に起因している。それは、むしろ主に、軽微な非行に及んでおり、児童及び少年援助法／社会保障法典第8編の基準では援助の必要性がない少年に対して、社会教育的な給付を「緩やかな」ものと誤って考えてその措置をとっている[164]。それに対して、生活状況が根深い問題に影響づけられており、荒っぽい、部分的には度々非行に及んでいるような、本当は給付の必要がある少年には、社会教育的な給付は、せいぜいのところ侵害強度の高い制裁と組み合わせて行われているにすぎない。まさにこのような事案において、社会教育的な介入が効果的であると司法実務を説き伏せることが大切である。こうしたことは、第一次的には、それにふさわしい目的に適った〔裁判官の〕職業教育を通してのみ可能なことではある。しかし、法律上もそのことを明らかにしておく必要がある。

もっとも、特に切迫したターゲット・グループである頻回行為者や負因が大きい者に集中し、彼らのために専門化された提供を発展させ、もしくは彼らに照準を合わせて準備を行うことが、少年援助にも求められている。例えば「軽微な犯罪から、重くても中程度の犯罪に及んだ初犯者」といったように、実務

160　1955年では、判決により科された制裁のうちの50.4％となっている。1998年では、74.7％である。数値は、Heinz, Jugendstrafrechtliche Sanktionierungspraxis in der Bundesrepublik Deutschland, S. 174による。
161　これに関して社会内処分をラント間で比較した統計は、Heinz, MschrKrim 1987, S. 129 (144) を参照。
162　Heinz, Jugendstrafrechtliche Sanktionierungspraxis in der Bundesrepublik Deutschland, S. 177, 178.
163　Dünkel, Geng und Kirstein, Soziale Trainingskurse und andere ambulante Maßnahmen, S. 55; dies., DVJJJournal 1999, S. 170; dies., NK 1999, S. 34 (37).
164　Drewniak, S. 240 (242).

でも目にされるような形で[165]ターゲット・グループを絞り込むことは、「社会内処分」が本来持っている適用可能性に適切に応じていないことになる。

　本委員会は、それぞれの処分の特質をより明確に有効に働かせ、(非施設内の)実体処分のいくつかのカテゴリーを相互に厳格に区別し、社会保障法典第8編の規定に、よりよく調和させた実体処分制度の新しい理解を提案する。この提案により、実体処分制度は、少年に対する教育の現代的な考えとも調和することになる。

　ここで提案されている実体処分制度は、社会内の領域で、「社会内の援助的な処分」、「社会内の医療的・治療的な処分」そして「社会内の懲罰的な処分」に細分化することを予定している。援助的な処分は、さらに社会教育的な処分(委員会案第11条第1項)と生活形成に関する命令及び禁止(委員会案第11条第2項)に細分化される。

18.3.1　社会内の援助的な処分

　援助的な処分は、本質において、これまでの指示(少年裁判所法第10条)に相当する。それはさらに、社会教育的な処分(委員会案第1項)、すなわち社会保障法典第8編により少年援助が行う援助の提供と、生活形成のための命令及び禁止(委員会案第2項)に細分化される。

　社会教育的な処分のカテゴリーでは、第10条第5号(援護者による援助)と第6号(社会訓練コースへの参加)の指示に、項目が割かれる。従来通り、非暴力講習や体験学習の提供といった社会的なグループ・ワークも、このカテゴリーに含まれる。

　本委員会によりここで示されている第1項に関する条文の提案では、本委員会が中心的な問題と考えている、少年援助と司法の関係を協力的なものと捉える理解が、明確に表れている。裁判所は、ただ少年にだけ指示を行うことができ、その指示の対象は、現にある少年援助の提供だけで、少年はそれが具体的なものである限りで、つまり社会保障法典第8編の規定によりその提供を行いうる要件がある限りにおいて、その提供を受けることができる。したがって、すでにここで明らかになっているのは、このような命令を言い渡す判決は、

165　Drewniak, S. 240 (243)からの引用。

少年本人が〔社会保障法典第8編に定められた〕要件を満たしていない処分を行う義務を少年援助に負わせるものではない、ということである。少年援助は、「自分たちの」法律、つまり社会保障法典第8編の給付要件（教育上の必要性など）と結びついたものなのである。この要件の存否について判断を行うのは、少年援助の任務である。

　生活形成のための命令及び禁止により、これまでの〔少年裁判所法第10条に規定されていた〕指示が引き継がれる。それは、実際上、援助的で教育的な性格を持つものではないが、犯罪に関係する少年の生活状況に向き合い、新たな非行へと誘惑する状況から少年を（予防的に）遠ざけることに、優先的な価値を置いている。特に、特定の飲食店や娯楽場への立ち入り、特定の者との交際の禁止などが、これに数えられる。このカテゴリーも〔現行法通り、限定列挙ではないという意味で〕閉じられたものではない。

　条文の提案：
　第11条aは、次のように規定される。
　　第11条［社会内の援助的な処分］
　　(1)　少年裁判所は、社会保障法典第8編による給付、特に少年ソーシャルワーク（社会保障法典第8編第13条）、社会的なグループ・ワーク（社会保障法典第8編第29条）、援護支援（社会保障法典第8編第30条）又は集中的な社会教育的な個別援護（社会保障法典8編35条）の提供を受けることを、少年に課すことができる。
　　(2)　少年裁判所は、生活を規則正しくし、かつ、成長を促進し保証する命令及び禁止を少年に課すことができる。その際、少年に過当な要求をしてはならない。

18.3.2　治療的・医療的な処分

　これまで少年裁判所法第10条第2項に指示として含まれていた治療教育的な処遇や離脱治療を受ける義務は、社会内処分の独自のカテゴリーとする。それは、これらの措置は、〔これまでも〕治療の必要性の大きさで測られてきたものであり、その意味で病理学的なものだからである。さらに特徴的なのは、処分が（精神医療的なものも含めて）医学上のルールに則って行われなければ

ならないということである。

青年の場合には、自明のことながら——現在の法律関係に関する多数意見と一致するのであるが[166]——治療的・医療的処分を受けさせる命令は、本人の同意があれば可能である。

条文の提案：
第11条は、次のように規定される。
第11条a［社会内の治療的・医療的処分］
少年裁判所は、教育権者及び法定代理人の同意を得て、治療教育的な処遇又は離脱治療を受けることを、少年に課すことができる。
少年が16歳に達しているときには、本人の同意のみによって、これを行うべきものとする。

18.3.3 社会内の懲罰的な処分

過料、労務の給付そして運転免許の剥奪は、「懲罰的な処分」の下で理解されなければならない。その性格は、援助的というよりもむしろ抑圧的なものであり、これらの処分は原則としてこうした意図を持って命じられる。

労務の給付

労働時間を割かせることは、少年裁判所法の実体処分では、援助的な制裁と懲罰的な制裁の間に位置する中間物になる。それは、処分がふさわしく形成され、割り当てられた作業が有意義で建設的であり、なおかつ少年によって労働刑として受け取られない場合に、少年に対して教育的に作用するいくばくかの可能性を持っている。これは、もともと少年裁判所法第10条第1項第3文第4号による指示がその起源になっていることに相応している。

もっとも、実務は、労務の給付を特に刑罰的な制裁として扱っている。このような実務の欲求にしたがい[167]、少年裁判所法第一次改正法の立法者は、

166　Ostendorf, JGG, § 10, Rn. 23; Eisenberg, JGG, § 10, Rn. 37.
167　〔少年裁判所法第一次改正法の政府草案に付された〕理由書では、このことが明らかである。BT-Drs. 11/5829, S. 18.

労務の給付を第15条第1項第3号による懲戒処分に属する遵守事項としても、つまりは追加的に、規定したのである。

本委員会は、労務遵守事項を懲罰的な処分に分類している。このことは、教育的に形成する可能性がいかに大きく、それがいかに教育的に用いられようとも、害悪の賦課とそれによる労務遵守事項の贖罪的で応報的な性格が、この処分の性格を決定的に規定している、という評価に相応したものである。他方で、このことは、〔労務遵守事項を〕教育的に有意義に形成することを放棄し、純粋な労働刑を科すことの口実にはなりえない。それは、連邦憲法裁判所の判例にも矛盾することになる。その判例は、第一には犯罪行為を通して明らかになった教育の必要性に立ち向かう意図を立法者が持っており、労務指示の期間が短いがゆえに、少年裁判所法第10条第1項第3文第4号の労務指示は基本法第12条第2項及び第3項による労働の強制や強制労働の禁止に照らし合わせても合憲である、と考えたのであった[168]。本委員会は、教育的にふさわしく形成するという要件の下で、労務の給付を賦課することは（なおも）憲法上許されると考える[169]。

もっとも、連邦憲法裁判所が、基本法第12条と照らし合わせて労務指示が憲法に合致していると評価するために本質的な視点としたのは、労務給付の時間が明確に限定されている、ということであった[170]。それゆえ、この制裁に関しては、〔時間を〕限定する必要性があることが、憲法上の根拠からも明らかになる。

現在の実務では、余りに頻繁に無思慮かつ均衡を失した範囲で、軽微なものから中程度の少年非行に懲罰を加える抑圧的な手段として、労務の給付が用いられている——これは、是認できない運用である。

比例性原則や明確性の原則は、労務の給付に上限を画することを求める。このような限定のひとつとして、労務時間は80時間までに限定されなければならない[171]。これは、フルタイムの就業時間で約2週間にあたる。週末の作業に限定する場合には、少なくとも5週間分の週末（土曜日と日曜日）にあたること

168　BVerfGE 74, S. 102, 122 ff.
169　少年裁判所法15条1項3号による遵守事項としての労務の給付に関しては、D/S/S-Diemer, § 15 Rn.15; 合憲性についての疑問に関しては、Ostendorf, JGG, § 15 Rn.13.
170　BVerfGE 74, S. 102, 123.

になる。

過料

　制裁としての過料には、依然として疑問がある。いずれにしても、その教育上の適性は低く評価されなければならず、有罪を言い渡された少年のために第三者が金額を支払う可能性は排除されず[172]——一般刑法の罰金のように——日額により量定されるわけではないので、平等な扱いということを考えても過料には疑問が残る。そして、過料は、経済的、社会的に見てより弱い立場にある少年を苦境に立たせることが稀ではない[173]。

　こうしたことは、この制裁も慎重に用いられなければならないことの根拠となる。それゆえ、少年の生活状況を考慮することが——労務の給付の場合と同様に——比例性原則の明確な表現として、法律上明確な形で規定される。さらに、少年裁判所法第15条第2項の〔「次の場合にのみ、裁判官は、金額の支払いを命じるべきものとする」という〕これまでの訓示規定は、義務的な要件とされる。現在の法律関係においても、すでに文献上、そもそも少年が金額を自分で支払い、あるいは行為から得た利益が剥奪されるべきことが確認される場合にのみ、金額の支払いの義務づけが認められうることが指摘されている。

　最後に、損害回復に対する補充性も法律上規定される。それは、少年が極めて限られた経済力しか持っていない場合に、そこから過料を支出させ、そのことで被害者のための損害回復をさらに難しくすることは正当化できないだろうからである。

　労務の給付に関するのと同様、過料についても、比例性原則と明確性の原則に沿うよう、上限が画されなければならない。かくして、過料の支払いは、月の純所得の2倍までに限定される。刑事手続の枠組みにおいてこれを超える

171　v.Bernstorff u.a., Leitfaden für die Anordnung und Durchführung der neuen ambulanten Maßnahmen („Mindeststandards"), S. 408.
172　Pfeiffer, Kriminalprävention im Jugendgerichtsverfahren, S. 141; Ostendorf, JGG, § 15, Rn. 14; Eisenberg, JGG, § 15, Rn. 17.
173　Ostendorf, JGG, § 15, Rn. 14; Eisenberg, JGG, § 15, Rn. 17; Böhm, Einführung in das Jugendstrafrecht, § 24, 3., S. 186 f.

利益が剥奪されるものとされている場合には、一般刑法の没収及び追徴に関する規定（刑法第73条以下）により、手続が進められる。

運転の禁止

　第3項では、これまで付加刑だった（刑法第44条）期限付の運転禁止が取り上げられた。主刑と付加刑の分離は、少年刑法では一定の領域で制裁の併合が認められていることで、いずれにしても弱められている。本提案が予定する統一的な制裁制度に運転の禁止を組み入れることは、この延長線上にある。

　条文の提案：
第12条は、次のように規定される。
　　第12条［社会内の懲罰的な処分］
　(1)　少年裁判所は、少年に次の措置を課すことができる。
　　　1．80就業時間までの範囲で、労務の給付を行うこと、
　　　2．純所得の2倍までの額で、公益団体のために金額を支払うこと。
　(2)　労務の提供時間及び金額を量定する際には、少年の生活状況が考慮されなければならない。
　　　少年裁判所は、次の場合にのみ、金額の支払いを命じることができる。
　　　1．少年が及んだ軽罪にあたる罪の程度が軽く、かつ、少年が独立して自由に処分することが許される財産から金額が支払われることが推測できるとき、又は、
　　　2．少年から、犯行により得た利益又はその行為の対価として得た報酬が剥奪されるべきものとされているとき。
　　　損害の回復は、金額の支払いに優先される。
　(3)　裁判官は、有罪の言い渡しが道路交通における逸脱行為に基づくときには、3月までの期間の運転の禁止を少年に課すことができる。

18.3.4 期間、指示の変更

　指示の期間や変更に関する本委員会の提案は、提案の体系という点で、本質的には、少年裁判所法第11条に合わせられる。もっとも、期間の最長は、

延長がなされる場合であっても、2年に制限される。

条文の提案：
第13条は、次のように規定される。
　第13条［処分の期間、範囲及び事後の変更］
　⑴　裁判は、第10条から第12条までによる処分の期間を定める。
　　　期間は、2年を超えることができない。
　　　援護支援（社会保障法典第8編第30条）の期間は1年を、社会的なグループ・ワーク（社会保障法典第8編第29条）の期間は6月を超えてはならないものとする。
　⑶　裁判官は、指示を変更若しくは解除し、又はその期間を第1項第2文による期間の上限を限度として延長することができる。

18.3.5　社会内処分の強制可能性と代替拘禁

　少年が判決で命じられた指示や遵守事項に従わない場合、少年裁判所法第11条により、拘禁が科されうる。このいわゆる「屈服拘禁（Beugearrest）」又は「不服従拘禁（Ungehorsamarrest）」には、内容としても解釈としても、大いに議論の余地がある[174]。現在の少年裁判所法第11条第3項では、補充性の原則にしたがい、いかなる場合でも拘禁よりも軽い代替案が考慮されなければならないということが、十分には明らかにされていない。さらに進んで、元々言い渡されていた制裁は、〔不服従の結果として科される〕拘禁が執行された後に清算されたと考えられるのか、それとも依然として満たされなければならないものなのか——その場合、事情によっては、〔指示・遵守事項の命令を〕拒絶する度に拘禁が繰り返し命じられ、執行されることになる——は、現在明確に規定されていない。

　特に——ここに示されている提案の用語法にしたがえば——「社会教育的な社会内処分」については、援助的で成長を促進する意図を持っている少年援

---

[174]　これについては、Trenczek, Rechtliche Grundlagen der Neuen Ambulanten Maßnahmen und sozialpädagogischen Hilfeangebote für straffällige Jugendliche, 95 ff.

助の給付が強制的な手段で押し通されることに、根本的な疑問が表明されている。他方、判決において命じられた実体処分がいざというときに強制的に貫徹されえないことは、特に刑法的な視点からは受け容れがたいものである。不履行の場合に何ら効果を持たない処分は、司法により相手にされず、それゆえ適用されなくなるおそれがある。このように素描した意見の対立は、異なる領域の手続関与者の専門的な物の見方を相互に一致させるという、ほとんど解決できないようにすら見える困難な課題〔があること〕を明らかにしている。

　ここに示されている提案によれば、社会内処分をいざという場合に強制的に貫徹させる可能性が残されている。しかし、表明されている疑念を背景にする場合、こうした強制手段は、可能な限り限定的に運用される必要があるように思われる。個別的には、現在の規定もしくはその実務運用は、以下のように改める必要がある。

- 強制手段は、将来は「代替拘禁 (Ersatzarrest)」と称されなければならず、元々の言い渡された制裁は拘禁に服することによって完全に清算されることが、法律上明確に規定されなければならない。〔法により〕強制的に押し通される「従順さ」という法益は、存在しない。
- 手続は、補充性の原則が守られるよう、形成されなければならない。遵守されなかった命令の全てが代替拘禁を帰結する必要はないし、命じられた代替拘禁の全てが執行されなくてもよい。このことは、当事者の少年のために、より適切な他の社会的処分がないかどうかが、拘禁を科す前に注意深く検討されなければならないことを意味する。このような検討には、聴聞という形で、少年や少年援助が参加させられなければならない。〔拘禁という形で〕強制的に押し通すことを放棄する可能性も、考慮に入れられなければならない。裁判所と少年援助の判断により、少年が将来においてさらなる犯罪行為に及ばないことが期待できる場合には、特に自由剥奪の重大性のために、刑法がさらに作用する余地はなくなる。このような放棄も命令の変更もできない、という結論に裁判官が至った場合には、裁判官はそのことを理由づけなければならない。
- 代替拘禁の期間は、元の制裁と適切な関係にあるものでなければなら

ない。最短の期間は1週間分の休日、最長の期間は2週間とする。

条文の提案は、現在の第11条第3項を、上述した点に合わせる形になっている。

条文の提案：
第14条は、次のように規定される。
　第14条［違反行為］
　⑴　少年が第10条から第12条までの命令に有責にしたがわないときに、有責な違反行為に関する教示が行われていた場合には、決定されていた処分を変更し、又は代替拘禁を科することができる。
　⑵　少年が拘禁の賦課の後処分にしたがったとき、又は他の理由から執行が必要でないときには、裁判官は代替拘禁の執行を見合わせる。
　⑶　代替拘禁の執行により、決定されていた元の処分は清算される。
　⑷　代替拘禁は、最短2日、最長2週間である。

18.3.6 執行時効

　社会内処分や拘禁が、いかなる教育効果も失うべきでないというのであれば、それは、有罪の言い渡しに近接した時間内で執行されなければならない。さもなければ、両者は関連性を失ってしまう。少年が制裁を意味のない意地悪と受け取る以上は、意図されている教育的な効果は消え去るのである。したがって、余りに遅く執行される処分は、その正当性を失う。本委員会は、社会内処分や拘禁に関して、執行時効を導入することを支持する。それによれば、決定が確定力を持ってから遅くとも半年後には処分の執行が開始されなければならない。

条文の提案：
第2款の表題において「少年拘禁」の語の後に「及び社会内処分」の語を挿入し、第86条を次のように規定する。
　第86条［執行時効］
　　　判決が確定した後6月以内に開始されないときには、社会内処分

及び少年拘禁の執行はできない。
　刑法第79条aは、そのまま、適用する。

18.4 運転免許の剥奪

　本委員会は、運転免許を剥奪する際に、交通犯罪に及んだ少年に特徴的な観点や運転免許を剥奪することによる〔少年にとって不利益な〕効果を適切に考慮することができる裁量を、裁判所に認めることを支持する。

　少年刑法に関して一元的な制裁制度を導入するには、個別に参照する形で、刑法における運転免許の剥奪に関する規定（刑法第69条以下）を参照することが必要である。そのことについて、本委員会は、内容には変更を加えずに運転免許の剥奪の規定を受け継いでいる。しかし、ここでもまた、〔その〕一方で交通犯罪に及んだ少年に典型的に見られる特殊な事情と運転免許の剥奪が与える〔少年にとって不利益な〕効果の存在を指摘しておくことは、理由あることである。

　交通犯罪は、典型的な少年犯罪に数えられる。このことは、それが、通例、少年が調子に乗りすぎて悪ふざけをしたことの表れであり、他の少年犯罪と同じように、まさに遍在的でエピソード的なものであることを意味する[175]。こうしたことは、交通犯罪では、年齢が上がるにしたがって犯罪率が低下していることで、ますます明らかになる[176]。運転免許の剥奪により少年が特別な危険にさらされる可能性があることは、些末視されてはならない。もちろん、一面、少年の生活状況から明らかになる〔運転免許の剥奪によって生じる少年にとって不利益な〕効果〔を考慮すること〕は、若年者に運転を許せば危険であるという予測と対立する。今日、運転免許を取得するために時間が長く掛かっていることを考えると、これは、特に大きな意味を持つ出来事で、大抵の場合は少年期における無比の出来事になる問題である。経済的に弱い立場にある少年は、

---

[175]　Kölbel, ZfJ 1998, S. 10 (21).
[176]　Kölbel, ZfJ 1998, S. 10 (21).

すでに経済的な理由から、すぐには運転免許を再取得することができない。同時に、（合法的に）道路交通にかかわる可能性を失うことは、〔社会的な〕信用という点で、あるいは仲間意識にとって特に重要と〔少年本人に〕感じられる活動や事業の多くから、重大な影響を被る形で閉め出されることを意味する[177]。

さらに、まさに運転免許の剥奪は、その結果としての犯罪行為（無免許運転、事故の際の現場からの逃走）を誘発する危険性が特に高い処分であることが、考慮されなければならない[178]。禁止という刺激により運転への誘惑は一段と強まるから、このような危険性は、少年の場合に一層高くなる[179]。

本委員会は、〔運転免許の剥奪に関する刑法上の〕規定に修正を施すことを見合わせてはいるけれども、このような事情は、運転免許の剥奪を科す際に考慮されなければならない。本委員会は、〔運転免許の剥奪を科すための〕要件が存在する場合にも、裁判所が義務的な裁量を持たなければならない——そして、このことは、「できる」という言葉を用いることで表現されている——という意見である。

　条文の提案：
第15条は次のように規定する。
　第15条［運転免許の剥奪］
　　　裁判官は、刑法第69条から第69条bまでにより、少年から運転免許を剥奪することができる。

18.5 少年拘禁

本委員会は——僅差の過半数で——拘禁という制裁手段を保持することに賛成する。

もっとも、本委員会は、拘禁が積極的な教育的効果を持つとは評価していない。

---

[177] Höynck/Sonnen, ZRP 2001, S. 245 (246).
[178] Ostendorf, JGG, § 7 Rn. 15; Böhm, Einführung in das Jugendstrafrecht, § 22 4.b), S. 157; Kölbel, ZfJ 1998, S. 10 (21).
[179] Ostendorf, JGG, § 7 Rn. 15.

本委員会は、短期拘禁と休日拘禁の廃止を支持し、前に言い渡されている社会内処分が成功しなかったことに拘禁の賦課を掛からせることを支持する。

18.5.1 少年拘禁に対する根本的な批判について

　世間や政治の場で提起されている若年の犯罪行為者に対する短期の威嚇的な刑罰の要求は、明らかに少年拘禁の実務に反映されている。1985年（23,990件）から1990年（12,758件）の期間、少年拘禁が科された数はほぼ半分に減少しているのに対して、1995年からは緩やかに増加している（1999年：16,809件）[180]。特にいくつかのラントから繰り返し提案されている、いわゆる「入口拘禁（der Einstiegsarrest）」を導入するための法律案は、「お仕置き」機能を持つ短期の施設内制裁を拡充するという、これと似た方向を目指している。判例によっても、こうした威嚇機能が拘禁にあることが信じられている。それによれば、この制裁は、「確かに重大な警告ではあるが、原則としては犯された不法に対する完全な贖罪ではない、むしろ威嚇的に感じられる厳しい非難であるべきものである」[181]。

　それに対して、拘禁実務からは、少年拘禁にはこのような威嚇効果が大幅に欠けていることを示唆する知見が示されている[182]。ニュルンベルクの少年拘禁におけるアンケートでは、確かに少年の57％が拘禁により「影響を受けた」と述べているが、この印象は、多くの場合拘禁の執行〔期間〕それ自体よりも長くは継続していないようである[183]。同様に、60％から90％という高い再犯率[184]は、短期の自由剥奪による威嚇という〔素朴に信奉されている〕日常的な理論が事実に適っていないことの表れである。

　このような知見に鑑み、改革された少年刑法において少年拘禁はどのような存在理由を持っているのか、本委員会では議論が行われた。現在、有意義な

180　Ostendorf, JGG, Grdl. zu §§ 13 – 16, Rn. 5
181　BGHSt 18, S. 207 (209).
182　その他の多くの文献とともに、Schäffer, DVJJ-Journal 2002, S. 45 ff. Schwegler, KrimJ 2001, S. 116 ff.
183　Schwegler, KrimJ 2001, S. 116 ff.
184　Schäffer, DVJJ-Journal 2002, S. 45; Ostendorf, Grundlagen zu §§ 13-16 Rn 9における個別的な証拠を参照。

目的設定もこの制裁が意味を持つターゲット・グループも、認めることができない。〔将来〕少年に法に適った振る舞いを行わせるのに、施設内の介入が原則として社会内処分よりも有用な手段ではないことは、この間、経験的に裏づけられている[185]。〔少年拘禁は〕介入強度が強いため、その制裁を科すには、それが極めて適切であると証明されることが前提になる。このような証明は、なされえない。

　もっとも、拘禁が賦課される数が増加していることや、刑事政策上の厳罰化要求、そして社会内処分がまだくまなく提供されているわけではなく、十分に財政援助がなされているわけでは必ずしもないという事実から明らかになるのは、政治や実務、世論の一部が、他の手段では感銘を受けない少年、という不明確な輪郭しか描けない集団のために短期の自由剥奪を放棄することはできないと想像している、ということである。仮に拘禁を廃止すれば、実務がこうした行為者集団に対して、短期の少年刑をますます科すことが懸念される。制裁実務のこのようなねじれは、当事者である少年にとって、現在の状況よりも不利なものであろう。

　拘禁の存在理由に対する疑問に対しては、すでに少年裁判所法第一改正法の時点[186]と同じように、現在、代替策がないということと刑罰の必要性が〔どれだけあるのか〕はっきりしないということを、手続関与者や公衆に対する答えとしなければならない。このような認識から帰結されるのは、近い将来、困難な事案であるために〔現在の実務運用において〕射程には入っていない少年のために、基本的には、現在ある社会内での援護の可能性を拡充し、それらの少年の〔社会内での援護への〕受け入れを促進する方向で、法政策上の努力が行われるべきであるということである。

18.5.2　少年拘禁の改革

　少年拘禁（少年裁判所法第16条、第86条以下、第90条）に関する現在の規定は、この制裁の目的も、この制裁に適切なターゲット・グループも明ら

---

[185]　Schumann/Döpke in Schumann, Jugendarrest oder Betreuungsweisung, 1985, S. 136; Wellhöfer, MschrKrim 1995, S. 42 (42 ff).

[186]　その〔理由書、BT-Drs. 11/5829〕S. 12を参照のこと。極めて類似した議論は、DVJJの少年裁判所法改正第一次委員会によってもなされている。DVJJ-Journal 1992, S. 33, 34.

かにしていない。特別予防的に見て少年拘禁には〔肯定的な〕効果がないという、ここで紹介した知見を考慮すれば、その機能は、少年に自らの行為が間違っているということを強く明らかにするということだけに留められなければならない。それは、「少年の名誉感情を喚起する」(少年裁判所法第90条)のに役立つ処分ではないし、少年を「犯行に寄与した困難性を克服するのに援助する」(少年裁判所法第90条第1項)のにふさわしくもない。ここで触れた少年裁判所法90条の規定の文言は、代替なく削除されなければならない。

それにもかかわらず、拘禁を教育的に形成するという立法上の目的設定は、維持されなければならない。執行中、少年は意味のある作業に従事し、社会教育上の援護を受けるべきである。それは、少なくとも自由剥奪の有害な結果を緩和し、専門的知識のある相談者に自身の困難を相談できるための提供を少年に行うためである。拘禁実務の現実に関する現在の認識は、こうした立法者の要求が適切には実現されていないことを示している。十分ではない設備に始まり、ほとんど絶え間のない被拘禁者の収容、全くないか、時折自由にできるだけの社会教育上の援護に至るまで、いくらか驚かせるような実情が拘禁施設から報告されている[187]。

現在の実務では、短期拘禁が制裁実務においてほとんど役割を果たしていないのに対して、継続拘禁と休日拘禁が大体同じ割合で科されている[188]。まさに休日拘禁は、多くの人の目には、比較的軽い制裁として映っているようである。それは、休日拘禁の期間が短く、学校生活や職業生活に影響を与えないからであろう。しかし、自由剥奪の負の効果が、こうした観点により本質的に緩和されることはない。その上、短期の拘禁形態の場合、教育的な形成が特に困難である。特に、〔休日拘禁が行われる〕週末、拘禁施設では、大抵、純粋な隔離拘禁 (Verwahrvollzug) が行われているだけなのである。

極めて短い期間だけ拘禁を科す可能性が残ることで、短期ではあっても自由剥奪自体が少年にもたらす負担が軽視されるおそれがある。したがって、この制裁の侵害強度の大きさを明確にするために、拘禁を賦課するための敷居を

---

[187] 例として、Hinrichs, DVJJ-Journal 1999, S. 267 ff.を参照。
[188] Heinz, Konstanzer Inventar, III. 3.3.2.2, Schaubild 34, www.uni-konstanz.de/rtf/kis/sanks98.htm.

高くすることが必要だと思われる。それゆえ、短期拘禁と休日拘禁は、DVJJのこれまでの要求や重要文献の一部[189]と歩調を合わせる形で、廃止されなければならない。将来的には、最低の期間は１週間に固定されなければならない。上限としては、２週間で十分である[190]。

もっとも、代替拘禁に関しては最短の期間の〔短くする方向での〕例外が妥当しなければならない。そうでなければ、場合によっては比例性原則が損なわれる可能性がある。ここでは、最短の期間は、１週間分の休日〔２日〕とされる。

不服従拘禁の場合と同様に、少年拘禁においても、施設内処分に対する社会内処分の優先に十分な注意が払われていない。拘禁は社会内処分に対する施設内の代替策なのではなく、社会内の代替策が問題にならない場合に、熟考を重ねて初めて許される制裁であるということが、明確にされなければならない。それゆえに、本委員会による条文の提案は、社会内処分が「余すところなく利用された (ausschöpfen)」場合にはじめて拘禁を科すことが許されることを予定している。少年の犯罪行為が少年刑による懲罰を必要とせずに、社会内処分による教育的な影響づけの可能性がまだ存在している場合には、社会内の介入の可能性は余すところなく利用されていないことになる。したがって、拘禁は、最初に科される制裁としては問題にならない。他方で、このような条文化は、まず社会内処分の全てを実施しなければならないことを意味するものではない。

これとの関連で明らかにしておかなければならないのは、可罰的な行為に（再度）及んだということそれ自体が、（特に社会内の）処分に効果がなかったということを徴表するわけではない、ということである。非行が繰り返される場合であっても、それがこれまで科された制裁が「十分」なものではなかったということの表れであるといえるのは、原因や行為の動機、付随する事情などを相互に比較することが可能で、社会内の介入によりなおも合理的に期待できる影響づけが可能であった場合だけである。さらに、〔再非行がある場合に拘禁を科さなければならないということには〕拘束力がないだけでなく、司法と少

189　Ostendorf, JGG, 5.Aufl. 2000, Grdl. z. §§13-16, Rdnr. 9 おけるD/S/S-Sonnen, JGG, § 16 Rdnr. 23による論証を参照のこと。
190　本委員会に籍を置いている拘禁施設長は、この上限を余りに短いものとして批判している。彼らは、少年に作業を行わせるのにこの期間では不十分であるという意見であった。

年援助の間にもそのようなコンセンサスはないのである。いずれにしても、社会教育的な視点から成功と言えるのは、「少年のノーマライゼーションではなく、身の丈に合った逸脱ができるようになり、警察や司法による最後の障壁をすれすれのところでかすめていくものではあっても、自己で決定する人生のキャリア形成をできるようになる、ということなのである。そこでも、劇的な『回心(Bekehrung)』といった時折目にできる幸運な事態も排除されはしない。しかしそれが起こるのは、おそらく、同じように時折目にする劇的に不幸な事態が起こることにより、その前に、援助の受け容れによる教育で〔少年との〕信頼関係がすでに崩壊していない場合にだけである」[191]。社会的な能力の習得は、必然的に反動も含むプロセスとしての出来事である。刑法上の制裁で問題を手っ取り早く取り除くことができる、というまやかしを使ってごまかすことは、もはやできない。手っ取り早い成果の代わりに必要なのは、「『息を長く続けること』、信頼をもたらす関係の辛抱強い構築、反動と拒絶を耐えること」なのである[192]。

　従来通り、拘禁は、特別な拘禁施設で執行されなければならない。実務では、拘禁施設が組織的、空間的に行刑施設に組み込まれていることが、時折目にされる[193]。これは、拘禁のための施設とその他の執行施設とを空間的に分離することを法律上明言することを〔本委員会が〕主張するきっかけになっている。

　拘禁の執行を形成する際には、自由剥奪の負の効果が可能な限り小さく抑えられることに、注意が払われなければならない。したがって、外出と外部通勤を十分にとることができるようにしなければならない。特に保障されなければならないのは、拘禁により、少年が自分を安定させる生活関係から引き離されないということである。拘禁の執行により、少年が学校への通学、職業教育の場や職場への通勤をできないようになるのであれば、それは、通例、〔少年にとって〕不安定な結果をもたらすことになる。

191　Pilz 1994, S. 226 f.
192　Trauernicht, ZfJ 1991, S. 520.
193　これについては、Ostendorf, JGG, § 90 Rn.6.

条文の提案：

第16条は次のように規定する。

第16条［少年拘禁］

(1) 少年拘禁は、最短1週間、最長2週間とする。
(2) 少年拘禁を命じる前に、社会内処分の可能性が余すところなく利用されなければならない。

第90条は次のように規定する。

第90条［少年拘禁］

(1) 少年拘禁は、特別な拘禁施設で執行されなければならない。
少年拘禁は、〔行刑とともに〕ひとつの司法執行施設内で行われてはならない。
(2) 日課においては、自主性が最大限保障されなければならない。
(3) 特に学校への通学を保障し、現存する就労関係及び職業教育関係をそのまま維持するために、外出及び外部通勤が可能にされなければならない。
(4) 社会教育の専門的知識を持つ専門家による相談及び援護が保障されなければならない。

18.6 少年刑

本委員会は、少年刑の要件をより厳しくし、少年に関しては最長の期間を5年に制限することを支持する。

本委員会は、少年行刑に法的基盤を与えることが、憲法を根拠として差し迫って必要とされており、本来であればこの間すでに行われていなければならないものであったことを指摘する。

さらに、本委員会は、〔福祉法上の〕閉鎖的な収容の要件を拡げる目的で立法を行う必要性を認めず、閉鎖施設における現在の定員を増やす必要性も認めない。

18.6.1 少年刑の賦課の展開

　この制度のウルティマ・ラティオとしての性格を明確にするため、少年刑に関するこれまでの規定は、根本的に改正する必要がある。被収容者数の展開は、90年代に、重大犯罪の増加や人口統計学上の変化では説明できない、驚くべき増加を示している[194]。特に〔保護観察のための延期なしに〕執行される少年刑を言い渡された者の絶対数は、1992年（4,197人の被収容者）から2001年（7,482人の被収容者）にかけて、ほぼ倍増している[195]。被収容者率（14歳以上21歳未満の者100,000人あたりの刑事施設被収容者数）は、この期間、同じように著しく増加している[196]。

　14歳から18歳までの若年の被収容者数が明らかに増加していることも、憂慮される。この年齢集団については、1993年以来、被収容者数が3倍にも膨れあがったことが明らかにされている[197]。少年行刑施設における年齢構成は、明らかな低年齢化の傾向を示している[198]。

　したがって、裁判所の裁判実務は、社会内処分のために自由剥奪制裁を後退させる努力を明確に行った1990年の少年裁判所法改正の目的[199]を果たしていない。このようにして強まっている抑圧的な傾向は、本委員会の見解によれば、少年刑の要件を狭く規定することで対処されなければならない。その際、明らかに有害な効果を持っている少年刑は、重大犯罪の場合や犯罪行為が繰り返されている場合で、社会内処分ではもはや十分ではないときに科されるということが、保証されなければならない。

　特に「有害な性向（schädliche Neigungen）」という概念を用いることは、極めて問題であり、それゆえ法律条文からは削除されなければならない。それは、人格に根づいた犯罪的な振る舞いを行う「性癖」があることを暗示し、それゆえに相当程度の烙印を押し、名誉を傷つけるものである。実務では、圧

---

[194] Walter, in: DVJJ Regionalgruppe Nordbayern 2002, 162.
[195] 数値は、Stat. Bundesamt, Fachserie 10, Reihe 4.1による。Dünkel/ Lang, Jugendstrafvollzug in den neuen und alten Bundesländern, 26 ff.も参照。
[196] バーデン・ビュッテムベルクに関しては、Walter, in: DVJJ Regionalgruppe Nordbayern 2002, 162; 成人を含んだ全ての年齢集団については、Suhling/Schott 2001, S. 25 ff.
[197] 旧くからの連邦州における展開に関しては、Dünkel/ Lang, S. 27を参照。
[198] Dünkel/Lang, S. 31.
[199] BT-Drs. 11/5829, S. 11 ff.

倒的に多くの割合の少年刑が、この構成要件のメルクマールを満たすというだけで、根拠づけられている[200]。

少年刑の期間について教育的な考慮を行うこと（第17条第2項）も、自由が剥奪されることを考慮すれば、適切なものではない。少年刑では積極的な教育効果が期待されえないことが、法律上明確にされなければならない。行刑における教育や職業教育は、好ましく正しいものでもあるが、そのことで自由剥奪の負の効果を覆い隠すことはできない。少年刑を「総合的な教育（Gesamterziehung）」の一形態として理解することは、教育上刑罰の価値を引き上げ、その措置の刑罰としての性格を隠蔽する危険性を含んでいる。

その効果からいえば、少年刑は、法に触れない成り行きと社会的な統合を達成するという目的を持つ〔本委員会の〕改正提案の基本方針と、根本において一致しない。将来の犯罪行為を回避するという観点から、〔保護観察のために延期されずに〕執行された少年刑は、多くの再犯研究において、最悪の手段であることが証明されている。それぞれの調査が明らかにするところでは、再犯率は60%から90%に達している[201]。このことで意味されるのは、良心ある裁判官は、少年がさらなる犯罪行為に及ぶのを防ぐ目的からは少年刑を科すことができないということである——身体拘束それ自体の期間〔が意味を持っているということ〕を盾にとるというのであれば、話は別になるのだが。危険な若年犯罪行為者から社会を守り、重大な不法を明確にするために、少年が将来違法な行為に及ばないようにするという目的を後退させることに、一理はある。しかし、このことは、若年者のその後の生活に身体拘束が与える結果を考え、この種の治安欲求の負の側面を吟味する義務から裁判所を解放するものではない。

18.6.2 少年刑の要件

少年刑を科すための糸口になるのは、行為の重大性、もしくは犯罪行為が繰り返されている場合には責任の重大性である。その際、人身に対する重大な暴力犯罪とその他の重大な犯罪行為が区別される。故意の被害者死亡事件

200　Ostendorf, JGG, Grdl. zu 17-18 Rn 6.
201　Ostendorf, JGG, §§ 5-8 Rn 10の記述による。

と重大な暴力犯罪の場合、少年刑を科すには、一度の犯行があれば足りる。こうした要件がある場合、少年刑は、16歳未満の者に対しても科されうる。その他の場合、この年齢集団に対して少年刑は許されない。

その他の犯罪行為の場合には、それが「重大なもの」と評価され、少年がそうした犯罪に繰り返し及んでいるときに、少年刑が科されうる。したがって、加重構成要件が初めて満たされたという場合や軽微犯罪に繰り返し及んでいるということも、少年刑の賦課を正当化しない。

ここでは、さらなる要件が付け加わる。それは、少年が新たに非行に及んでおり、なおかつ将来においても同様の行為を阻止するのに不十分であるという意味で、他の処分がこれまでに「成果がなかった」ことが証明される、という要件である[202]。

18.6.3 少年行刑法

行刑法の必要性に関する連邦憲法裁判所の決定[203]以来、少年刑の執行も法律上の基盤が必要であることが明らかになっている[204]。行刑法も少年行刑に関する行政規則（VVJug）も、こうして必要になっている法律的な基盤とはならず、独立した少年行刑法が憲法上不可欠であるということは、この間、学説において一致して認められた意見となっている[205]。それは、行刑法は成人に対する執行を規律しており、異なった原理を追求し、少年行刑とは違うように形成されているからである。少年行刑に関する行政規則は〔あくまで〕行政規則であり、求められている法律としての性格を形式的に持ち合わせていな

---

202 少年が新たに非行に及んでいるということにより、社会教育的な意味において処分が成功したか否かが言い表されるわけではない。
203 BVerfGE 33, S. 1 (=NJW 1972, S. 811 ff.).
204 現在の状況が憲法違反であると考えられるとするアクチュアルな議論と論証については、Mertin, ZRP 2002, S. 18 (18 ff.); Wapler, Strafvollzug ohne Gesetz, S. 195; Wölfl, ZRP 2002, S. 235 (235 f.); ders., ZRP 2000, S. 511 (512 ff.); Bamann, RdJB 2001, S. 24 (24 ff.).
205 最近のものとして、その他の多くの文献とともに、Ostendorf, Anmerkung zum Vorlagebeschluss des AG Herford, v. 23.4.01 – Az.: 3b Ls 65 Js 1737/00, DVJJ-Journal 2001, S. 431 (432) を参照。Binder, StV 2002, S. 452 (454). Die Vorlagebeschlüsse des AG Herford vom v. 23.4.01, DVJJ-Journal 2001, S. 427 (= StV 2002, S. 455), 及びvom 12.6.02 – Az.: 3b Gs 153/02 並びに die Vorschlagebeschlüsse des AG Rinteln vom 25.10.2001 - Az.: 6 Ls 201 Js 8588/00 (1/01) Jug.も参照のこと。

い[206]。

　立法者は、過去数十年間、種々の準備にもかかわらず、こうした法律上の基盤を築くことに成功してこなかった。立法者が〔少年行刑法の制定を〕ぐずっていることについて、〔少年行刑法の必要性とそれが制定されていないことの問題性を指摘する一方で、その状態に当時の立法者には責任がないと判断した〕1972年の連邦憲法裁判所決定が述べたように、そのことに立法者の責任はないということは、この間言えなくなってしまっている。むしろ、少年行刑の違憲性というところから話を始めなければならなくなっているのである。それゆえ、本委員会は、少年行刑法の可決・成立が次の立法期における最も差し迫った法政策プロジェクトであると考えている。

18.6.4 閉鎖的収容

　ここ数年、〔福祉法制上の〕閉鎖的収容の拡大要求が再び盛んになっている。ハンブルクの社会局長シュニーダー＝ヤストラムは、ついに来年〔2003年〕このハンザ都市が閉鎖施設の定員を90人分増員することを公表し、「未成年者を未成年者自身から守るために、そして市民を未成年者の犯罪行為から守るために、将来的には、必要かつ法的に許される範囲で厳しく対応する」[207]ことを予告した。

　現在、連邦全体で、閉鎖的施設には約130人分の居室がある[208]。近年、そのような収容に携わっている専門家からは、この数が十分ではなく、定員の増加が必要であるという声は聞かれなかった。それに対して、いくつかの評価は、〔少年を〕閉鎖的収容へと押しやることは、しばしば管理を行う機関の職員に過当な要求をもたらすことになることを指摘している[209]。

　閉鎖的施設を——それは極めて大きなコストが掛かるのであるが[210]——拡大することで、〔人的・物的〕資源はそこに縛りつけられ、教育上本質的に意

206　Binder, StV 2002, S. 453; AG Herford, DVJJ-Journal 2001, S. 427 (429f.).
207　http://fhh.hamburg.de/stadt/Aktuell/behoerden/soziales-familie/start.html
208　Plewig, DVJJ-Journal 2002, S. 163.
209　Pankofer, DVJJ-Journal 1998, S. 125 (127).
210　1人あたり掛かるコストは、月に約6,000ユーロ（12,000ドイツマルク）〔約85万円〕である。Pankofer, aaO., S. 126.

味を持つ他のプロジェクトから離れることになる[211]。加えてそれは、視点にずれを生むことにもなる。すなわち、困難に陥っている当事者（少年とその家族）を早期に支援する必要性やそこで援助機関が待機しているといったことから離れ、全てがうまく行かなくなった場合に投入される、冷たい（その上結局は救いのない）社会衛生（die Sozialhygiene）による対応へと視点をずらすのである。出口の状態がこのようなものであることを考えると、本委員会は、閉鎖的収容の拡充は時代に適っていないと考える。それどころか反対に、考えられうる限りの観点からすれば、それは非建設的なものである。

条文の提案：
第17条は次のように規定する。
　第17条［少年刑］
　(1)　少年刑は、少年刑事施設における自由の剥奪である。
　(2)　少年裁判所は、次の場合に、少年刑を科すことができる。
　　1．少年が、生命に対する故意の犯罪行為若しくはその他人身に対する重大な暴力犯罪に及んだとき、又は、
　　2．行為時に16歳以上である少年が、その他の重大な犯罪行為により繰り返し有罪の言い渡しを受けており、これまでに他の処分に効果がなかったことが証明され、かつ、将来同様の行為を防ぐために他の処分では十分ではないとき。
　　少年が、ひとつの重罪又は一般刑法により刑の下限が引き上げられる可能性のある軽罪を犯したときには、原則としてその他の重大な犯罪行為となる。

18.6.5 少年刑の期間

　本委員会は、刑の上限を10年から15年に引き上げるという政治の場で繰り返し提起されている要求[212]に反し、青年に対する少年刑の上限を10年に据え

211　ハンブルクの政権党は、このことを連立協定に記録していた。「犯罪性の強い者（特に暴力犯や麻薬の密売人）のために、閉鎖施設に必要な数の定員を用意する。施設は、教育的な援護に関する現代的な原則に適うものにする。その際、周辺のラントとの協働が目指される。処罰の代替策として若年犯罪者が社会的経験を得るために行われている旅行は、取りやめる。」

置き、少年に対しては5年に引き下げることを支持する。それについて考慮されるのは、まさに少年年齢時には、同じ期間であっても成人の場合とは比べものにならないほどの成長が起こるものであり、したがって、少年にとって5年という期間は、すでに決定的な意味を持つ長い時間である、という認識である。社会への再編入のチャンスを考えても、少年の場合における少年刑の期間は、可能な限り短く抑えられるべきである。この提案は、10年という上限の刑を極めて稀にしか科していない少年裁判所実務に見合っている[213]。5年から10年という刑の範囲も、実務ではほとんど使い尽くされていない。80年代の終わり以来、5年を超える少年刑を科されているのは連邦規模で年間100人を下回っており、それは少年刑法により制裁を受けた者の0.05％を下回り、少年刑を言い渡された者の1％に満たない[214]。したがって、政治の場やメディアで好んで要求されている長期の刑の「必要性」は、少年裁判所の実務では確認されない。こうした要求は、むしろ法政策上のシンボリックな行動として評価されるべきものである。

少年刑の期間も、「必要な教育的な影響づけ」ということで、もはや根拠づけられえない。少年刑は、教育上意味を持っておらず、あるいは教育的な効果のある処分ではなく、特に重大な不法を処罰するための刑法的な手段である。もっとも、行為の重大性の他、少年刑により少年の将来の生活に期待できる効果が量定の出発点にはなる。しかしその際にも、行為責任の範囲は超えられてはならない。

条文の提案：
第18条は次のように規定する。

第18条［少年刑の期間］

(1) 少年刑の下限は6月、上限は5年とする。
(2) 少年が行為時に18歳以上であるときに、一般刑法により10年を超

---

212 バイエルンによる連邦参議院への動議, BR-Drs. 662/97, 449/99 とバイエルンとザクセンによる動議, BR-Drs. 459/98.
213 1987年から1996年までの期間において、全体で74人が最高刑を言い渡されている。年間にすると1人から13人という数である。vgl. Schulz, MschrKrim 2001, S. 311.
214 Ostendorf, JGG, Grdl. zu §§ 17-18 Rn.5.

える自由刑が最高刑として規定されている重罪が行為について問題になる場合には、上限は10年とする。
 (3) 一般刑法の刑の範囲は、適用しない。

  少年刑も、犯罪行為と関係しない生活を少年が送ることができるようにするという目的を持つ。

  少年刑の量定にあたっては、刑罰により社会における少年の将来の生活にとって予想されうる積極的効果及び消極的効果が考慮されなければならない。

  行為責任により定められる範囲は、超えられてはならない。

18.7 少年刑の賦課及び執行の延期

 自由刑はウルティマ・ラティオとしてのみ科され、執行されるべきことを考えると、少年刑の執行を延期し、あるいはその賦課を留保できる柔軟な可能性が裁判所に委ねられなければならない。現行の少年刑法は、以下のような留保付の決定を裁判所に認めている点で、すでに大きな可変性を持っている。

- 一定の保護観察期間、少年刑の賦課を留保する可能性（少年裁判所法第27条、**18.7.1**を参照のこと）
- 保護観察のための執行の延期（少年裁判所法第21条以下、**18.7.2**を参照のこと）
- 執行の延期に関する決定を延期する可能性——これについては解釈上争いがある——（少年裁判所法第57条から導き出される「事前の保護観察」、**18.7.3**を参照のこと）
- 保護観察のための残余刑の延期（少年裁判所法第88条、**18.7.4**を参照のこと）

 こうした制度で保証されているのは、少年刑の賦課に関する決定から、執行中の場合に至るまで、保護観察の留保の下でいつでも自由剥奪の回避がなされうる、ということである。したがって、本質において現行法による選択が維持されるべきであるが、個別的にはそれぞれの法律要件を改正し、明確に

もする必要がある。

18.7.1 少年刑の前の保護観察（少年裁判所法第27条）

　現行の少年裁判所法27条によれば、調査の可能性を尽くした後に、「有害な性向」があるかどうかを確実に判断することができない場合、少年刑の賦課に関する決定を、一定の保護観察期間のために延期することができる。〔本委員会の提案のように〕少年刑の要件としての「有害な性向」を放棄する実体処分制度も、このような「少年刑の前の保護観察」と無縁ではない。〔本委員会が提案する〕少年裁判所法第17条第2項第2号の新しい規定によれば、人身に対する重大な暴力犯罪以外の犯罪行為を理由とする少年刑の賦課は、他の処分がこれまで成功しておらず、なおかつ将来も成功を約束しないという要件と結びついている。このようなメルクマールに関しても、あらゆる調査の可能性を尽くした後に、少年刑の代替策が成功を約束するかどうか疑問が残ることがありうる。

　証拠調べの後、裁判所が少年刑の要件〔が満たされるか否か〕になおも疑いを差し挟むような場合、本来であれば、「in dubio pro reo〔疑わしきは被告人の利益に〕」の原則にしたがい、少年刑の賦課は完全に見合わせられなければならないはずである。つまり、少年裁判所法第27条は、無罪推定原則を制限しているのであり、それゆえ〔本来であれば〕厳格に運用されなければならないものである。〔しかし〕それは少年を有利とするための「最後のチャンス」としての機能を実務で獲得しており、そのようなものとして大きな成功を収めているのであるから、この原則を破ることは許されうる。すなわち、1996年において、少年裁判所法第21条による執行の見合わせの場合に、保護観察が取り消されずに終了する割合が74%であるのに対し[215]、少年裁判所法第27条による宣告猶予の場合、その割合は98.8%に達している。しかし、保護観察の取消しに関する要件は、従来よりも厳格に規定されなければならない。〔現行少年裁判所法第30条に規定されているように〕幅広い解釈の余地がある「不良な行状」は基準となるべきではなく、さらなる犯罪行為に及んだということが、明確な基準とされるべきである。同時に課される指示や遵守事項に対する違反

---

[215] より新しい数字は、Statistisches Bundesamt, Fachserie 10, Reihe 5 (Bewährungshilfe).

も、代替拘禁がそれに関係する制裁となることから〔保護観察の〕取消しを根拠づけることはできない。

条文の提案：
第27条は次のように規定する。
第27条［少年刑の前の保護観察］
調査の可能性を尽くした後に、社会内処分がこれまで成功を収めておらず、かつ、将来犯罪行為を防ぐために十分ではないかどうかが確実に判断できないときには、少年裁判所は、少年の責任を確定した上で、裁判官が定める保護観察期間の期間中、少年刑の賦課を留保する。

第30条［少年刑の賦課；有罪言い渡しの抹消］においては、第1項が次のように規定される。
(1) 保護観察期間中、新たな犯罪行為が行われ、かつ、少年裁判所が、社会内処分がこれまで成功を収めておらず、将来犯罪行為を防ぐために十分ではないとの見解に至ったときには、少年裁判所は、有罪を言い渡した時点においてその要件の確実な判断ができたならば言い渡していたはずの刑を言い渡す。

18.7.2 少年刑を言い渡す場合の保護観察のための刑の延期

現行法によれば、2年までの少年刑は、保護観察のために延期されうる（少年裁判所法第21条第1項及び第2項）。文言と法律の趣旨にしたがえば、こうした刑の延期は原則的なものである。1年から2年までの少年刑に関しても、1990年の少年裁判所法第一次改正法以来、保護観察が言い渡されなければならないことになっている。2年を超える自由刑も保護観察のために延期できるようにすべきであるという要求は、繰り返し提起されている[216]。

保護観察の要件の拡張

これとは異なって、DVJJの委員会は、保護観察のための刑の延期を3年の少年刑まで拡張することを求める。保護観察のための刑の延期は、極めて成

果の大きいものであることが示されてきた。1986年以来、少年刑の場合に保護観察のために延期された割合は、大まかにいえば変わることなく、70％に至っており[217]、保護観察のための延期は、明確に身体拘束を回避するための効果的な手段として受け容れられているといえる。再犯率は、保護観察なしの少年刑の場合よりも明らかに低くなっている[218]。

　保護観察の要件を拡張することで、同時に、少年行刑における現在の過剰収容にも対抗することができるだろうし、執行の負担も——財政的にも——軽減することができるだろう。このようにして刑の延期を拡張することで少年刑も拡大されるという危険性、すなわち3年までの少年刑がより頻繁に科されるようになるという危険性には、〔本委員会が〕提案しているように、少年刑の要件を狭く規定することで対処できる。

原則的な保護観察期間の短縮

　保護観察期間（少年裁判所法第22条）について考えなければならないのは、保護観察の下に置くことは、まさに少年や青年にとっては著しい負担であり、社会的なコントロールであるということである。このような理由から、保護観察期間を量定する際に2年という下限に近づけることが、すでに長い間、実務や文献の一部により提案されている[219]。この期間が、若年者の場合には、そうでなくとも成人の場合よりも著しい成長と変化が起こる人生の段階であるという事実に鑑みると、保護観察の成果を判断するのには、原則として2年で十分であるといえるであろう[220]。それゆえ、保護観察期間の最上限は3年から2年に引き下げられなければならない[221]。その際、すぐに保護観察が取り消されるのを避けるために、3年や——もう一度延長する場合には——4年への延長

216　成人刑法に関しては、最近、3年までの自由刑に〔保護観察を〕拡張することが、刑法上の制裁制度改革に関する法律のSPD草案（BT-Drs. 13/4462）により主張されている。もっとも、それは、暴力が用いられていない犯罪行為に限定されている。連邦司法大臣により設置された「刑法上の制裁制度改革のための委員会」は、2000年3月に提出した最終報告書において、成人刑法に関するこうした保護観察のための刑の延期の改革を拒否している。

217　Heinz, Konstanzer Inventar, III. 3.3.2.3.2, Schaubild 37, www.uni-konstanz.de/rtf/kis/sanks99d.htm; Eisenberg, JGG, § 27, Rn. 19における統計。

218　Ostendorf, JGG, § 21, Rn. 12における証明。

219　D/S/S-Sonnen, § 22, Rn. 2; Ostendorf, JGG, § 22, Rn.2; Eisenberg, JGG, § 22, Rn. 3; その他、Böhm, RdJB 1973, S. 33 (37)における統計を参照。

を、引き続き行いうるようにする。

保護観察官による一貫した援護

　少年裁判所法第一次改正法において、有罪の言い渡しを受けた者のために保護観察官が援助を行いうる〔最長〕期間は、一律に２年に制限され、それ以来、〔保護観察官による援護がない期間が生じる形で〕保護観察の期間が援護期間と必ずしも一致するわけではなくなっている。このような規定を根拠づけたのは、保護観察期間の最初の数ヶ月に援護のための時間をより多く集中させるために、〔最長期間を限定することにより〕保護観察官の負担を軽減するようにしたいという希望であった。立法理由において述べられるのには、２年を超える援護は、多くの事案において犯罪予防上価値を持っていない[222]。こうしたことを考え、原則的な保護観察期間も短縮する、という結論が得られるとされたのである[223]。しかしこれとは反対に、実際上、ここで持ち出されているような立法理由では、保護観察期間と援護期間の関連づけを外すことはできない。

　〔1990年の少年裁判所法第一次改正法によるこの点の〕法改正は撤回されなければならず、有罪の言い渡しを受けた者には、保護観察期間の全体に渡って保護観察官による援助が行われなければならないことが、明確に規定されなければならない[224]。その際、保護観察期間を終えるために援護の強度を弱める可能性が常になければならない。保護観察の下に置かれることによる負担は大きく、保護観察が取り消され、少年刑が執行されることのリスクは大きい。そのため、この期間の一部だけであったとしても、それについて管轄権と専門的知識を持つ相談相手なしに若年者を放っておくことは許されない。

220　２年という期間が原則的に十分な証明力を持つことは、D/S/SSonnen, § 22, Rn. 2の統計からも明らかである。保護観察のために延期された少年刑が過去40年間で極めて大きく増加していること、つまり、実績を上げてきたことも、統計が示している。vgl. Ostendorf, JGG, Grdl. z. §§ 21 - 26a, Rn. 5.
221　Ostendorf, JGG, Grdl zu §§ 21-26aもこれと同様である。
222　BT-Drs. 11/5829, S. 20.
223　D/S/S-Sonnen, § 24, Rn. 9; Ayass, BewHi 1990, S. 117 (119).
224　Ayass, BewHi 1990, S. 117 (119)による法改正の提案も参照のこと。

保護観察の事件数を減らすこと

　保護観察官の活動が有意義に満たされうるのは、個別的、定期的で信頼の置ける援護を確実にするために、担い手となる者が対象者のために十分な時間を割くことができる場合だけである。〔保護観察官1人あたり〕80件という平均的な負担は、この種の専門的な活動にとっては著しく重い。それゆえ、保護観察官1人あたりの対象者数は、明確な形で減らされなければならない。この点で模範となるのは、官職の保護観察官1人が受け持つ事件数を最大20人の対象者に固定しているオーストリアである[225]。

　このようにして保護観察期間を減らし、保護観察官による一貫した効果的な支援を行うことによってのみ、保護観察が取り消されるリスク、したがって最終的には身体拘束が行われるリスクが減少させられうる。

　条文の提案：
　第21条［刑の延期］第2項において「2年」の語を「3年」という語に代える。
　第22条［保護観察期間］においては、
　a.) 第1項における第2文を次のように規定する。
　　　保護観察期間は、2年を超えてはならず、1年を下回ってはならない。
　b.) 第2項における第2文を次のように規定し、第3文を削除する。
　　　保護観察期間は、保護観察の目的を達成するために必要なときには、事後的に下限の期間まで短縮でき、又は満了前にそれぞれ1年の延長を2回まで行うことができる。
　第24条［保護観察］においては、
　a.) 第1項における第1文で「最長2年間」の語を代替なく削除する。
　b.) 第2項における第2文を代替なく削除する。

18.7.3　少年刑を言い渡す場合の「事前の保護観察」

　現在、少年裁判所法第57条からは、裁判官が少年刑を科し、保護観察のための延期に関する裁判を一定期間留保する可能性が、多様に読み取られて

225　Jesionek, S. 285を参照。

いる[226]。この可能性は、予測が不良であるために、判決の言い渡し時に保護観察のための延期はできないが、保護観察決定の理由となる〔少年に有利となる〕事柄を付け加えるチャンスをなおも少年に与える必要性がある場合に用いられることが稀ではない。もっとも、法の目的とは反対に、判決のために必要になる全ての情報が審判手続のために準備されなくなることになれば、このような規定は問題あるものになる。最後に、「事前の保護観察」は「報奨の制度 (Belohnungsinstitut)」としても利用されうる。この場合、刑の延期は試験期間中に示された〔少年の〕協力に対する報奨として認められる[227]。それゆえ、「事前の保護観察」の要件は明確に法律に規定されなければならず、審判手続の中で、このような予測を行うための情報が十分には存在していないことの根拠が明らかになっている場合に限られなければならない。特に、欠けている情報を収集できる原則的な期間は、6ヶ月に限られなければならない[228]。試験期間が保護観察期間を前倒しするものではないことも、保証されなければならない。それゆえ、保護観察官の選任は許されず、処分の命令は少年の同意を得てのみ許される[229]。援護の必要性が確認された場合に、保護観察と身体拘束の間で宙に浮いている間に少年を支え、保護観察を行ってみる方向に〔裁判所を〕傾かせる積極的な要件を創り出すためにふさわしい相談相手となるのは、少年援助である。

条文の提案：

第57条は、次のように規定する。

第57条［保護観察のための延期に関する裁判］

(1) 保護観察のための刑の延期に関する裁判は、原則として判決で行

---

226 Brunner/Dölling, JGG, § 57, Rn. 2; Eisenberg § 57, Rn. 8.
227 これについては、Walter/Pieplow, NStZ 1988, S. 165 (168 f.); Schaffstein/Beulke, Jugendstrafrecht, § 25 V., S. 167; Albrecht, Jugendstrafrecht, § 34, D., II., S. 272.
228 Schaffstein/Beulke, Jugendstrafrecht, § 25, V., S. 167とOstendorf, JGG, § 57 Rn. 4は3ヶ月を主張する。OLG Dresden, NStZ-RR 1998, S. 318は6ヶ月を求め、Flümann, S. 145による調査は、平均して4ヶ月が命じられていることを明らかにしている。
229 しかし、〔実務上〕大抵の場合には、少年裁判所法第8条第2項第1文、第10条、第15条との対比において、この期間中は、保護観察官と連絡をとるよう指示が出されている。Schaffstein/Beulke, Jugendstrafrecht, § 25, V., S. 167.

わなければならない。
(2) 例外的に、保護観察のための少年刑の延期は、刑の開始までに決定により命じられることができる。

この決定のための要件は、
1. 裁判のために必要な情報が、判決の時点でまだ存在していなかったこと、又は、
2. 審判手続における情報、特に少年の供述による情報に基づき、保護観察のための刑の延期を許す積極的な見込みがあること、である。

(3) 事後的な保護観察の延期の可能性がある事件には、次の要件が当てはまる。
1. 期間は、最長6月とする。
2. 少年及びその法定代理人は、決定の意味について詳細に教示されなければならない。
3. 裁判の時点において少年が保護観察の下にはない場合、この期間の間、保護観察官は選任されてはならない。少年援助による援護の管轄権はそのまま残る。
4. 社会内の処分は、少年の同意を得てのみ、命じることができる。
5. 社会内の処分が履行されたときには、後に行われる保護観察のための刑の延期の際に、そのことが考慮されなければならない。保護観察のための刑の延期の枠組みにおいて延期が行われないときには、そのことを考慮する必要はない。

18.7.4 保護観察のための残余刑の延期

　保護観察のために残余刑を延期する可能性は（少年裁判所法第88条）、少年刑の場合に服役期間が比例性を失するのを避けるという目的を持っている。援助的に形成される少年行刑であっても有害な結果を持つことは争いようがない、ということを考えれば（行刑法第3条第2項を参照）、有罪の言い渡しを受けた者が、執行の目的を達成するために必要である範囲よりも長く〔司法執行施設に〕留まらないようにすることが、目指されなければならない。執行の目的は、少年刑法の一般的な目的と同じで、犯罪行為のない生活を送ることがで

きる(法に適った行動をとることができる)能力を与えることである。

釈放の期間、審査の義務

　実務上保護観察のための残余刑の延期は極めて多様に運用されている[230]。釈放時点までに服されている刑の割合は、大抵は6月よりも短いか、6月から1年までの間である[231]。裁判所は、一般刑法〔第57条〕にいう3分の2の時点に見合う形で運用を行っており、大半の場合、この期間が過ぎた後にはじめて少年や青年を釈放している[232]。暗黙裡に成人刑法との対比が行われていることは、少年裁判所法第88条の明確な基準(〔刑期の〕3分の1もしくは6月の部分的な服役が唯一の要件とされていること)を考えると、是認されえない。それゆえ、残余刑の延期に関する新しい規定では、明確な期間を定め、その経過後に執行指揮者が残余刑の延期の可能性を審査しなければならないようにする規定が、置かれなければならない。それに加えて、そうした審査義務は、被拘禁者の平等な扱いを促し、被収容者が「忘れられる」ことを防ぐことにもなる。

判断基準

　現在の判例や実務において残余刑の延期の可能性が判断されている基準にも、問題があると考えられる[233]。ここでは、しばしば、制裁の賦課とその執行のレベルが混同されている[234]。しかし、責任もしくは犯された不法の大きさという観点は、制裁の賦課の場合にのみ用いられるものであり、制裁の執行が

230　v. Moers, Die vorzeitige Entlassung aus dem Jugendstrafvollzug, 1995における統計を参照。
231　Ostendorf, JGG, Grdl. z. §§ 88 – 89a, Quelle: Statistisches Bundesamt, Fachserie 10, Reihe 5における統計を参照。
232　D/S/S-Sonnen, § 88, Rn. 3, 10 その他多くの文献がある。
233　例えば、LG Bonn, NJW 1977, S. 2226 (2227). 裁判所は、贖罪の観点に焦点を合わせ、刑の3分の2に服役した場合ですら、行為や有罪の言い渡しを受けた者の人格に特別な事情がある場合、又は特に重大な理由がある場合にのみ、執行の延期を考慮している。
234　判例の一部においては、少年の特性の考慮に背くような、責任の埋め合わせや応報、贖罪が重視されている。これに関しては、LG Bonn, NJW 1977, S. 2226 (2227); LG Berlin, NStZ 1999, S. 102 (103)を参照。これに対する批判として、D/S/S-Sonnen, § 88, Rn. 12; Schönberger, Anm. zu LG Berlin, NStZ 1999, S. 103 (103 f.).

延期されうるかどうかの判断の際にも用いられるものではない。この裁判に関しては、執行目的が達成されたかどうかが唯一の基準である[235]。成人刑法に関して、連邦憲法裁判所は、責任の重さも贖罪の思想もあるいは一般予防の観点も、延期の裁判に流れ込むことは許されないと判断している[236]。まさに同じことが少年行刑からの釈放にも当てはまる[237]。それゆえ、延期決定のための唯一の判断基準は、将来の法に適った行動、もしくは住民が危険に脅かされることを考慮に入れた予測である[238]。職業教育の終了といったような誤って考えられた教育的な観点も、この問題では場違いである。むしろそのような場合に必要とされているのは、行刑外のふさわしい職業教育組織へ、〔少年が〕円滑に移ることができるよう準備を行うことなのである。

ドイツ人ではない被拘禁者を対等の立場に置くこと

この関係を明確にしておくことは、国外に引き渡されあるいは国外追放されるべきものとされている（刑事訴訟法第456条aを参照）ドイツ人ではない被収容者を対等の立場に置くことにも寄与するであろう。国外追放を確実にすることは、拘禁期間を引き延ばす理由にはならない。

条文の提案：
第88条［少年刑の残余部分の延期］においては、
a.）従来の第1項の前に次の新しい第1項を挿入する。
 (1) 少年刑は、執行目的を達成するために必要であるよりも長く執行されない。
b.）従来の第1項を第2項とし、次のように規定する。
 (2) 有罪の言い渡しを受けた者が刑の一部に服し、かつ、一般の安全の利益を考慮してもなお、少年の成長に鑑みて責任を持ちうるときには、執行指揮者は、保護観察のために少年刑の残余部分の執行を延期する。

---

235 Sonnen § 88 Rn 10.
236 BverfG, NJW 1994, S. 378.
237 特に、不利な地位に置かれない原則に注意を払った場合、そうである。
238 D/S/S-Sonnen, § 88, Rn. 10も同様である。

c.) 従来の第2項を第3項とし、次のように規定する。

　(3)　少年刑の3分の1、しかし最低でも6月の服役以前においては、残余部分の執行の延期は、特に重要な理由からのみ命じることができる。

d.) 従来の第3項を第4項とし、次のように規定する。

　(4)　執行指揮者は、刑の3分の1の服役後にはじめて、第2項及び第3項による保護観察のための延期に責任を持ちうるかどうかを職権で審査し、その他、6月ごとに職権並びに有罪の言い渡しを受けた者、教育権者又は法定代理人の申請に基づく審査を行う。

　執行指揮者は、有罪の言い渡しを受けた者が釈放後の生活のために必要な措置をとることができるよう、その裁判を可能な限り早期に行うべきものとする。

　新たに生じた事実又は新たに知られた事実に基づき、一般の安全の利益も考慮し、少年の成長に鑑みて延期にもはや責任を持つことができないときには、執行指揮者は、有罪の言い渡しを受けた者の釈放までにその裁判を取り消す。

e.) 従来の第4項を第5項にし、次のように規定する。

　(5)　執行指揮者は、検察官及び施設長の意見を聴取した上で、この裁判を行う。

　有罪の言い渡しを受けた者並びに申請が行われるときには、教育権者及び法定代理人は、口頭により意見を述べる機会が与えられなければならない。

f.) 従来の第5項は代替なく削除する。第6項は、改正せずそのままとする。

さらに、これらの規定の他に、弁護人のついていない少年に対しては、いかなるものであっても自由剥奪の命令が許されることがないよう（子どもの権利条約第40条第2項(b)を参照）、そして第88条による決定の際にも弁護人が協力しなければならないようにするために、〔必要的弁護に関する〕第68条が改正されなければならない。

18.7.5 刑の延期の取消し

　保護観察のための刑の延期の取消しに関する少年裁判所法第26条は、実体処分の新しい制度に即応させられなければならない。その際、本委員会は、第26条第1項第2号及び第3号において指示及び遵守事項に対する違反について異なった扱いがなされていることを時代遅れのものと考える。本委員会は、保護観察の遵守事項の遵守は、それ自体が自己目的なのではないという見解である。したがって、刑の延期の取消しは、保護観察遵守事項に対する（著しい、もしくは執拗な）違反又は保護観察官の意見により、新たな非行のおそれが同時に裏づけられる、というふたつの場合にのみ許されるものとする。遵守事項違反であっても、このようなおそれが裏づけられない場合には、そのことで、〔すぐに刑の延期の取消しが行われるのではなく、単に〕少年の自由権を少なからず侵害する遵守事項の正当性も崩れていることが、示されることになる。

　本委員会は、圧倒的多数で、保護観察の遵守事項違反に不服従拘禁で制裁を加えることに反対する。この点で、それは代替拘禁の場合にとどまることになる。

　どのような措置を少年刑の保護観察遵守事項として認めるべきなのかという問題に関して、過料や労務の給付は考慮されないということに、本委員会では意見の一致がある。同様に、入口拘禁の賦課も断固として拒絶される。

　それに対して、少年援助による援助提供の受け容れは、保護観察遵守事項として命じられうる。それに対して、併合、すなわち制裁の積み上げの対象としては、少年援助による援助提供の受け入れは、本委員会により拒否される。

　併合できるのは、損害回復、運転禁止又は運転免許の剥奪である。

条文の提案：
第26条［刑の延期の取消し］においては、
a.）第1項を次のように規定する。
　(1)　次の場合には、少年裁判所は、少年刑の延期を取り消すことができる。
　　　1．少年が保護観察期間中に犯罪行為に及び、かつ、そのことにより、刑の延期の基礎となった期待が満たされなかったとき、

2．少年が、保護観察遵守事項に著しく、若しくは執拗に違反し、
　　　又は保護観察官の監督から逃れており、かつ、そのことで新たに
　　　重大な犯罪行為に及ぶおそれが根拠づけられるとき。
　b.) 第2項の第1号においては、次のように規定する。
　［但し、次のもので足りる場合には、裁判官は取消しを見合わせる］
　　　1．新たな遵守事項を与えること

18.8 収容

　精神病院や離脱治療施設への収容についても、少年によく見られる特徴的な事柄に要件を合わせなければならない。このふたつの処分は自由の剥奪であり、その点で自由刑と同様に少年に特に負の影響をもたらす。加えて一段と強く指摘しておかなければならないのは、双方の収容形態に関しては、法に見合う形での収容の形成と処分の効果に対して著しい疑問がある、ということである。したがって、一部には、精神病院への収容を単なる身体の拘束と見る見解もある[239]。

　それゆえ、少年裁判所法では、収容の要件が少年刑事手続の特別な要請に適合させられなければならない。その際に基礎をつくるのは、刑法第63条と第64条である。その上で、要件は、年齢に段階をつける形で、より制限的に規定されなければならない。このことは、一方できっかけとなった行為の適格性に、他方で（危険性判断の対象である）繰り返される犯罪行為に当てはまる。刑法第63条、第64条による要件は、したがって、必要条件ではあるが、十分条件ではない。

　本委員会の手による少年刑の賦課に関する基準をそっくりそのまま引き継ぐことに対しては、他方において、反復の危険性、つまり少年が犯罪行為に再び及ぶであろうという蓋然性が常に収容の要件にされるべきである、という意見があった。いずれにしても、本委員会の提案によれば、14歳と15歳の者の場合には、少年刑は問題にならない。それゆえ、重大な犯罪行為に及び、そうした犯罪行為に再び及ぶであろうと推測される14歳と15歳の者をどのように扱うべきかという問題のもとで、〔精神病院・離脱治療施設収容の〕要件が規

---

[239] Ostendorf, JGG, § 7, Rn. 9.

定されなければならない。解決策として示された提案は、刑法第63条、第64条よりも限定的な要件から出発している。それは、〔処分を科すために〕適性を持つきっかけとなる行為や繰り返される行為が要求されてはいるが、他方では、本委員会による少年刑に関する要件と比べて余りに狭いということはないからである。

〔刑法〕第63条から導き出される要件を超えて、ここでは、他の処分では十分ではないことに収容を明確に係らせることが提案される。支配的な見解によれば、〔精神病院・離脱治療施設への収容を判断するにあたっては〕補充性の原則は考慮されないとされているので[240]、このことが必要になるのである。収容と結びついた自由剥奪が少年や若年成人にもたらす深刻な影響を考えると、まさにそのために、本委員会によって定立された諸原則からすでに明らかであるように、少年刑法の領域において収容を科す際に補充性の遵守に注意を払うことが必要なのである。

精神病院収容に関して、執行のさらなる必要性や保護観察のための延期の可能性の上で、裁判官が執行を審査しなければならない刑法67条eの期間は、1年から6ヶ月に短縮されなければならない。このことは自由剥奪の効果を考慮して必要になるだけでなく、特に精神医学による処遇が、少年の場合には成人の場合よりも速く変化をもたらしうるがゆえに必要になるのである。

条文の提案：
第30条の後に、次の第30条aから第30条cを挿入する。

第30条a〔精神病院における収容〕

(1) 裁判官は、次の場合には、刑法第63条の要件のもとで、精神病院への少年の収容を命じることができる。
　1．少年が、生命、身体若しくは性的自己決定に対する重大な故意の犯罪行為に及び、かつ、将来さらに同様の犯罪行為に及ぶことが予想できるとき、又は
　2．少年が、行為時に16歳に達しており、重大な犯罪行為に及び、かつ、将来さらに同様の犯罪行為に及ぶことが予想できるとき。

---

[240] SchSch-Stree, § 63 Rn.19 その他多くの文献がある。

収容は、一般に対する危険を取り除くために、他の処分では十分でない場合にのみ、命じることができる。
(2) 比例性の審査にあたっては、少年期に特徴的に見られる自由剥奪による特別な重大な結果が考慮されなければならない。
(3) 刑法67条e2項による審査期間は、6月とする。

第30条b［離脱治療施設における収容］

裁判官は、次の場合には、刑法第64条の要件のもとで、少年を離脱治療施設に収容することを命じることができる。
1．少年が、生命、身体又は性的自己決定に対する重大な故意の犯罪行為に及び、かつ、将来さらに同様の犯罪行為に及ぶことが予想できるとき、又は、
2．少年が、行為時に16歳に達しており、重大な犯罪行為に及び、かつ、将来さらに同様の犯罪行為に及ぶことが予想できるとき。
収容は、一般に対する危険を取り除くために、他の処分では十分でない場合にのみ、命じることができる。

第30条c［収容と少年刑］

精神病院又は離脱治療施設での収容が命じられる場合、少年刑よりも先に収容が執行される。
収容の期間は、少年刑の期間に算入する。
刑法第67条、第67条cは、適用しない。

第93条a［離脱治療施設における収容］では、
a.) 表題において「離脱治療施設における収容」の語の前に「精神病院又は」の語を挿入する。
b.) 2項の後に、次の新しい第3項を付け加える。
(3) 精神病院又は離脱治療施設における収容は、少年のための特別な区画で行われる。

19. 未決勾留と未決勾留回避

　未決勾留がまさに若年者の場合に特に有害な影響を持つことは、長い間知られている。〔未決勾留により〕少年は社会環境から切り離される。そのことにより、しばしば、社会関係の破壊や職業教育の場や職場を失う危険までが帰結される。通例、未決勾留が、少年行刑よりも厳しい条件の下で行われ、有意義な作業や適切な援護、付添いもなく行われるという執行の実現では、ショックによる動揺、抑鬱、そして自ら発起して活動するあらゆる気力を喪失することにまで至ることが稀ではない。同時に、拘禁施設における犯罪にかかわる副次文化による負の影響が、〔これまで〕十分に指摘されてきた。

　未決勾留は、少年や青年に対しても、しばしば、審判手続の遂行を確実なものにするという未決勾留の本来の目的とは全く関係のない*典拠の疑わしい拘禁理由*（apokryphe Haftgründen）に基づいて、命じられている。未決勾留は、法の目的設定に反して、短期の教育刑や後の保護観察のための基礎という意味で、制裁的な処分として用いられている[241]。至るところで、軽い犯罪であるにもかかわらず、それに対して未決勾留が命じられており、未決勾留の賦課は比例性を失しているように思える[242]。すでに現存している未決勾留回避の代替手段も、極めて稀にしか用いられていない。

　未決勾留を命じるための要件は、可能な限り未決勾留を回避するという明確な目的から、立法者により厳しくされている[243]。しかし、すでに述べたように（**4.4 不利な地位に置かれない原則**）、実務はこれとは反対の方向で展開していることが指摘されている。すなわち、少年に対しては、成人よりも頻繁に、そして長い未決勾留が命じられている[244]。それゆえ、新しい規定が対象とすべきは、一方では、未決勾留を命じ執行する法律上の要件であり、他方では、

---

[241] *典拠の疑わしい拘禁理由*についての詳細は、次の文献を参照。Heinz, in: Grundfragen des Jugendkriminalrechts und seiner Neuregelung, S. 369 (387 f., 388 ff.); *ders*., in Wolff / Marek, S. 28 (36); *ders*., BewHi 1987, S, 5 (24 ff); Ostendorf, JGG, Grdl. zu §§ 71 - 73, Rn 5, § 72 Rn 4.

[242] Ostendorf, JGG, Grdl. zu §§ 71 - 73 Rn. 5 その他多くの文献がある。

[243] Ostendorf, StV 1998, S. 297 (300); Konstanzer Inventar, III: 3.4, www.uni-konstanz.de/rtf/kis/sanks99d.htm, そのSchaubild 19も参照。

適切な代替処分を命じることで未決勾留を回避する可能性をこれまでよりも強く用いなければならないこと、ということになる。

19.1 未決勾留の回避

　未決勾留を回避する可能性に関係する少年裁判所法第71条第2項の規定は、未決勾留回避のための施設と構想がこの間極めて多様な形で出現している、という事情に適合させられなければならない。閉鎖的収容、開放的収容の他、集中的な社会内の援護といったいくつかの形態が、同様に、法文の中に含まれなければならない[245]。未決勾留を回避するための費用を司法が負担することになっていることを考えても、このことは重要である。この点で、社会保障法典第8編による開放的な〔措置の〕提供は自治体によって担われなければならなかったという難しい問題が、実務上部分的に存在している。ここで司法は、拘禁を回避する多くの可能性を自由にできなければならないことと、適切に財政支出するということに対して、もっと関心を寄せるべきであろう。ところで、未決勾留の代替策を促進することは、北京ルールズの13に定められる基準にも相応する[246]。それによれば、未決勾留は、可能な限り、綿密なスーパービジョン、家庭や教育施設、ホームへの収容などの他の措置により代替されなければならない。ここでも、柔軟で多彩な社会内・開放的・閉鎖的な施設内の代替策が話題にされているのである。

19.2 比例性

　最近の研究によれば、多くの事件において、未決勾留は、軽微な犯罪に関連して科されている。未決勾留下にある少年や青年のうちわずか40％弱しか

244　Pfeiffer (Fn. 30), S. 60 (62, 68, 70), Heinz, in: Grundfragen des Jugendkriminalrechts und seiner Neuregelung, S. 386; *ders.*, in Jugendstrafrechtsreform durch die Praxis, S. 13 (32 f.); *ders.*, BewHi 1987, S. 5 (25); Ostendorf, JGG, § Grdl. zu §§ 71 - 73; *ders.*, in: StV 1998, S. 297 (300); Konstanzer Inventar, III: 3.4, www.unikonstanz.de/rtf/kis/ sanks99d.htm、そのSchaubild 19も参照。
245　これについては、DVJJ Niedersachsen, DVJJ-Journal 1996, S. 401を参照。
246　これは、BMJ 2001, S.80において公にされている。

〔保護観察のために延期されない〕少年刑の執行を受けておらず[247]、大都市部では、部分的にはもっと低いパーセンテージにあることが報告されている。このような実務は、比例性原則に違反する。それゆえ、未決勾留は、少年の場合には、手続において少年刑の言い渡しが予想されうる場合にのみ命じられるべきである。

　本委員会は、未決勾留の上限となる期間を予定することには反対する。しかし、本委員会は、未決勾留が科される事件では「最初の時点から」弁護人の参加が求められなければならないことが緊急に必要であると考えている。経験に基づけば、通例、少年は拘禁のために引致された状況下では、予想外の身体拘束のために深いショックに見舞われている。そうした状況ではより一層、少年は、適切で効果的に防御し、未決勾留の賦課に反対する視点を有効に働かせることができるような状態にはない。このことは、未決勾留賦課の法律上の要件に関係し、未決勾留回避の可能性を示すことには一層関係する。弁護人や少年援助の代表者の関与は、統計的に見れば、未決勾留の賦課や期間に影響を与える（これについては、**10. 少年刑事手続における弁護**を参照のこと）。

19.3　14〜15歳の者に対する未決勾留の賦課の禁止

　16歳未満の者のために自由剥奪処分を広い範囲において排除するという主張（上述、**17. 14〜15歳の者に対する自由剥奪処分の禁止**を参照のこと）に見合う形で、14歳の者と15歳の者に関する未決勾留が禁止されなければならない。この年齢集団に関係していた少年裁判所法第72条第2項のこれまでの制限は、そのままの形で16歳から18歳の者について当てはまるようにされなければならない。

　条文の提案：
　第71条［教育に関する仮命令］において、第2項は次のように規定される。

---

[247]　Jehle, Entwicklung der Untersuchungshaft (Hrsg. BMJ), S. 79; Ostendorf, JGG, Grdl. zu §§ 71 – 73 Rn. 6.

(2) 少年の成長をさらに危険にさらす事柄、特に新たな犯罪行為に及ぶことから少年を守るために、予想される処分を考慮してもそれが必要であるときには、裁判官は、少年援助の適切な施設における仮収容又は特別な社会教育的な援護形態を命じることができる。

第72条［未決勾留］においては、
a.) 第1項は、次のように規定される。
(1) 比例性の審査にあたっては（刑事訴訟法第112条第1項第2文）、執行が少年に与える特別な負担も考慮されなければならない。
　　少年刑が予想されない事件における未決勾留の賦課は、原則として比例性を欠く。
b.) 第2項における「16歳」の語を「18歳」の語に置き換え、次の文を第1文の前に挿入する。
　　14〜15歳の少年に対しては、未決勾留を科すことができない。
c.) 第4項は次のように規定される。
(4) 勾留状を発することができるのと同一の要件のもとで、少年援助の適切な施設における仮収容又は特別な社会教育的な援護（第71条第2項）も命じることができる。

参照文献

Adam, Hansjörg Albrecht, Hans-Jörg Pfeiffer, Christian	Jugendrichter und Jugendstaatsanwälte in der Bundesrepublik Deutschland. Kriminologische Forschungsberichte aus dem Max-Planck-Institut für ausländisches und internationales Strafrecht. Freiburg 1986
Albrecht, Peter-Alexis	Jugendstrafrecht 3. Auflage München 2000
Alternativkommentar zur Strafprozessordnung	Kommentar zur Strafprozessordnung Hrsg. Rudolf Wassermann Band 3 §§ 276 - 477 Neuwied, Kriftel, Berlin 1996 AK-[執筆者名]として引用。
Ayass, Walter	Regierungsentwurf zur Änderung des JGG BewHi 1990, S. 117 ff.
BAG fur ambulante Maßnahmen in der DVJJ	Neue Ambulante Maßnahmen Grundlagen – Hintergründe – Praxis Mönchengladbach 2000
Bammann, Kai	Ist der Jugendstrafvollzug verfassungswidrig? Zur Diskussion um die Notwendigkeit, ein Jugendstrafvollzuggesetz zu schaffen RdjB 2001, S. 24 - 34
Bernstorff, Christoph Graf von, et.al,.	Leitfaden für die Anordnung und Durchführung der „Neuen Ambulanten Maßnahmen " („Mindeststandards "); hrsg. von der BAG für ambulante Maßnahmen in der DVJJ Bonn 1992
Beulke, Werner	Die notwendige Verteidigung im Jugendstrafverfahren - Land in Sicht? in: Feuerhelm/Schwind/Bock (Hrsg) Festschrift für Alexander Böhm Berlin/ New York 1999
Beulke, Werner	Die notwendige Verteidigung in der rechtlichen Entwicklung in: Walter, Michael (Hrsg.) Strafverteidigung für junge Beschuldigte 1997 S. 37 ff.
Bietz, Hermann	Erziehung statt Strafe? Überlegungen zur Weiterentwicklung des Jugendkriminalrechts ZRP 1981, S. 212 - 220
Binder, Detlev	Verfassungswidrigkeit des Jugendstrafvollzuges StV 2002, S. 452 ff.

Böhm, Alexander	Einführung in das Jugendstrafrecht 2. Auflage München 1985
Böhm, Alexander	Zur sogenannten Staatsanwaltsdiversion im Jugendgerichtsverfahren in: Festschrift für Günter Spendel 1992 S. 777 - 794
Böhm, Alexander	Einführung in das Jugendstrafrecht 3. Auflage München 1996
Breymann, Klaus	Diversion in der Kritik Erwiderung und Ergänzung zum Beitrag: Müller:: Diversion im Jugendstrafrecht und rechtsstaatlichen Verfahren in DRiZ 1996, 443 DriZ 1997, S. 82 - 85
Breymann, Klaus/ Fischer, Henning	Projekte der Jugendhilfe gegen Ladendiebstahl Aspekte und Projekte – an Beispielen aus Sachsen-Anhalt u.a. Bundesländern DVJJ-Journal 2001, S. 291 ff.
Brunner, Rudolf	Jugendrichter und Jugendgerichtshelfer nach 20 Jahren Jugendgerichtsgesetz Zbl. 1973, S. 53 - 60
Brunner, Rudolf Dölling, Dieter	Jugendgerichtsgesetz Kommentar 11. Auflage Berlin/ New York 2002
Burhoff, Detlef	Handbuch für das strafrechtliche Ermittlungsverfahren 3. Auflage Recklinghausen 2002
Dessecker, Axel	Suchtbehandlung als strafrechtliche Sanktion Eine empirische Untersuchung zur Anordnung und Vollstreckung der Maßregel nach § 64 StGB. Wiesbaden 1996
Diemer, Herbert Schoreit, Armin Sonnen, Bernd-Rüdeger	Jugendgerichtsgesetz Kommentar 3. Auflage Heidelberg 1999 D/S/S-［執筆者名］として引用。
Dölling, Dieter (Hrsg.)	Das Jugendstrafrecht an der Wende zum 21. Jahrhundert Berlin/ New York 2001
Drewniak, Regine	Diversionsbewegung und Ambulante Bewegung: Zum Entstehungshintergrund der Neuen Ambulanten Maßnahmen in: BAG Neue Ambulante Maßnahmen in der DVJJ (Hrsg) Neue Ambulante Maßnahmen Grundlagen – Hintergründe –

	Praxis Mönchengladbach 2000 S. 233 - 244
Dünkel, Frieder	Freiheitsentzug für junge Rechtsbrecher Bonn 1990
Dünkel, Frieder Geng, Bernd Kirstein, Wolfgang	Soziale Trainingskurse und andere neue ambulante Maßnahmen nach dem JGG in Deutschland hrsg. vom Bundesministerium der Justiz Mönchengladbach 1998
Dünkel, Frieder Geng, Bernd Kirstein, Wolfgang	Neue ambulante Maßnahmen nach dem JGG – eine bundesweite Bestandsaufnahme DVJJ-Journal 1999, S. 170
Dünkel, Frieder Lang, Sabine	Jugendstrafvollzug in den neuen und alten Bundesländern Vergleich einiger statistischer Strukturdaten und aktuelle Entwicklungen in den neuen Bundesländern in: Mechthild Bereswill & Theresia Hönyck (Hrsg.) Jugendstrafvollzug in Deutschland, Grundlagen, Konzepte, Handlungsfelder Mönchengladbach 2002 S. 20 - 56
Dünkel, Frieder Rössner, Dieter	Täter-Opfer-Ausgleich in der Bundesrepublik Deutschland, Österreich und der Schweiz ZStW 99 (1987), S. 845 - 872
DVJJ (Hrsg.)	Verhandlungen des 6. Deutschen Jugendgerichtstages vom 17. bis 19. September 1924 Berlin 1925
DVJJ (Hrsg.)	Jugend im sozialen Rechtsstaat. Für ein neues Jugendgerichtsgesetz Verhandlungen des Deutschen Jugendgerichtstages 1992 Hannover 1993
Eisenberg, Ulrich	Jugendgerichtsgesetz Kommentar 9. Auflage München 2002
Flümann, Bernhard	Die Vorbewährung nach § 57 JGG Voraussetzungen, Handhabung und Bedeutung Freiburg 1983
Groß-Bölting, Andrea Kaps, Michael	Verteidigung in der Hauptverhandlung in: Bockemühl (Hrsg.) Handbuch des Fachanwalts Strafrecht 2. Auflage Neuwied 2001 S. 189 ff.
Hartmann, Arthur Stroezel, Holger	Die bundesweite TOA-Statistik in: Bundesministerium der Justiz (Hrsg.)

	Täter-Opfer-Ausgleich in Deutschland Mönchengladbach 1998 S. 149 - 202
Hefendehl, Roland	Täter und Opfer bei kindlicher Gewaltkriminalität JZ 2000, S. 600 - 608
Heinz, Wolfgang	Recht und Praxis der Untersuchungshaft in der Bundesrpublik Deutschland BewHi 1987, S. 5 - 31
Heinz, Wolfgang	Regierungsentwurf zur Änderung des Jugendgerichtsgesetzes RdJ 1990, S. 133 - 149
Heinz, Wolfgang	Die Bedeutung des Erziehungsgedankens für Normsetzung und Normanwendung im Jugendstrafrecht in der Bundesrepublik Deutschland In: Erziehung und Strafe Hrsg.: Wolff, Jörg/Marek, Andrzej Bonn 1990
Heinz, Wolfgang	Das Erste Gesetz zur Änderung des Jugendgerichtsgesetzes (1. JGGÄndG) ZRP 1991, S. 183 - 189
Heinz, Wolfgang	Jugendstrafrechtsreform durch die Praxis – eine Bestandsaufnahme In: Bundesministerium der Justiz (Hrsg.) Jugendstrafrechtsreform durch die Praxis 4. Auflage Bonn 1992 S. 13 - 44
Heinz, Wolfgang	Neues zur Diversion im Jugendstrafverfahren – Kooperation, Rolle und Rechtsstellung der Beteiligten MschrKrim 1993, S. 355 - 375
Heinz, Wolfgang	Abschaffung oder Reformulierung des Erziehungsgedankens im Jugendstrafrecht In: Bundesministerium der Justiz (Hrsg.) Grundfragen des Jugendkriminalrechts und seiner Neuregelung 3. Auflage Bonn/Mönchengladbach 1995 S. 369 - 414
Heinz, Wolfgang	Diversion im Jugendstrafverfahren und im Allgemeinen Strafrecht Teil 2 DVJJ-Journal 1999, S. 11 ff. Teil 3 DVJJ-Journal 1999, S. 131 ff.
Heinz, Wolfgang	Jungendstrafrechtliche Santionierungspraxis in d er Bundesrepublik Deutschland im Spiegel der Rechtspflegestatistiken

	in: BAG für ambulante Maßnahmen in der DVJJ (Hrsg) Neue Ambulante Maßnahmen Grundlagen – Hintergründe – Praxis Mönchengladbach 2000 S. 160 - 200
Heinz, Wolfgang	Diversion im Jugendstrafverfahren in der Bundesrepublik Deutschland
Storz, Renate	hrsg. vom Bundesministerium der Justiz Bonn 1992
Herrlinger, Wolfgang	Polizeidiversion in Berlin – ohne Rücksicht auf Verluste! DVJJ-Journal 1999, S. 148 - 149
Hinrichs, Klaus	Auswertung einer Befragung der Jugendarrestanstalten in der Bundesrepublik Deutschland 1999 DVJJ-Journal 1999, S. 267 - 274
Hinz, Werner	Strafmündigkeit ab vollendetem 12. Lebensjahr? – Ein politisches Reizthema ZRP 2000, S. 107 - 114
Hinz, Werner	Jugendstrafrecht auf dem Prüfstand ZRP 2001, S. 106 - 112
Hinz, Werner	Opferschutz, Genugtuung, Wiedergutmachung Überlegungen zum Ausbau der Nebenklage DriZ 2001, S. 321 - 334
Höynck, Theresia/ Neubacher, Frank/ Schüler-Springorum, Horst	Internationale Menschenrechtsstands und das Jugendkriminalrecht Dokumente der Vereinten Nationen Berlin 2001
Höynck, Theresia/ Sonnen, Bernd-Rüdeger	Jugendstrafrecht als Spielball im Prozess politischer Meinungsbildung ZRP 2001, S. 245 ff.
Hubert, Harry	Helfen oder strafen? ZfJ 1998, S. 361 - 364
Internationale Gesellschaft für Heimerziehung (IGfH)	Stellungnahme der Internationalen Gesellschaft für heimerziehung zum Referentenentwurf eines ersten Gesetzes zur Änderung des jugendgerichtsgesetzes vom 18. November 1983 ZfStrVO 1985, S. 99 - 100
Jans, Karl-Wilhelm Happe, Günter Sauerbier, Helmut	Kinder- und Jugendhilferecht Kommentar 3. Auflage 17. Lieferung, Stand April 1999 Stuttgart/Berlin/Köln
Jehle, Jörg-Martin	Entwicklung der Untersuchungshaft bei Jugendlichen und Heranwachsenden vor und nach der Wiedervereinigung (Hrsg.: BMJ) Bonn 1995

Jesionek, Udo	in: Dünkel/van Kalmthout/SchülerSpringorum, Entwicklungstendenzen und Reformstrategien im Jugendstrafrecht im europäischen Vergleich Mönchengladbach 1997 S. 269 - 296
Jung, Heike	Zur Reform des Jugendstrafrechts – Eine Zwischenbilanz JuS 1992, S. 186 - 192
Kersten, Joachim Kreissl, Reinhard Wolffersdor-Ehlert, Christian von	Die sozialisatorische Wirkung totaler Institutionen In: Albrecht, Peter-Alexis / SchülerSpringorum, Horst Jugendstrafe an Vierzehn- und Fünfzehnjährigen München 1983 S. 186 - 244
Kerner, Hans-Jürgen/ Marks, Erich/ Rössner, Dieter/ Schreckling, Jürgen	Täter-Opfer-Ausgleich im Jugendstrafrecht DVJJ-Rundbrief Nr. 131 (1990), S. 19ff.
Kilchling, Michael	Empirische Erkenntnisse aus Kriminologie und Viktimologie zur Lage von Opfern DVJJ-Journal 2002, S. 14 ff.
Kleinknecht/ Meyer-Goßner, Lutz	Strafprozessordnung Kommentar 45. Auflage München 2001 K/Meyer-Goßnerとして引用。
Klier, Rudolf Brehmer, Monika Zinke, Susanne	Jugendhilfe in Strafverfahren – Jugendgerichtshilfe Handbuch für die Praxis Sozialer Arbeit 2. Auflage Regensburg 2002
Kreuzer, Arthur	Junge Volljährige im Kriminalrecht – aus juristisch-kriminologisch-kriminalpolitischer Sicht MschrKrim 61 (1978), S. 1 ff.
Lamnek, Siegfried	Spezialpräventive Wirkungen jugendrichterlicher Maßnahmen in: Albrecht, Peter-Alexis / SchülerSpringorum, Horst Jugendstrafe an Vierzehn- und Fünfzehnjährigen München 1983 S. 17 - 65
Meißner, Thomas Pelz, Markus	Sozialpädagogisch begleitete Arbeitsleistungen – Strafe oder Hilfe in: BAG ambulante Maßnahmen in der DVJJ (Hrsg) Mönchengladbach 2000 S. 309 - 325
Mentzel, Thomas	Rechtsextremistische Gewalttaten von Jugendlichen und Heranwachsenden in den neuen Bundesländern München 1998

Mertin, Herbert	Verfassungswidrigkeit des Jugendstrafvollzugs? ZRP 2002, S. 18 - 20
Moers, Wilhelm von	Die vorzeitige Entlassung aus dem Jugendstrafvollzug 1995
Momberg, Rolf	Der Einfluss der Jugendgerichtshilfe auf die Entscheidung des Jugendrichters MschrKrim 65 (1982), S. 65 ff-
Müller, Kai	Bandendiebstahl – Zum Begriff der Bande Anmerkung zu BGH, NStZ 2000, 474 JA 2001, S. 12 - 15
Münder, Johannes et.al.	Frankfurter Lehr- und Praxiskommentar zum KJHG/SGB VIII 4. Auflage, Münster 2002
Nelles, Ursula Oberlies, Dagmar	Reform der Nebenklage und anderer Verletztenrechte Hrsg. Ursula Nelles, Dagmar Oberlies Schriftenreihe Deutscher Juristinnenbund e.V. Baden-Baden 1998
Ostendorf, Heribert	Jugendgerichtshilfe in der Rolle der „Doppelagentin " – Chance oder programmiertes Versagen? ZfJ 1991, S. 9 ff.
Ostendorf, Heribert	Das deutsche Jugendstrafrecht - zwischen Erziehung und Repression StV 1998, S. 297 - 303
Osterdorf, Heribert	Formalisierung der entformalisierten Verfahrensbeendigungen im Jugendstrafrecht [Diversion]? in: Festschrift für Böhm Berlin/ New York 1999 S. 635 ff.
Ostendorf, Heribert	Jugendgerichtsgesetz Kommentar 5. Auflage Köln/Berlin/Bonn/München 2000
Ostendorf, Heribert	Jugendstrafrecht in der Diskussion ZRP 2000, S. 103 - 107
Ostendorf, Heribert	Entwicklung der Jugendkriminalität in Schleswig-Holstein - Neue Antworten SchlHA 2000, S. 2 - 5
Ostendorf, Heribert	Anmerkung zum Vorlagebeschluss des AG Herford, v. 23.4.01 – Az.: 3b Ls 65 Js 1737/00 DVJJ-Journal 2001, S. 431 ff.
Ostendorf, Heribert	Persönlichkeitsschutz im (Jugend-) Strafverfahren bei mehreren Angeklagten, in: Hanack et.al. (Hrsg.)

	Festschrift für Peter Riess Berlin/ New York 2002 S.847ff.
Pankofer, Sabine	Wundermittel geschlossene Unterbringung? DVJJ-Journal 1998, S. 125 ff.
Pfeiffer, Christian	Kriminalprävention in Jugendgerichtsverfahren : jugendrichterliches Handeln vor dem Hintergrund des BrückeProjekts. 2. Auflage Köln u.a. 1989
Pfeiffer, Christian	Neuere kriminologische Forschungen zur jugendrechtlichen Sanktionspraxis in der Bundesrepublik Deutschland – eine Analyse unter dem Gesichtspunkt der Verhältnismäßigkeit In: Bundesministerium der Justiz (Hrsg.) Grundfragen des Jugendkriminalrechts und seiner Neuregelung 3. Auflage Mönchengladbach 1992 S. 60 ff.
Pfeiffer, Gerd	Strafprozessordnung und GVG Kommentar 2. Auflage München 1999
Pilz, Gunter A.	Jugend, Gewalt und Rechtsextremismus Möglichkeiten und Notwendigkeiten politischen, polizeilichen, (sozial-) pädagogischen und individuellen Handelns 1994
Plewig, Hans-Joachim	Geschlossene Unterbringung delinquenter Kinder – I DVJJ-Journal 2002, 163 ff.
Radbruch, Gustav	Einführung in die Rechtswissenschaft 11. Auflage Stuttgart
Rieß, Peter Hilger, Hans	Das neue Strafverfahrensrecht – Opferschutzgesetz und Strafverfahrensänderungsgesetz 1987 – NStZ 1987, S. 145 -157 Reemtsma, Jan Phillip Was erwarten Opfer vom Recht DVJJ-Journal 2002, S. 3ff.
Roxin, Claus	Strafrecht – Allgemeiner Teil I 3. Auflage München 1997
Rupp-Diakojanni, Theano	Die Schuldfähigkeit Jugendlicher innerhalb der jugendstrafrechtlichen Systematik: ein Vergleich zwischen deutschem und griechischem Strafrecht Dissertation

	Freiburg 1990
Schaal, Hans-Jürgen Eisenberg, Ulrich	Rechte und Befugnisse von Verletzten im Strafverfahren gegen Jugendliche NStZ 1988, S. 49 - 53
Schäffer, Peter	Jugendarrest – eine kritische Betrachtung DVJJ-Journal 2002, S. 43 ff.
Schaffstein, Friedrich Beulke, Werner	Jugendstrafrecht 13. Auflage Stuttgart/Berlin/Köln 1998
Schmanns, Stephan	Das Adhäsionsverfahren in der Reformdiskussion München 1987
Schöch, Heinz	Täter-Opfer-Ausgleich im Jugendrecht RdJB 1999, S. 278 ff.
Scholz, Rupert	Erweiterung des Adhäsionsverfahrens – rechtliche Forderung oder rechtspolitischer Irrweg? JZ 1972, S. 725 - 731
Schonke/Schröder	Strafgesetzbuch, 26. Auflage München 2002 SchSch-[執筆者名]として引用。
Schüler-Springorum, Horst	Keine Spur von der zweiten Spur in: Schünemann/ Achenbach/ Bottke/ Haffke/ Rudolphi Festschrift für Claus Roxin Berlin/ New York 2001 S. 1021 - 1043
Schulz, Holger	Die Höchststrafe im Jugendstrafrecht – eine Urteilsanalyse Zugleich ein Beitrag zur kriminalpolitischen Forderung nach Anhebung der Höchststrafe im Jugendstrafrecht MschrKrim 84 (2001), S. 310 - 325
Sessar, Klaus	Neue Wege der Kriminologie aus dem Strafrecht in: Hirsch/Kaiser/Marquardt Gedächtnisschrift für Hilde Kaufmann Berlin/New York 1986 S. 373 ff.
Sozialdemokratische Partei Deutschlands	Thesen zur Reform des Jugendkriminalrechts Recht und Politik 1981, S. 144 ff.
Stock, Stephan	Opferschutz im Strafverfahren gegen Jugendliche MschrKrim 1987, S. 352 - 360
Storz, Renate	Jugendstrafrechtliche Reaktionen und Legalbewährung in: Heinz/Storz (Hrsg) Diversion im Jugendstrafverfahren in der Bundesrepublik Deutschland Bonn 1992 S. 131 ff.

Suhling, Stefan, Schott, Tillmann	Ansatzpunkte zur Erklärung der gestiegenen Gefangenenzahlen in Deutschland. In: Bereswill/Greve, (Hrsg) Forschungsthema Strafvollzug Baden-Baden 2001 S. 25 - 83
Temming, Dieter et.al.	Heidelberger Kommentar zur Strafprozessordnung 3. Auflage 2001 Heidelberg 2001 HK-［執筆者名］として引用。
Trauernicht, Gitta	Eine erneute Positionsbestimmung zu einem alten Thema: Geschlossene Unterbringung von Kindern und Jugendlichen ZfJ 1991, S. 520 ff.
Trenczek, Thomas	Subsidiarität des Jugendstrafrechts - Programm oder Leerformel? Vorschläge für eine materiell-rechtliche Neukonzeption der jugendstrafrechtlichen Sozialkontrolle ZRP 1993, S. 184 ff.
Trenczek, Thomas	Strafe, Erziehung oder Hilfe? Neue Ambulante Maßnahmen und Hilfen zur Erziehung – Sozialpädagogische Hilfeangebote für straffällige junge Menschen im Spannungsfeld von Jugendhilferecht und Strafrecht Bonn 1996
Trenczek, Thomas	Jugendhilfe und Strafjustiz Ergebnisse der bundesweiten JGHUmfrage zur Kooperation im Jugendstrafverfahren MschrKrim 2000, S. 259 - 279
Trenczek, Thomas	Rechtliche Grundlagen der Neuen Ambulanten Maßnahmen und sozialpädagogischen Hilfeangebote für straffällige Jugendliche in: BAG für ambulante Maßnahmen in der DVJJ (Hrsg) Neue Ambulante Maßnahmen Grundlagen – Hintergründe– Praxis Mönchengladbach 2000 S. 17 - 119
Trenczek, Thomas	Fachliche Verantwortung und gemeinsames Handeln. Institutionenübergreifende Kommunikation und Verfahrensoptimierung nach Jugendstraftaten Forum Jugendhilfe 2001, S. 9ff.
Trenczek, Thomas	Jugendhilfe trotz (?) Kooperation im Strafverfahren – Wider die prähistorischen Ansichten über Jugend (gerichts)hilfe, „Erziehung", Datenschutz und Diversion im Jugendstrafverfahren DVJJ-Journal 1994, S. 30 ff.

van Kalmthout, Anton/ Vlaardingebroek, Paul	Das neue Jugendstraf(prozeß)recht in den Niederlanden- Das Jugendrecht aus den Kinderschuhen in: Dünkel et.al.: Entwicklungstendenzen und Reformstrategien im Jugendstrafrecht im europäischen Vergleich, Mönchengladbach 1997 S. 227 ff.
Walter, Michael	Einführung in die „Kölner Richtlinien" zur notwendigen Verteidigung in Jugendstrafverfahren NJW 1989, S. 1022 ff. Walter, Michael Die Krise der Jugend und die Antwort des Strafrechts ZStW 2001, S. 743 - 773
Walter, Miachel Pieplow, Lukas	Zur Zulässigkeit eines Vorbehalts der Vollstreckbarkeitsentscheidung, insbesondere einer "Vorbewährung" gemäß § 57 JGG NStZ 1988, S. 165 - 170
Wellhöfer, P.R.	Soziale Trainingskurse und Jugendarrest Versuch einer vergleichenden ERfolgskontrolle MschrKrim 1995, S. 42 ff.
Wiesner, Reinhard	Wer erzieht denn nun – Die Justiz oder die Jugendhilfe? DVJJ-Journal 1995, S. 175f.
Wiesner, Reinhard Mörsberger, Thomas, Oberloskamp, Helga Struck, Jutta	SGB VIII Kinder- und Jugendhilfe Kommentar 2. Auflage München 2000 Wiesner-[執筆者名]として引用。
Wapler, Friederike	Strafvollzug ohne Gesetz – ist der Jugendstrafvollzug verfassungswidrig? in: Müller-Heidelberg et.al. (Hrsg) Grundrechtereport Hamburg 2002 S. 193 ff.
Wölfl, Bernd	Verfassungswidrigkeit des jugendstrafvollzugs? ZRP 2002, S. 235 - 236
Wölfl, Bernd	Wann wird der Jugendstrafvollzug verfassungswidrig? ZRP 2000, S. 511 - 514
Zieger, Mathias	Verteidigung in Jugendstrafsachen 3. Auflage Heidelberg 2002

付録

少年裁判所法（Jugendgerichtsgesetz）

第1編　適用範囲

第1条（人的、物的な適用範囲）
(1) 本法は、少年（Jugend）又は青年（Heranwachsende）が、一般法の規定により刑罰を科せられる非行を犯したときに適用される。
(2) 少年は、行為時に14歳以上18歳未満の者をいい、青年は、行為時に18歳以上21歳未満の者をいう。

第2条（一般法の適用）
　一般法の規定は、本法中に別段の規定がない限りにおいてのみ適用される。

第2編　少年

第1章　少年の非行及びその効果

第1節　一般規定

第3条（責任）
　行為時に、道徳的、精神的発達に基づき、行為の違法性を理解し、かつ、その弁識にしたがって行為するのに十分に成熟しているときは、少年は、刑法上有責である。成熟性が欠けるために刑法上有責でない少年の教育のために、裁判官は、家事裁判官又は後見裁判官と同じ処分を命じることができる。

第4条（少年の行為の法的分類）
　少年による違法行為の重罪又は軽罪の区別及び時効期間については、一般刑法の規定による。

第5条（少年による犯罪行為に対する効果）
(1) 少年による犯罪行為をきっかけとして、教育処分を命じることができる。

(2) 教育処分で十分でない場合には、少年の犯罪行為には、懲戒処分又は少年刑が科せられる。
(3) 精神病院又は離脱治療施設への収容により裁判官による懲罰が不必要であるときには、懲戒処分及び少年刑は科せられない。

第6条（付随効果）
(1) 公職への就任、公選による権利の獲得又は公共の事項について選挙若しくは投票を行うことの無資格を宣告してはならない。有罪判決の公示は、命じられてはならない。
(2) 公職への就任及び公選による権利を得ることの資格喪失（刑法第45条第1項）は生じない。

第7条（改善及び保安の処分）
　一般刑法の意味における改善及び保安の処分として、精神病院、離脱治療施設への収容、行状監督又は運転免許の剥奪を命じることができる（刑法第61条第1号、第2号、第4号及び第5号）。

第8条（処分及び少年刑の併合）
(1) 教育処分と懲戒処分は、複数の教育処分又は複数の懲戒処分と同様に、同時に命じることができる。少年拘禁は、第12条第2項による教育のための援助の命令と併合してはならない。
(2) 裁判官が少年刑と同時に行うことができるのは、指示及び遵守事項を与え、教育扶助を命じることのみとする。少年が保護観察の監督下にあるときには、同時に行われている教育扶助は、保護観察期間の満了まで停止する。
(3) 裁判官は、教育処分、懲戒処分及び少年刑とともに、本法により許された付加刑及び付随的効果を言い渡すことができる。

第2節　教育処分

第9条（種類）
　教育処分は、次のものをいう。
　1. 指示の賦課、
　2. 第12条の意味における教育のための援助を請求させる命令。

第10条（指示）
(1) 指示は少年の生活態度を規律し、それにより少年の教育を促進し保障すべき命令及び禁止である。その際、少年の生活態度に過当な要求をしてはならない。裁判官は、少年に特に次のものを課すことができる。

1. 居住場所に関する指示を遵守すること、
2. 家庭又はホームに居住すること、
3. 職業教育又は労働の場を得ること、
4. 労務を提供すること、
5. 特定の者（援護者）の援護及び監督に服すること、
6. 社会訓練コースへ参加すること、
7. 被害者との和解（行為者-被害者-和解）を達成するよう努力すること、
8. 特定の者との交際又は飲食店若しくは娯楽場への立ち入りをやめること、
9. 交通講習に参加すること。

(2) 裁判官は、教育権者及び法定代理人の同意を得た上で、専門家による治療教育的な処遇又は離脱治療を受けさせることを少年に課すこともできる。少年が16歳に達しているときには、これらの措置は、少年の同意を得てのみ行われるべきものとする。

第11条（指示の継続期間及び事後的変更；違反行為に対する効果）

(1) 裁判官は、指示の継続期間を定める。期間は2年を越えてはならない。期間は、第10条1項第3文第5号による指示については1年を、第10条1項第3文第6号による指示については6月を越えるべきではないものとする。

(2) 教育上の理由から必要がある場合には、裁判官は、指示を変更、解除し、又はその期間を3年まで延期することができる。

(3) 少年が有責に指示に従わないときは、少年が有責な違反行為に対する効果について教示を受けていた場合には、少年拘禁を科すことができる。これにより科される少年拘禁は、一度の有罪言渡しの際に全体で4週間を越えてはならない。拘禁が賦課された後に少年が指示に従う場合には、裁判官は、少年拘禁の執行を見合わせる。

第12条（教育のための援助）

裁判官は、少年局の意見を聴いた上で、社会保障法典第8編に規定された要件の下で、次の教育のための援助を請求することを少年に課すことができる。

1. 社会保障法典第8編第30条の意味における教育扶助の形態での教育のための援助、又は
2. 社会保障法典第8編第34条の意味における昼夜対応施設又はその他の援護的な住居形態での教育のための援助。

第3節 懲戒処分

第13条（種類と適用）

(1) 少年刑は必要ないが、自ら犯した不法について責任を負わなければならないことを少年に強く自覚させなければならないときには、裁判官は、犯罪行為に対して懲戒処分を

科する。
(2) 懲戒処分とは、次のものをいう。
    1. 戒告
    2. 遵守事項の賦課
    3. 少年拘禁
(3) 懲戒処分は、刑罰の法的効果を持たない。

第14条（戒告）
戒告により、少年には、行為の不法性が強く非難されるべきものとする。

第15条（遵守事項）
(1) 裁判官は、少年に次のことを課すことができる。
    1. 行為により生じた損害を可能な限り回復すること
    2. 被害者に自ら謝罪すること、
    3. 労務を提供すること、又は
    4. 公共施設のために金額を支払うこと。
    その際、少年に過当な要求をしてはならない。
(2) 次の場合にのみ、裁判官は、金額の支払いを命じるべきものとする。
    1. 少年が軽微な非行を犯し、かつ、少年が独立して自由に処分できる財産から金額を支払うことが推測できるとき、又は、
    2. 少年から、犯行により得た利益又はその行為の対価として得た報酬が剥奪されるべきものとされているとき。
(3) 教育上の理由から必要であるときには、裁判官は、事後的に遵守事項を変更し、又はその履行を全部若しくは一部免除することができる。遵守事項が有責に遵守されない場合には、第11条第3項を準用する。少年拘禁が執行されたときには、裁判官は、遵守事項の全部又は一部が終結したことを宣告することができる。

第16条（少年拘禁）
(1) 少年拘禁は、休日拘禁、短期拘禁又は継続拘禁である。
(2) 休日拘禁は、少年の毎週の休日に科され、1回の休日又は2回の休日で量定される。
(3) 教育上の理由から連続した執行が目的に適うものと思料され、かつ、少年の職業教育にも労働にも支障が出ない場合、休日拘禁の代わりに短期拘禁が科される。この場合、2日の短期拘禁は1回の休日拘禁と同じである。
(4) 継続拘禁は、最短1週間、最長4週間である。継続拘禁は、満1日又は満1週間を単位として量定する。

第4節　少年刑

第17条（形式と要件）
(1) 少年刑は、少年刑事施設における自由剥奪である。
(2) 行為に表れた少年の有害な性向を理由として、教育処分若しくは懲戒処分では十分でないとき、又は責任の重さを理由として、刑罰が必要であるときには、裁判官は、少年刑を科す。

第18条（少年刑の期間）
(1) 少年刑は下限6月、上限5年とする。一般刑法により10年を越える自由刑が最高刑として規定されている重罪が行為について問題となるときには、上限は10年とする。一般刑法の刑の範囲は、これを適用しない。
(2) 少年刑は、必要な教育効果が可能なように、量定されなければならない。

第19条（削除）

第5節　保護観察のための少年刑の延期

第20条（削除）

第21条（刑の延期）
(1) 1年を越えない少年刑を言い渡すときに、有罪の言渡しが少年にとってすでに訓戒の役割を果たし、かつ、行刑による影響づけがなくても保護観察期間中の教育的な影響づけのもとで、将来誠実な行状がもたらされることが期待されうる場合には、裁判所は、保護観察のために刑の執行を延期する。この場合、特に少年の人格、生活歴、犯行の事情、犯行後の態度、生活環境及び刑の延期により少年に関して予想されうる効果が、考慮されなければならない。
(2) 少年の成長を考慮して刑の執行が必要でないときには、裁判官は、第1項の要件のもと、長期が2年を超えない少年刑の執行も、保護観察のために延期する。
(3) 刑の延期を少年刑の一部に限定することはできない。刑の延期は、未決勾留又はその他の自由剥奪の算入により排除されない。

第22条（保護観察期間）
(1) 裁判官は、保護観察の期間を定める。保護観察期間は、3年を越えてはならず、かつ、2年を下回ってはならない。
(2) 保護観察期間は、少年刑の延期に関する裁判の確定により開始する。保護観察期間は、事後的に1年まで短縮でき、又は満了前に4年まで延長することができる。但し、

第21条第2項の場合、保護観察期間は、2年までしか短縮することができない。

第23条（指示と遵守事項）
(1) 裁判官は、保護観察期間中、指示を通して少年の行状に教育的な影響を与えるべきものとする。裁判官は、少年に遵守事項を課すこともできる。裁判官は、この命令を事後的にも賦課、変更、又は取り消すことができる。第10条、第11条第3項並びに第15条第1項、第2項及び第3項第2文は、これを準用する。
(2) 少年が自己の将来の行状に関して確約し、又は自らが犯した違法行為の償いとなるのにふさわしい給付を申し出たときに、確約又は申出の履行を期待しうる場合には、裁判官は、原則として、それに相応する指示又は遵守事項を暫定的に見合わせる。

第24条（保護観察）
(1) 裁判官は、保護観察期間中、少年を最長2年間、官職の保護観察官による監督及び指導の下に置く。教育上の理由から目的に適うと思料するときには、裁判官は、少年を篤志の保護観察官の下に置くこともできる。第22条第2項第1文は、これを準用する。
(2) 裁判官は、第1項により行われた決定をその措置の満了前に変更、又は取り消すことができる。裁判官は、少年の観護も保護観察期間中に新たに命じることができる。この場合、第1項第1文において定められた期間の上限を超えることができる。
(3) 保護観察官は、支援的及び援護的に少年を援助する。保護観察官は、裁判官と協力して、指示、遵守事項、確約及び申出の履行を監督する。保護観察官は、少年の教育を促進し、かつ、可能な限り教育権者及び法定代理人と信頼関係を持って協力すべきものとする。保護観察官は、その職務の遂行にあたり、少年と面接する権利を持つ。保護観察官は、教育権者、法定代理人、学校、又は職業教育指導者に少年の行状に関する情報を求めることができる。

第25条（保護観察官の任命及びその義務）
保護観察官は、裁判官によって選任される。裁判官は、保護観察官に第24条第3項による活動に関する指示を与えることができる。保護観察官は、裁判官が定めた間隔をおいて、少年の行状に関する報告を行う。保護観察官は、指示、遵守事項、確約又は申出に対する少年の重大又は執拗な違反を裁判官に報告する。

第26条（刑の延期の取り消し）
(1) 次の場合、裁判官は、少年刑の延期を取り消す。
   1. 少年が保護観察期間中に犯罪行為に及び、そのことにより刑の延期の基礎となっていた期待が実現されないことが明らかになったとき、
   2. 少年が指示に対し重大若しくは執拗に違反し、又は保護観察官の監督及び指導を執拗に拒み、かつ、そのことにより犯罪行為が新たに犯されるおそれが根拠づけ

られるとき、
3. 少年が重大又は執拗に遵守事項に違反したとき。
第1文第1号は、刑の延期に関する裁判とその確定との間に犯罪行為が行われた場合に、準用する。
(2) 但し、次のもので足りる場合には、裁判官は取り消しを見合わせる。
1. さらに指示又は遵守事項を課すこと、
2. 保護観察期間又は観察期間を最長4年まで延長すること、
3. 保護観察期間の満了前に少年を新たに保護観察官の下に置くこと。
(3) 少年が指示、遵守事項、確約又は申出（第23条）を履行するのに要した支出は、償還されない。但し、刑の延期を取り消したときには、裁判官は、少年が遵守事項又はそれに相応する申出を履行するのに要した支出を少年刑に算入することができる。

第26条 a（少年刑の免除）

裁判官は、刑の延期を取り消さなかったときには、保護観察期間の満了後に、少年刑を免除する。第26条第3項第1文が適用されなければならない。

第6節　少年刑の宣告猶予

第27条（要件）

可能な限りの調査を尽くしても、少年の犯罪行為の中に少年刑を必要とする程度の有害な性向が表れているかどうかを確実に判断できないときには、裁判官は、少年の責任を確定したうえで、裁判官が定める保護観察の期間中、少年刑の賦課に関する裁判を延期することができる。

第28条（保護観察期間）

(1) 保護観察期間は、2年を超えてはならず、かつ、1年を下回ってはならない。
(2) 保護観察期間は、少年の責任が認定された判決の確定により開始する。保護観察期間は、事後的に1年にまで短縮することができ、又はその期間の満了前に2年まで延長することができる。

第29条（保護観察）

少年は、保護観察期間の全部又は一部の間、保護観察官の監督及び指導の下に置かれる。第23条、第24条第1項第1文及び第2文、第2項、第3項、第25条並びに第28条第2項第1文の規定は、これを準用する。

第30条（少年刑の賦課、有罪言渡しの抹消）

(1) 特に保護観察期間中の少年の不良な行状により、有罪の言渡しにおいて非難された

行為の原因が少年刑を必要とする程度の有害な性向にあることが明らかになったときには、裁判官は、有罪言渡しの時点で少年の有害な性向について確実な判断ができたならば言い渡したはずの刑を言い渡す。
(2) 保護観察期間の満了後に第1項の要件がないときには、有罪の言渡しは、抹消される。

第7節　数個の犯罪行為

第31条（1人の少年の数個の犯罪行為）
(1) 1人の少年が数個の犯罪行為を行った場合においても、裁判官は、統一的に教育処分、懲戒処分又はひとつの少年刑のみを定める。本法が許す限りにおいて（第8条）、異なった教育処分及び懲戒処分を併せて命じることができ、又は処分と刑とを結び付けることができる。この場合、少年拘禁及び少年刑の法律上の上限が超えられてはならない。
(2) 少年に対してその犯罪行為の一部を理由としてすでに責任が確定し、又は教育処分、懲戒処分若しくは少年刑は確定しているが、その全部がまだ完全に実施され、執行され、又は終了するに至っていないときには、前の判決を含めて前項と同様の方法で、統一的に処分又は少年刑が言い渡される。少年刑を言い渡す場合、すでに執行された少年拘禁を算入するかどうかは、裁判官の裁量に委ねられる。
(3) 裁判官は、教育上の理由から目的に適う場合には、すでに判決のあった犯罪行為を新たな裁判の中に含めることを見合わせることができる。その場合、裁判官が少年刑を言い渡すときは、教育処分及び懲戒処分がすでに終了したことを宣告することができる。

第32条（異なった年齢・成熟段階における数個の犯罪行為）
　同時に判決が言い渡されるべき数個の犯罪行為のうち、一部には少年刑法が、他の一部には一般刑法が適用されなければならない場合、少年刑法に従って判断されなければならない犯罪行為に重点があるときは、統一して年刑法を適用する。その他の場合には、統一して一般刑法を適用しなければならない。

第2章　少年裁判所の構成及び少年刑事手続

第1節　少年裁判所の構成

第33条（少年裁判所）
(1) 少年の非行については、少年裁判所が審判を行う。
(2) 少年裁判所は、少年係裁判官としての刑事裁判官、参審裁判所（少年参審裁判所）及び刑事裁判部（少年裁判部）をいう。

(3) 州行政庁は、法規命令により、ひとつの区裁判所の1人の裁判官を複数の区裁判所の区域を統括する少年係裁判官に任命し（地区少年係裁判官）、かつ、ひとつの区裁判所に複数の区裁判所の管内を統括する共通の少年参審裁判所を設置することを規定する権限を与えられる。州行政庁は、その権限を法規命令によって州司法行政庁に委ねることができる。

第33条 a （少年参審裁判所）
(1) 少年参審裁判所は、裁判長としての少年係裁判官と2人の少年参審員から構成する。少年参審員として、各審判手続に1人の男性と1人の女性が、関与すべきものとする。
(2) 審判手続以外で裁判が行われるときには、少年参審員は参加しない。

第33条 b （少年大裁判部又は少年小裁判部）
(1) 少年裁判部は、裁判長も含めた3人の裁判官と2人の少年参審員から構成され（少年大裁判部）、少年係裁判官の判決に対する上訴手続においては、裁判長と2人の少年参審員から構成される（少年小裁判部）。
(2) 事件が裁判所構成法第74条 e の規定を含めた一般法の規定により陪審裁判所の管轄に属さず、又は事件の大きさ若しくは難しさから第三の裁判官の関与が必要であると思料されるときに、審判手続が開始される場合には、少年大裁判部は、裁判長を含めた2人の裁判官と2人の少年参審員が審判手続に出席することを決定する。上告裁判所により事件が差し戻されたときには、管轄権を持つ少年裁判部は、第1項により、新たに構成に関する裁判を行うことができる。
(3) 第33条 a 第1項第2文及び第2項は、これを準用する。

第34条 （少年係裁判官の任務）
(1) 少年係裁判官は、刑事手続において区裁判所における裁判官が持つすべての任務を負う。
(2) 少年係裁判官には、少年のため、家事裁判官及び後見裁判官の教育的任務が委ねられるべきものとする。特別の理由から、特に少年係裁判官が複数の区裁判所の管内について任命されているときには、これと異なる取扱いをすることができる。
(3) 家事裁判官及び後見裁判官の教育的任務は、次のものである。
　　1. 適切な措置により、両親、後見人及び保護人を支援すること（民法典第1631条第3項、第1800条、第1915条）
　　2. 少年に対する危害を予防するための措置（民法典第1666条、第1666条 a、第1837条第4項、第1915条）

第35条 （少年参審員）
(1) 少年裁判所の参審員（少年参審員）は、裁判所構成法第40条に規定されている委員

会の4年間の活動期間の継続中に、少年援助委員会の推薦に基づいて選任される。この委員会は、男女同数を選ぶべきものとする。
⑵　少年援助委員会は、少年参審員及び予備参審員として必要な数の少なくとも2倍の男女を同数推薦すべきものとする。推薦された候補者は、教育能力があり、かつ少年の教育について経験を持った者であるべきものとする。
⑶　少年援助委員会が作成した名簿は、裁判所構成法第36条の意味における候補者名簿として効力を持つ。名簿への登載については、票決権を持つ委員の3分の2の同意が必要である。この候補者名簿は、少年局において、1週間の間、誰にでも閲覧に供しなければならない。閲覧の時期は、事前に公告されなければならない。
⑷　少年福祉委員会の作成した候補者名簿に対する異議に関する裁判並びに少年参審員及び予備参審員の選任を行うときには、少年係裁判官が参審員選考委員会の議長となる。
⑸　少年参審員は、特に男女を区別して作成する参審員名簿に登載される。

第36条（少年係検察官）

少年裁判所の管轄に属する手続のために、少年係検察官が選任される。

第37条（少年係裁判官及び少年係検察官の選任）

少年裁判所における裁判官及び少年係検察官は、教育的能力があり、かつ、少年の教育について経験を持つべきものとする。

第38条（少年審判補助）

⑴　少年審判補助は、少年援助のための諸団体と共同して、少年局により行われる。
⑵　少年審判補助の代表者は、少年裁判所の手続において、教育的、社会的及び保護的な見地から活動する。この目的のために、少年審判補助の代表者は、被疑者の人格、成長状態及び環境の調査を通じて関係官庁を支援し、とられなければならない措置について意見を述べる。身柄事件の場合には、少年審判補助の代表者は、その調査結果に関して迅速に報告を行う。審判手続においては、調査を行った少年審判補助の代表者が派遣されるべきものとする。保護観察官が選任されていないときには、少年審判補助の代表者は、少年が指示及び遵守事項を遵守することを監督する。少年審判補助の代表者は、重大な義務違反行為を裁判官に報告する。第10条第1項第3文第5号による観護の場合に、裁判官が他の者に委任しないときには、少年審判補助の代表者が、援護及び監督を行う。少年審判補助の代表者は、保護観察期間中、保護観察官と緊密に協力する。少年審判補助の代表者は、執行期間中、少年と接触を保ち、少年の社会復帰の面倒をみるものとする。
⑶　少年審判補助者は、少年に対する手続の全体に関与しなければならない。その関与は、可能な限り、早期から行われるべきものとする。指示の賦課（第10条）の前には、

少年審判補助の代表者は、必ず意見を聴かれなければならない。援護のための指示が考慮されるときには、少年審判補助の代表者は、援護者として選任されるべき者に関しても、意見を述べるべきものとする。

第2節　管轄

第39条（少年係裁判官の事物管轄権）
(1)　少年係裁判官は、教育処分、懲戒処分、本法によって許された付加刑及び付随効果又は運転免許の剥奪のみを言い渡すことが予想され、かつ、検察官が刑事裁判官に公訴を提起したときには、少年の非行について管轄権を持つ。一般法の規定により成人について区裁判所の裁判官が管轄権を持たないときには、少年係裁判官は、第103条により少年及び成人に対して併合された事件に関して管轄権を持たない。刑事訴訟法第209条第2項は、これを準用する。
(2)　少年係裁判官は、1年を超える少年刑を言い渡してはならない。少年係裁判官は、精神病院への収容を命じてはならない。

第40条（少年参審裁判所の事物管轄権）
(1)　少年参審裁判所は、他の少年裁判所の管轄に属さないすべての非行について管轄権を持つ。刑事訴訟法第209条は、これを準用する。
(2)　少年参審裁判所は、審判手続開始まで、範囲が特別に大きいことを理由として事件を受理するかどうかについて裁判を行うよう、少年裁判部に、職権により要請することができる。
(3)　少年裁判部の裁判長は、事件の受理決定を行う前に、被告人が審判手続開始前に個別的な証拠調べの実施を申請する意思があるかどうかを一定の期間内に明らかにするよう、被告人に要求する。
(4)　少年裁判部が事件を受理する決定又はその受理を却下する決定に対しては、不服を申し立てることができない。事件の受理決定は、手続開始の決定とともに行われなければならない。

第41条（少年裁判部の事物管轄権）
(1)　少年裁判部は、第一審の判決裁判所として、次の事件の管轄権を持つ。
　　1.　裁判所構成法第74条eの規定を含めた一般法の規定により、陪審裁判所の管轄に属する事件、
　　2.　少年参審裁判所の提案により、範囲が特別に大きいことを理由として受理される事件（第40条第2項）、及び
　　3.　第103条により少年と成人に対して併合される事件で、一般法の規定により成人に関して大刑事部が管轄権を持つとき。

(2)　少年裁判部は、その他、少年係裁判官及び少年参審裁判所の判決に対する控訴申立てに関する審理及び決定に関して管轄権を持つ。少年裁判部は、裁判所構成法第73条第1項に挙げられた裁判も行う。

第42条（土地管轄）
(1)　一般手続法又は特別の規定によって管轄権を持つ裁判官とならんで、次の裁判官は管轄権を持つ。
　　1.　被疑者のために家事裁判官又は後見裁判官の教育的任務を負う裁判官、
　　2.　公訴提起時に、身柄を拘束されていない被疑者が居住している土地を管轄する裁判官、
　　3.　被疑者が少年刑を完全に受け終わっていないときには、執行指揮者としての任務を負う裁判官
(2)　検察官は、可能な限り、家事裁判官又は後見裁判官として教育的任務を負う裁判官に公訴を提起すべきものとするが、被疑者が少年刑を完全に受け終わっていない場合、執行指揮者としての任務を負う裁判官に公訴を提起すべきものとする。
(3)　被告人が居所を変更した場合、裁判官は、検察官の同意を得て、被告人が居住している土地を管轄する裁判官に事件を移送することができる。事件の移送を受けた裁判官がそれを受理することに疑いを持つ場合は、共通の上級裁判所がこれについて裁判を行う。

第3節　少年刑事手続

第1款　準備手続

第43条（捜査の範囲）
(1)　手続の開始後可能な限りすみやかに被疑者の生活関係、家族関係、成育歴、既往の行状並びにその心的、精神的及び性格的特質を判断するのに役立ちうるすべての事情が調査されるべきものとする。教育権者及び法定代理人並びに学校当局及び職業教育指導者は、可能な限り意見を聴取されるべきものとする。それにより望ましくない不利益、特に職業教育の場又は職場を失うような不利益を少年が被るおそれがあるときには、学校又は職業教育指導者の意見の聴取は行われない。第38条第3項が注意されなければならない。
(2)　特に被疑者の成長状態又は手続にとって重要なその他の特質を調査するために、必要がある限りで、被疑者の調査が行われなければならない。可能な限り少年の調査に関して資格のある専門家に命令の実施が依頼されるべきものとする。

第44条（被疑者の尋問）
　　少年刑の賦課が予想される場合、検察官又は少年裁判所の裁判長は、公訴の提起

に先立って、被疑者を尋問すべきものとする。

第45条（訴追の見合わせ）
⑴　刑事訴訟法第153条の要件がある場合には、検察官は、裁判官の同意なしに訴追を見合わせることができる。
⑵　教育的な措置がすでに行われ、又は開始されており、かつ、第3項による裁判官の関与及び公訴の提起が必要でないと思料するときには、検察官は、訴追を見合わせる。被害者との和解を達成する少年の努力は、教育的な措置と同等に取り扱う。
⑶　被疑者が自白しており、かつ、裁判官による処分の命令は必要であるが、公訴の提起は必要でないと思料するときには、検察官は、少年係裁判官による訓戒又は第10条第1項第3文第4号、第7号及び第9号の指示若しくは遵守事項を課することを提案する。少年係裁判官がその提案に合意するときには、検察官は、指示又は遵守事項が与えられ、その後少年がそれを遵守したときにのみ、訴追を見合わせる。第11条第3項及び第15条第3項第2文は、これを適用しない。第47条第3項は、これを準用する。

第46条（捜査の主要な結果）
　検察官は、捜査の主要な結果（刑事訴訟法第200条第2項）を起訴状に記載するにあたり、被疑者がそれを知ることにより教育上不利益を招くことのないようにすべきものとする。

第2款　審判手続

第47条（裁判官による手続の中止）
⑴　公訴が提起されたときに、次の場合には、裁判官は手続を中止することができる。
　1．刑事訴訟法第153条の要件があるとき、
　2．判決による裁判を不必要にする第45条第2項の意味における教育的な措置が、すでに行われ、又は開始されているとき、
　3．裁判官が判決による裁判を必要でないと思料し、かつ、自白した少年に対して第45条第3項第1文にいう処分を命じるとき、又は、
　4．成熟性が欠けるために、被告人が刑法上有責でないとき。
　第1文第2号及び第3号の場合、裁判官は検察官の同意を得て手続を暫定的に中止することができ、少年が遵守事項、指示又は教育的な措置に従わなければならない最長6月の期間を定めることができる。裁判は、決定により行う。この決定に対しては、不服を申し立てることができない。少年が遵守事項、指示又は教育的な措置に従ったときには、裁判官は手続を中止する。第11条第3項及び第15条第3項第2文は、これを適用しない。
⑵　検察官が事前に暫定的な中止に同意していなかったときには、中止は検察官の同意を必要とする。中止決定は、審判手続の中でも行うことができる。中止決定には理由が

付されるが、それに対して不服を申し立てることはできない。教育上の不利益のおそれがあるときには、理由は、被告人に通知されない。
(3) 同一の行為に対しては、新たな事実又は証拠方法を理由としてのみ、新たな公訴を提起することができる。

第47条 a（少年裁判所の優先順位）
　少年裁判所は、審判手続の開始後、事件が一般刑事事件の管轄権を持つ同程度又はより低い順位にある裁判所に係属することを理由として、管轄権のないことを宣告してはならない。この場合には、第103条第2項第2文及び第3文は、そのまま、適用される。

第48条（非公開）
(1) 判決裁判所における審理は、裁判の言渡しも含めて、公開されない。
(2) 手続関与者とともに、被害者、並びに被告人が保護観察官の監督及び指導又は援護者の援護及び監督に服しているとき、又は被告人のために教育扶助者が選任されているときには、援助者及び教育扶助者に出席が許される。ホーム又はそれに類する施設において教育のための援助が少年に行われている場合には、施設の代表者についても、これと同じである。その他の者については、裁判長は、特別の理由から、特に職業教育を目的として、出席を許可することができる。
(3) 手続において青年又は成人が訴追されているときには、審理は公開して行う。少年の被告人の教育上の利益から見て必要であるときには、公開しないことができる。

第49条（削除）

第50条（審判における出席）
(1) 一般法の手続であれば被告人の欠席が許されるときには、そのことにつき特別の理由があり、かつ、検察官が同意した場合にのみ、被告人の出席なしに審判を行うことができる。
(2) 裁判長は、教育権者及び法定代理人の召喚も命じるべきものとする。この場合には、証人についての召喚、不出頭の効果及び費用に関する諸規定を準用する。
(3) 審判の場所及び期日は、少年審判補助の代表者に通知されなければならない。少年審判補助の代表者は、請求に基づいて発言を認められる。
(4) 少年を担当した保護観察官が審判手続に関与するときには、保護観察官は、保護観察期間中の少年の成長に関し、意見を聴取されるべきものとする。第1文は、少年を担当した援護者及び少年が参加している社会訓練コースの指導者について、準用する。

第51条（関係者の一時退廷）
(1) 裁判長は、少年の教育に不利益が生じる可能性のある事項について審理が行われる

間、被告人を審判廷から退席させるべきものとする。被告人の防禦にとって必要であるときには、裁判長は、被告人の退席中審理した事項について、被告人に告知しなければならない。
(2) 被告人の親族、教育権者及び法定代理人を在廷させることに疑念が生じたときには、裁判長は、これらの者も審判廷から退席させるべきものとする。

第52条（少年拘禁における未決勾留の考慮）

少年拘禁が言い渡され、かつ、未決勾留又は行為を理由として受けたその他の自由剥奪により少年拘禁の目的の全部又は一部が達成されているときには、裁判官は、少年拘禁の執行の有無又はそれが執行されない範囲を判決の中で言い渡すことができる。

第52条 a（少年刑における未決勾留の算入）

(1) 手続の対象となっていた行為又は対象であった行為を理由として、被告人が未決勾留又はその他の自由剥奪を受けたときには、それらは少年刑に算入される。但し、行為後の被告人の行状を考慮し、又は教育上の理由から、算入が正当化できないときには、裁判官は、その全部又は一部を算入しないことを命じることができる。特に自由剥奪を算入すれば、被告人に対してなお必要である教育的な影響づけが保証されない場合には、教育上の理由が存在する。
(2) （削除）

第53条（家事裁判官又は後見裁判官への移送）

裁判官は、少年刑を言い渡さないときには、判決において、教育処分の選択及び命令を家事裁判官又は後見裁判官に委ねることができる。その場合、家事裁判官又は後見裁判官は、判決にとって決定的に重要であった事情に変化がない限り、教育処分を命じなければならない。

第54条（判決理由）

(1) 被告人が有罪を言い渡されるときには、処罰、命じられた処分、処分の選択及び命令の家事裁判官若しくは後見裁判官への委託又は懲戒処分及び刑の見合わせにとって、どのような事情が重要であったのかも、判決理由に詳述される。その場合には、特に被告人の心的、精神的及び身体的な特質が考慮されるべきものとする。
(2) 判決理由は、告知することで教育上不利益が生じるおそれがあるときには、被告人に告知されない。

第3款　上訴手続

第55条（裁判に対する不服申立て）

(1) 単に教育処分若しくは懲戒処分のみを命じた裁判又は家事裁判官若しくは後見裁判

官に教育処分の選択及び命令を委ねた裁判に対しては、処分の範囲を理由として不服を申し立てることができず、かつ、他の種類若しくはそれ以外に他の教育処分又は懲戒処分が命じられるべきことを理由として、又は家事裁判官若しくは後見裁判官に教育処分の選択及び命令が委託されたことを理由として、不服を申し立てることができない。この規定は、裁判官が第12条第2号による教育のための援助を請求するよう命じたときには、適用しない。
(2)　適法な控訴を申し立てた者は、控訴審判決に対しては、もはや上告を行うことができない。被告人、教育権者又は法定代理人が適法な控訴を行った場合、これらの者はいずれも、控訴審判決に対して上告する権利を持たない。
(3)　教育権者又は法定代理人は、被告人の同意を得た場合にのみ、申し立てた上訴を取り下げることができる。
(4)　関与者が、第1項第1文により裁判に対する不服申立てを行うことができず、又は第2項により控訴審判決に対して上告することができないときには、刑事訴訟法356条aを準用する。

第56条（単一刑の部分的執行）
(1)　被告人が数個の犯罪行為を理由として一個の単一刑を言い渡されたときは、一個又は数個の犯罪行為について有罪の認定に異議が述べられなかった場合には、上訴裁判所は、審判の前に、刑の一部について判決を執行することができることを宣告することができる。この命令は、被告人の真の利益に適う場合にのみ許される。この一部分の刑は、有罪の認定に異議が述べられなかった犯罪行為を理由とする有罪言渡しに相応する程度の刑期を超えてはならない。
(2)　この決定に対しては、即時抗告が許される。

第4款　保護観察のための少年刑の延期の手続

第57条（延期に関する裁判）
(1)　保護観察のための刑の延期は、判決の中で言い渡し、又は刑の執行がまだ開始されていない間は、事後的に決定で命じる。事後の決定に関しては、第一審で判決を言い渡した裁判官が管轄権を持つ。この場合には、検察官及び少年の意見が聴かれなければならない。
(2)　裁判官が判決の中で延期を拒否したときには、判決の言渡し後にそれのみで又はすでに判明している事情と併せて少年刑の延期を正当化する事情が出現した場合に限り、事後の延期の命令が許される。
(3)　指示又は遵守事項（第23条）が考慮されるときには、そうすることが適当な事案では、その将来の行状について確約するかどうか、又は犯された違法行為の賠償に資する給付を申し出るかどうかが少年に尋ねられなければならない。治療教育的な処遇又は離脱治療を受けることについての指示が考慮されるときには、16歳に達している少年に対し

ては、これに同意するかどうかが尋ねられなければならない。
(4) 刑事訴訟法第260条第4項第4文及び第267条第3項第4文は、これを準用する。

第58条（その他の裁判）
(1) 刑の延期のために必要な裁判（第22条、第23条、第24条、第26条、第26条a）は、裁判官が、決定により行う。この場合、検察官、少年及び保護観察官の意見が聴かれなければならない。第26条による裁判又は少年拘禁の賦課が考慮されるときには、少年には裁判官の前で口頭で意見を表明する機会が与えられなければならない。この決定には、理由が付されなければならない。
(2) 裁判官は、刑事訴訟法第453条cによる暫定的な処分の執行も指揮する。
(3) 管轄権を持つのは、延期を命じた裁判官である。当該裁判官は、少年が現住している地域を管轄する少年係裁判官にこの裁判の全部又は一部を委ねることができる。第42条第3項第2文は、これを準用する。

第59条（不服申立て）
(1) 少年刑の延期を命じ、又はこれを拒否した裁判に対しては、そのことのみに関して不服申立てが行われるときに、即時抗告が許される。刑が延期されなかったことのみを理由として判決に対して不服申立てが行われる場合も、同様である。
(2) 保護観察の期間（第22条）、観護の期間（第24条）又は保護観察期間における観護の新たな命令（第24条第2項）に関する裁判、並びに指示又は遵守事項（第23条）に関する裁判に対しては、抗告が許される。この抗告は、保護観察期間若しくは観護期間が事後的に延長されたこと、観護が新たに命じられたこと、又は言い渡された命令が違法であることのみを理由とすることができる。
(3) 少年刑の延期の取消し（第26条第1項）に対しては、即時抗告を行うことができる。
(4) 少年刑の免除に関する決定（第26条a）に対しては、不服を申し立てることができない。
(5) 判決に対して適法な上告が申し立てられ、かつ、その判決の中で命じられている保護観察のための少年刑の延期に関する裁判に対して抗告が申し立てられたときには、上告裁判所は、その抗告についても裁判を行う権限を持つ。

第60条（保護観察計画）
(1) 裁判長は、与えられた指示及び遵守事項を保護観察計画の中に取りまとめる。裁判長は、これを少年に交付するとともに、刑の延期の意義、保護観察期間、観護期間、指示及び遵守事項並びに延期の取消しの可能性について、少年に教示する。同時に、少年には、保護観察期間中の居所、職業教育の場所又は職場の変更をその都度届け出る義務が課されなければならない。後に保護観察計画が変更された場合にも、少年はその主要な内容を教示されなければならない。

(2) 保護観察官の氏名は、保護観察計画書中に記される。
(3) 少年は、署名をすることによって保護観察計画書を読了したことを確証し、かつ、指示及び遵守事項に従う意思のあることを確約すべきものとする。教育権者及び法定代理人も保護観察計画に署名すべきものとする。

第61条 （削除）

第5款　少年刑の宣告猶予の手続

第62条（裁判）
(1) 第27条及び第30条による裁判は、審判手続に基づき判決によってこれを行う。少年刑の宣告を猶予する裁判に関しては、刑事訴訟法第267条第3項第4文を意味に即して適用する。
(2) 有罪言渡しの抹消は、検察官の同意を得た上で、保護観察期間の満了後、審判を開かなくても、決定により命じることができる。
(3) 保護観察期間中に行われる審判において、少年刑が必要であることが（第30条第1項）明らかにならなかつたときには、刑の宣告に関する裁判は猶予されたままであることの決定を行う。
(4) 少年刑の宣告を猶予したため必要となるその他の裁判に関しては、第58条第1項第1文、第2文及び第4文並びに第3項第1文を意味に即して適用する。

第63条（不服申立て）
(1) 保護観察期間の満了後に有罪宣告を抹消する決定（第62条第2項）又は少年刑の宣告に関する裁判が猶予されていることの決定（第62条第3項）に対しては、不服を申し立てることができない。
(2) その他の場合には、第59条第2項及び第5項を意味に即して適用する。

第64条（保護観察計画）
　　第60条は、これを意味に即して適用する。少年は、猶予の意義、保護観察期間、観護期間並びに指示及び遵守事項とともに、保護観察期間中に不良な行状があったときには、少年刑が確定することを予期しなければならないことが、教示されなければならない。

第6款　補充的裁判

第65条（指示及び遵守事項に関する事後の裁判）
(1) 指示（第11条第2項、第3項）又は遵守事項（第15条第3項）に関する事後の裁判は、第一審の裁判官が、検察官及び少年の意見を聴いた上で、決定により行う。必要である場合には、少年審判補助の代表者、第10条第1項第3文第5号により選任された

少年裁判所法

援護者及び第10条第1項第3文第6号に基づき活動している社会訓練コースの指導者は、意見を聴かれなければならない。少年拘禁の賦課が考慮されるときには、少年は、裁判官の前で口頭による意見を表明する機会を与えられなければならない。少年がその居所を変更したときには、裁判官は、少年が現住している地域を管轄する少年係裁判官に事件を移送することができる。その場合、第42条第3項第2文は、これを準用する。
⑵　裁判官が指示の変更を拒否したときには、その決定に対して、不服を申し立てることができない。裁判官が少年拘禁を科したときには、決定に対して即時抗告を行うことができる。この即時抗告は、執行を延期する効力を持つ。

第66条（数個の有罪言渡しが行われる場合の確定裁判の補充）
⑴　処分又は少年刑の統一的な確定（第31条）がまだ行われておらず、かつ確定裁判によって言い渡された教育処分、懲戒処分及び刑罰がまだ完全に実施、執行、又はその他終了するに至っていないときには、裁判官は、事後において統一的な裁判を行う。但し、裁判官が第31条第3項により有罪の確定裁判があった犯罪行為を新たな裁判の中に含めることを見合わせたときには、これを適用しない。
⑵　検察官が申し立てを行い、又は裁判長が適当と判断した場合には、この裁判は、審判手続に基づき判決によって行う。審判手続が行われなかった場合には、裁判官は、決定により裁判を行う。管轄権及び決定手続については、一般法の規定による併合刑の事後的形成に関するものと同じことが当てはまる。少年刑の一部が執行されている場合、執行指揮の任務を負う裁判官が管轄権を持つ。

第7款　共通の手続規定

第67条（教育権者及び法定代理人の地位）
⑴　被疑者が意見を求められ、質問及び申立てを行い、又は審問手続に立ち会う権利を持つときには、教育権者及び法定代理人もこれらの権利を持つ。
⑵　被疑者に対する通知が規定されているときには、教育権者及び法定代理人に対しても、それに相応する通知が行われるべきものとする。
⑶　弁護人を選任し、法的救済を申し立てる法定代理人の権利は、教育権者も持つ。
⑷　教育権者及び法定代理人が被疑者の非行に関与した疑いがあり、又は関与のために有罪の言渡しを受けたときには、裁判官は、これらの者からこの権利を剥奪することができる。教育権者又は法定代理人に第1文の要件があるときに、その権利が濫用されるおそれがある場合には、裁判官は、その双方に対して権利の剥奪を宣告することができる。教育権者及び法定代理人がすでにその権利を持っていないときには、後見裁判官は、係属中の刑事手続において、被疑者の利益をはかるべき保護人を選任する。審判手続は、この保護人が選任されるまで延期される。
⑸　複数の者が教育権を持つときには、その各人が本法に定められた教育権者の権利を行使することができる。審判手続又は裁判官のもとで行われるその他の手続において

は、欠席した教育権者は、出席した教育権者によって代理されるものとみなされる。通知又は召喚が規定されているときには、1人の教育権者に対して行われれば十分である。

第68条（必要的弁護）
次の場合、裁判長は、被疑者に弁護人を選任する。
1. 成人であれば、弁護人が選任されなければならないとき、
2. 本法によって、教育権者及び法定代理人がその権利を奪われているとき、
3. 被疑者の成長状態に関する鑑定の準備をするため（第73条）、被疑者を施設に収容することが問題になっているとき、又は
4. 被疑者が18歳に達していない場合に、未決勾留又は刑事訴訟法第126条aによる仮収容が執行されるとき。これらの場合、弁護人は遅滞なく選任される。

第69条（付添人）
(1) 裁判長は、必要的弁護事件でない場合であっても、手続のいかなる段階においても、被疑者のために、付添人を選任することができる。
(2) 教育権者及び法定代理人が付添人に選任されることにより教育上不利益が生じることが予想されるときには、これらの者は、付添人に選任されてはならない。
(3) 付添人は、記録を閲覧することができる。その他、付添人は審判手続において弁護人の権利を持つ。

第70条（通知）
少年審判補助者並びに適当な事案においては後見裁判官、家事裁判官及び学校も、手続の開始及び結果について通知を受ける。これらの者は、被疑者についてさらに他の刑事手続が係属していることを知ったときには、検察官にそのことを報告する。家事裁判官及び後見裁判官は、被疑者又はその他通知の当事者の保護に値する利益が、伝達しないことの価値を上回らないと判断される限りにおいて、家事裁判官及び後見裁判官による措置並びにその変更及び終了を検察官に通知する。

第71条（教育に関する仮命令）
(1) 裁判官は、判決の確定まで、少年の教育に関する仮の命令を発することができ、又は社会法典第8編による給付を課すこと提案することができる。
(2) 少年の成長をさらに危険にさらす事柄、特に新たな犯罪行為に及ぶことから少年を守るため、予想される処分を考慮してもそれが必要であるときには、裁判官は、適切な少年援助のホームへの仮収容を命じることができる。仮収容に関しては、刑事訴訟法第114条から第115条a、第117条から第118条b、第120条、第125条、及び第126条を意味に即して適用する。仮収容の実施は、少年援助のホームに関し適用される規定

第72条（未決勾留）

(1) 教育に関する仮の命令又は他の処分ではその目的を達することができない場合、未決勾留を科し、執行することができる。比例性の審査（刑事訴訟法第112条第1項第2文）にあたっては、特に少年にとって執行が持つ特別な負担も考慮されなければならない。未決勾留が科される場合には、勾留状には、他の処分、特に少年援助のホームへの仮収容では足りず、かつ、勾留が比例性に反しないことを明らかにする理由が詳述されなければならない。

(2) 少年が16歳に達していないときには、逃走のおそれを理由とする未決勾留の言渡しは、次の場合にのみ行うことができる。
　　1. 手続をすでに逃れていたか、若しくは逃亡の準備を行ったとき、又は、
　　2. 本法の適用範囲に定まった住居又は居所を持っていないとき。

(3) 勾留状の執行及び執行の回避のための処分に関しては、勾留状を発した裁判官が裁判を行い、緊急を要する場合には、その管轄区域内で未決勾留を執行する少年係裁判官が裁判を行う。

(4) 勾留状の発付を行うことができる同一の要件のもとで、少年援助のホームへの仮収容（第71条第2項）も命じることができる。この場合、それが必要であることが明らかになったとき、裁判官は、事後的に収容命令に代えて勾留状を発付することができる。

(5) 少年が未決勾留の執行を受けているときには、手続は、特に迅速に進められなければならない。

(6) 管轄権を持つ裁判官は、未決勾留に関する裁判官の裁判を、重要な理由から全体的又は部分的に他の少年係裁判官に委ねることができる。

第72条a（勾留事件への少年審判補助の関与）

少年審判補助は、勾留状の執行を遅滞なく通知されなければならない。少年審判補助者には、すでに勾留状の発付が通知されるべきものとする。少年が刑事訴訟法第128条により裁判官に引致されることが捜査の状況により予期されるときには、少年審判補助者は、少年の仮逮捕について通知を受けなければならない。

第73条（観察のための収容）

(1) 被疑者の成長状態に関する鑑定の準備を行うために、裁判官は、専門家及び弁護人の意見を聴いた上で、少年を調査するために適した施設に被疑者を収容し、そこで観察を行うことを命じることができる。準備の手続においては、審判手続の開始について権限を持つ裁判官が裁判を行う。

(2) この裁判に対しては、即時抗告を行うことができる。この即時抗告は、執行延期の効力を持つ。

(3) 施設への留置は、6週間を超えてはならない。

第74条（費用及び立替金）

少年に対する手続においては、費用及び立替金を被告人に負担させることを免除することができる。

第8款　簡易少年手続

第75条（削除）

第76条（簡易少年手続の要件）

少年係裁判官がもっぱら指示を賦課し、第12条第1号の意味における教育のための援助を命じ、懲戒処分を科し、運転禁止を言い渡し、運転免許の剥奪及び2年を越えない停止期間を定め、又は追徴若しくは没収を言い渡すことが予想されるときには、検察官は、少年係裁判官に、書面又は口頭で、簡易少年手続で裁判を行うことを申し立てることができる。検察官のこの申立ては、公訴の提起と同等である。

第77条（申立ての却下）

(1) 少年係裁判官は、事案が簡易手続にふさわしくないとき、特に第12条第2号の意味における教育のための援助の命令若しくは少年刑の賦課が予想されるとき、又は広範囲の証拠調べが必要とされるときには、簡易手続による裁判の申立てを却下する。判決の言渡しまでの間、この決定を行うことができる。この決定に対しては、不服を申し立てることができない。
(2) 少年係裁判官が簡易手続による裁判の申立てを却下したときには、検察官は、起訴状を提出する。

第78条（手続及び裁判）

(1) 少年係裁判官は、簡易少年手続においては、口頭による審理に基づき判決によって裁判を行う。少年係裁判官は、第12条第2号の意味における教育のための援助、少年刑又は離脱治療施設への収容を言い渡してはならない。
(2) 検察官は、審理に関与する義務を負わない。検察官が関与しないときには、審理における手続の中止又は被告人欠席のまま審理を行うことに関して、検察官の同意を必要としない。
(3) 手続の簡易化、迅速化及び少年にふさわしい形成のために、真実の発見が害されない限りにおいて、手続上の諸規定とは異なる取扱いをすることができる。但し、被告人の出席（第50条）、教育権者及び法定代理人の地位（第67条）並びに裁判の通知（第70条）に関する規定に、注意しなければならない。

第9款　一般手続法の諸規定の適用除外

第79条（略式命令及び簡易手続）
(1) 少年に対して略式命令を発することはできない。
(2) 一般手続法の簡易手続によることはできない。

第80条（私人起訴及び公訴参加手続）
(1) 少年に対して私人起訴（Privatklage）を行うことはできない。一般法の規定によれば私人起訴を行うことができる非行については、教育上の理由から必要であるか、又は教育目的に反しない被害者の正当な利益から見て必要である場合でも、検察官が訴追を行う。
(2) 少年の私的公訴人に対しては、反訴が許される。少年刑は、言い渡してはならない。
(3) 公訴参加手続（Nebenklage）は、許されない。

第81条（被害者に対する損害賠償）
被害者に対する損害賠償に関する刑事訴訟法の規定（刑事訴訟法第403条から第406条c）は、少年に対する手続では適用されない。

第3章　執行指揮及び執行の実施

第1節　執行指揮

第1款　執行指揮の組織及び管轄

第82条（執行指揮者）
(1) 執行指揮者は、少年係裁判官である。少年係裁判官は、刑事訴訟法が行刑裁判所に割り当てられている任務を引き受ける。
(2) 裁判官が第12条の意味における教育のための援助を命じたときには、管轄の詳細は、社会法典第8編の規定による。

第83条（執行指揮手続における裁判）
(1) 第86条から第89条a、第92条第3項及び刑事訴訟法第462条a、第463条による執行指揮者の裁判は、少年係裁判官による裁判である。
(2) 執行指揮者により行われた命令に対して、執行上必要とされる裁判官による裁判に関しては、次の場合に少年裁判部が管轄権を持つ。
　　1. 執行指揮者が、自ら又は第一審の少年参審裁判所の裁判長として言い渡したとき、
　　2. 執行指揮者が、行刑裁判所の任務の代理において、自らの命令に関し裁判を行

わなければならないとき。
(3) 第1項及び第2項による裁判に対しては、別段の規定がない限り、即時抗告により不服を申し立てることができる。第67条から第69条の規定は、これを意味に即して適用する。

第84条（土地管轄）
(1) 少年係裁判官は、自ら単独で又は第一審の少年参審裁判所の裁判長として言い渡したすべての手続について、執行を開始する。
(2) 第1項の場合を除いて他の裁判官の裁判を執行しなければならないときには、家事裁判官又は後見裁判官の教育的任務を負う区裁判所の少年係裁判官が、執行を開始する権限を持つ。この場合、有罪の言い渡しを受けた者が成人しているときには、未成年であったならば家事裁判官又は後見裁判官の教育適任を負うことになっていた区裁判所の少年係裁判官が、執行を開始する権限を持つ。
(3) 第1項及び第2項の場合で、第85条に別段の定めがないとき、少年係裁判官がその執行を実施する。

第85条（執行の伝達及び移転）
(1) 少年拘禁が執行されなければならないときには、第一次的に管轄権を持つ少年係裁判官は、第90条第2項第2文により執行指揮官として管轄権を持つ少年係裁判官に、執行を伝達する。
(2) 少年刑が執行されなければならない場合、有罪の言渡しを受けた者が少年刑務所に収容された後は、少年刑務所がある地区の区裁判所の少年係裁判官に執行が移る。州政府は、通信上の理由から望ましいと思われるときには、執行を他の区裁判所の少年係裁判官に移転することを法規命令により決定する権限を与えられる。州政府は、法規命令により、州司法行政庁にその権限を委ねることができる。
(3) 州が他の州の地域に少年刑務所を置いているときには、関係各州は、少年刑務所を置く州の区裁判所の少年係裁判官が管轄権を持つべきことを取り決めることができる。この合意がなされた場合、執行は、その区域内に少年刑務所に関して管轄権を持つ監督官庁が存在する区裁判所の少年係裁判官に移る。少年刑務所を置く州の政府は、通信上の理由から望ましいと思われる場合、他の区裁判所の少年係裁判官が管轄権を持つことを法規命令により決定する権限が与えられる。州政府は、法規命令により、州司法行政庁に権限を委ねることができる。
(4) 第2項は、刑法典第61条第1号又は第2号による改善及び保安処分の執行にあたり準用する。
(5) 重大な理由がある場合には、執行指揮者は、普段は権限持たず、又はすでに権限を持っていない少年係裁判官に対して、取消権を留保してその執行を伝達することができる。

(6) 有罪の言渡しを受けた者が24歳に達しているときに、少年刑又は改善及び保安処分の執行がなお継続されることが予想され、かつ、有罪言渡しを受けた者の人格を考慮して、少年刑法の特別な基本思想がもはや重要でない場合には、第2項から第4項により権限を持つ執行指揮者は、成人に対する行刑の規定に従い執行される少年刑又は改善及び保安処分の執行を一般法の規定により権限を持つ執行官庁に伝達することができる。この場合、伝達は拘束力を持つ。伝達により、刑の執行に関する刑事訴訟法の規定及び裁判所構成法の規定が適用されなければならない。
(7) 執行手続における検察官の権限については、刑事訴訟法第451条第3項を準用する。

第2款　少年拘禁

第86条（休日拘禁の変更）
　　執行指揮者は、事後的に第16条第3項の要件が生じたときには、休日拘禁を短期拘禁に変更することができる。

第87条（少年拘禁の執行指揮）
(1) 少年拘禁の執行は、保護観察のために延期されない。
(2) 未決勾留の少年拘禁への算入に関しては、刑事訴訟法第450条を意味に即して適用する。
(3) 執行指揮者は、判決の言渡しの後、もっぱらそれのみで、又はすでに知られている事情との関連において教育上の理由から執行の見合わせを正当化する事情が生じたときに、少年拘禁全体の執行を見合わせ、又は少年拘禁が部分的に執行されている場合には、残りの執行を見合わせる。確定力の発生から6月が経過した場合で、教育上の理由から必要であるときには、執行指揮者は執行を全面的に見合わせる。有罪の言渡しを受けた者に対して、他の行為を理由に科され、又は他の行為を理由として予想される刑とともに少年拘禁がもはや教育的な目的を満たさないことが予想されるときには、執行指揮者は、少年拘禁の執行を全面的に見合わせることができる。裁判の前に執行指揮者は、判決を下す裁判官、検察官及び少年審判補助の代表者の意見を可能な限り聴く。
(4) 確定力の発生から1年が経過したときには、少年拘禁の執行はできない。

第3款　少年刑

第88条（少年刑の残余部分の延期）
(1) 有罪の言渡しを受けた者が刑の一部に服し、かつ、一般の安全の利益を考慮してもなお少年の成長に鑑みて責任を持ちうるときには、執行指揮者は、保護観察のために少年刑の残余部分の執行を延期することができる。
(2) 6月の服役の前になされる残余部分の執行の延期は、特に重要な理由に基づいてのみ命じることができる。1年を超える少年刑の場合には、残余部分の延期は、有罪の言

渡しを受けた者が少なくとも刑の3分の1を終えた場合にのみ行うことができる。
(3) 第1項及び第2項の場合には、有罪の言渡しを受けた者が釈放後の生活のため準備するのに必要な措置を行いうるよう、執行指揮者は、早期に裁判を行うべきものとする。新たに生じた事実又は新たに知られた事実に基づき、一般の安全の利益も考慮し、少年の成長に鑑みてもはや責任を持ちえないときには、執行指揮者は、有罪の言渡しを受けた者の釈放までに、その裁判を再度取消すことができる。
(4) 執行指揮者は、検察官及び施設長の意見を聴取した上で、この裁判を行う。有罪の言渡しを受けた者には口頭で意見を述べる機会が与えられなければならない。
(5) 有罪判決を受けた者が保護観察のための残余刑の延期を申し立てることが認められない期間として、執行指揮者は、最長6月までの期間を定めることができる。
(6) 執行指揮者が少年刑の残余部分の執行の猶予を命じるときには、第22条第1項並びに第2項第1文及び第2文並びに第23条から第26条aを、その意味に即して適用する。この場合、執行指揮者が、判決裁判官の代わりとなる。裁判の手続及び取消しに関しては、第58条、第59条第2項から第4項及び第60条を準用する。残余刑の猶予を命じた決定に対する検察官の抗告は、執行停止の効力を持つ。

第89条（削除）

第89条 a（自由刑と併存する少年刑の中断及び執行）
(1) 少年刑を言渡された者に対し自由刑も執行されなければならないときには、原則として少年刑が優先して執行される。執行指揮者は、少年刑の半分の執行が終了しているが、少なくとも6月が経過しているときには、少年刑を中断する。執行指揮者は、残余刑の延期が考慮される場合、この期間の経過以前であっても執行を中断することができる。延期の取消しを理由として執行される残余刑は、残余刑の半分の執行が終了しているが、少なくとも6月が経過しており、かつ、新たな猶予が考慮される場合に、中断することができる。但し、この場合、残余刑の執行につき最低6月の執行が終わっていなければならない。刑事訴訟法第454条b第3項は、これを準用する。
(2) 有罪言渡しを受けた者に対して、無期の自由刑の他に少年刑も執行されなければならないときに、有罪の言渡しを受けた者が無期の自由刑の言渡し前に犯した犯罪行為と少年刑の言渡しが関係する場合には、無期の自由刑のみが執行される。この場合、基礎となっている事実の確定を最終的に行いうる手続における判決が、有罪言渡しとみなされる。無期の自由刑の残余部分の執行が裁判所により保護観察のために延期されるときには、裁判所は、少年刑の執行が終了したことを宣告する。
(3) 第1項の場合には、有罪を言渡された者が21歳に達しているとき、執行指揮者が少年刑の執行を見合わせることができるという条件で、第85条第6項は、これを準用する。

第2節　執行

第90条（少年拘禁）
(1) 少年拘禁の執行は、少年の名誉感情を喚起し、かつ、自己の犯した不法について責任を負わなければならないことを少年に痛切に自覚させるべきものとする。少年拘禁の執行は、教育的に形成されるべきものとする。少年拘禁の執行は、犯行に寄与した困難性を少年が克服するのを援助すべきものとする。
(2) 少年拘禁は、少年拘禁施設又は州司法行政庁の休日拘禁室でこれを執行する。執行指揮者は、執行地における少年係裁判官である。

第91条（少年行刑の任務）
(1) 有罪の言渡しを受けた者は、少年刑の執行によって、将来誠実で責任を自覚した行状を保持しうるよう教育されるべきものとする。
(2) 秩序、労働、学習、運動及び自由時間における有意義な活動が、この教育の基礎である。有罪の言渡しを受けた者の労働への従事が促進されなければならない。職業教育の場が設置されなければならない。宗教家による教誨が保障される。
(3) 目指された教育の目的を達成するために、執行を緩和することができ、適当な場合には、広範囲に渡り自由な形式でこれを実施することができる。
(4) 職員は、少年行刑の教育的任務に適し、かつ、そのための職業教育を経た者でなければならない。

第92条（少年刑務所）
(1) 少年刑は、少年刑務所で執行する。
(2) すでに18歳に達し、かつ、少年刑に適さなくなった有罪言渡しを受けた者に対しては、その刑を少年刑事施設において執行することは必要ではない。少年刑事施設で執行されない少年刑は、成人についての行刑の諸規定に従って執行される。有罪の言渡しを受けた者が24歳に達しているときには、少年刑は成人に対する行刑の諸規定に従って執行されるべきものとする。
(3) 少年行刑の例外については、執行指揮者が決定する。

第93条（未決勾留）
(1) 少年の場合には、未決勾留は、可能な限り特別の施設又は少なくとも拘禁施設における特別の区画若しくは少年拘禁施設で執行する。
(2) 未決勾留の執行は、教育的に形成されるべきものとする。
(3) 少年審判補助の代表者、並びに被疑者が保護観察官の監督及び指導若しくは援護者の保護及び監督のもとにあるとき、又は被疑者のために教育扶助者が選任されているときには、これらの者に対して、弁護人と同じ範囲で接見交通が許される。

第93条 a（離脱治療施設における収容）

(1) 刑法典第61条第2号による処分は、薬物依存症の少年の治療のために必要になる特別な治療上の措置及び社会的援助を自由にできる状態にある施設において執行する。
(2) 目標とされている処遇目的を達成するために、執行は緩和することができ、かつ、広範囲にわたり自由な形式で執行することができる。

第4章　前科の除去

第94条から第96条（削除）

第97条（裁判官の言渡しによる前科の除去）

(1) 少年刑を言渡された少年が非難の余地のない行状により誠実な人間であることを示したという見解に達したときには、少年係裁判官は、職権により、又は有罪の言渡しを受けた者、教育権者若しくは法定代理人の申立てにより、前科が除去されたことの宣告を行う。この宣告は、検察官の申立てにより、又は有罪の言渡しを受けた者がその申立て時においてなお未成年者である場合には少年審判補助の代表者の申立てによっても、行うことができる。刑法典第174条から第180条又は第182条による有罪の言い渡しが問題となるときには、宣告を行うことはできない。
(2) 有罪の言い渡しを受けた者が特に前科の除去にふさわしいことが明らかになったとしても、前科除去の命令は、刑の執行が終わり、又は免除があった後2年を経過した場合にはじめて行うことができる。刑の執行中又は保護観察期間中には、この命令を行うことはできない。

第98条（手続）

(1) 管轄権は、有罪の言渡しを受けた者について家事裁判官又は後見裁判官の教育的任務を負う区裁判所の裁判官が持つ。有罪の言渡しを受けた者が成人に達したときには、その者の居住地を管轄する少年係裁判官が、その権限を持つ。
(2) 少年係裁判官は、刑の終了後に有罪の言渡しを受けた者を保護する立場にある者に対し、その者の行状及び保護観察に関する調査を特に依頼する。少年係裁判官は、自ら調査を行うこともできる。少年係裁判官は、有罪の言渡しを受けた者から事情を聴取し、又はその者が未成年者である場合には、教育権者、法定代理人、学校及び権限のある行政官庁から事情を聴取する。
(3) 調査の終了後、検察官は意見を聴取されなければならない。

第99条（裁判）

(1) この裁判は、少年係裁判官が決定により行う。

(2) 前科除去のための条件がまだ備わっていないと思料するときには、少年係裁判官は、この裁判を最長2年まで延期することができる。
(3) この決定に対しては、即時抗告を行うことができる。

第100条（刑又は残余刑の免除後の前科の除去）

保護観察のための刑の延期後に、2年を超えない少年刑の言渡しがなされたときは、刑又は残余刑が免除される場合には、裁判官は、同時に前科が除去されたことの宣告を行う。

第101条（取消し）

前科が除去されたことの宣告を受けた者が、記録が抹消される前に、重罪又は故意の軽罪を理由に新たに自由刑を言い渡されるときには、裁判官は、判決の中で又は事後においては決定により、前科の除去を取り消す。特別の場合においては、裁判官は、この取消しを見合わせることができる。

第5章　一般刑事事件について管轄権を有する裁判所における少年

第102条（管轄権）

連邦通常裁判所及び上級地方裁判所の管轄権は、本法の諸規定によって影響を受けない。第一審で上級地方裁判所の管轄に属する刑事事件（裁判所構成法第120条第1項及び第2項）においては、保護観察のための少年刑の延期を命じ、又は却下した（第59条第1項）上級地方裁判所の裁判に対する抗告についても、連邦通常裁判所が裁判を行う。

第103条（数個の刑事事件の併合）

(1) 真実発見のために又はその他の重要な理由から必要であるときには、一般手続法の規定に従い、少年に対する刑事事件と成人に対する刑事事件を併合することができる。
(2) 管轄権は、少年裁判所が持つ。但し、成人に対する事件が裁判所構成法第74条eの規定を含めた一般法の規定に従い、裁判所構成法第74条aにより経済犯刑事部又は刑事部の管轄権に属するときには、この限りでない。この場合、これらの刑事部は、少年に対する刑事事件についても管轄権を持つ。第2文の場合、裁判所構成法第74条aによる経済犯刑事部及び刑事部の管轄権に関する審査については、刑事訴訟法第6条a、第225条a第4項及び第270条第1項第2文を準用する。刑事訴訟法第209条aは、これらの刑事部が少年裁判部と比べても上位の裁判所であることを条件に、適用する。
(3) 裁判官が併合された事件の分離を決定したときには、併合がなければ当該事件に管轄権を持ったはずの裁判官への移送が直ちに行われる。

第104条（少年に対する手続）
(1) 一般刑事事件について管轄権を持つ裁判所における少年に対する手続においては、次の事項については、本法の規定が適用される。
　　1.　少年の非行及びその効果（第3条から第32条）、
　　2.　少年審判補助者の関与及びその法的地位（第38条、第50条第3項）、
　　3.　準備手続における捜査の範囲（第43条）、
　　4.　訴追の見合わせ及び裁判官による手続の中止（第45条、第47条）、
　　5.　未決勾留（第52条、第52条ａ、第72条）、
　　6.　判決理由（第54条）、
　　7.　上訴手続（第55条、第56条）、
　　8.　保護観察のための少年刑の延期及び少年刑の宣告猶予についての手続（第57条から第64条）、
　　9.　教育権者及び法定代理人の関与及び法的地位（第67条、第50条第2項）、
　　10.　必要的弁護（第68条）、
　　11.　通知（第70条）、
　　12.　観察のための収容（第73条）、
　　13.　費用及び立替金（第74条）、及び
　　14.　一般手続法の規定の除外（第79条から81条）
(2) 本法のその他の手続規定の適用は、裁判官の裁量に委ねられる。
(3) 国家の安全を理由として必要であるときには、裁判官は、少年審判補助者の関与並びに教育権者及び法定代理人の参加を行わせないことを命じることができる。
(4) 裁判官は、教育処分が必要であると思料するときには、教育処分の選択及び命令を家事裁判官又は後見裁判官に委ねなければならない。この場合、第53条第2文を準用する。
(5) 保護観察のために少年刑を延期した後に必要となる裁判は、少年が現住する地区を管轄する少年係裁判官に委ねられなければならない。少年刑の宣告を延期した後の裁判についても、刑の決定及び有罪言渡しの抹消に関する裁判（第30条）を除き、同様である。

第3編　青年

第1節　実体刑法の適用

第105条（青年に対する少年刑法の適用）
(1) 青年が一般法の規定により刑を科される可能性のある非行を行ったときに、次の場合には、裁判官は、少年に適用される第4条から第8条、第9条第1号、第10条、第11

条及び第13条から第32条の規定を準用する。
  1. 環境的諸条件をも考慮して、行為者の人格を全体的に評価した場合に、行為時における道徳的及び精神的発育から見てまだ少年と同等であることが明らかになるとき、又は
  2. 行為の種類、事情又は動機から見て、少年非行が問題になるとき。
(2) 青年が犯罪行為の一部を理由として一般刑法によりすでに確定力を持った有罪の言渡しを受けている場合にも、第31条第2項第1文及び第3項が適用されなければならない。
(3) 青年に対する少年刑の上限は、10年とする。

第106条（青年についての一般刑法の緩和；保安監置）

(1) 青年の犯罪行為を理由として一般刑法が適用されなければならないときには、裁判所は、無期の自由刑に代えて10年から15年までの自由刑を言い渡すことができる。
(2) 裁判所は、公職に就き、公選による権利を得る資格の喪失（刑法典第45条第1項）が生じないことを命じることができる。
(3) 保安監置は、刑とともに命じることができない。刑法典第66条に定める他の要件があるときに、次の場合には、裁判所は、保安監置の命令を留保することができる。
  1. 青年が、刑法典第66条第3項第1文に掲げられた態様での犯罪行為に及び、その行為で精神的又は肉体的に重大な損害を被害者に与え、又は被害者をその危険にさらしたことを理由に、5年以上の自由刑を言い渡されたとき、
  2. 一般法の規定により基準とされている以前に犯された行為において、第1号に掲げられた態様の行為が問題となるとき、及び
  3. 行為者及びその行為の全体評価により、そのような犯罪行為の性癖のために行為者が公共にとって危険であることが明らかであるとき。
  刑法典第66条a第2項及び第3項は、これを準用する。
(4) 刑とともに保安監置の命令が留保され、かつ、有罪の言い渡しを受けた者が27歳に達していないときには、行為者の再社会化がそれによりよりよく促進されない場合でも、裁判所は、社会治療施設において刑を執行することを命じる。この命令は、事後的にも行うことができる。社会治療施設における執行がまだ命じられておらず、又は被収容者がまだ社会治療施設に移送されていないときには、このことについて、6月ごとに新たに裁判が行われなければならない。第2文による事後的な命令については、行刑裁判所が管轄権を持つ。
(5) 第3項第2文第1号に掲げられた態様の犯罪行為を理由として、5年以上の自由刑が言い渡された後、この自由刑の執行が終了する前に、有罪の言い渡しを受けた者の公共に対する著しい危険性を示す事実が明らかになったときに、有罪の言い渡しを受けた者、その行為及び補足的には行刑中のその成長の全体評価により、高度の蓋然性をもって、第3項第2文第1号に掲げた態様における犯罪行為が新たに犯されることが明ら

かな場合には、裁判所は、保安監置への収容を事後的に命じることができる。
(6) 第3項第2文第1号に掲げられた態様における行為を理由として命じられた刑法典第67条d第6項による精神病院への収容が、終了の時点において収容を根拠づける心神喪失又は心神耗弱の状態がなかったために、終結する旨の宣告がなされているときに、次の場合には、裁判所は、保安監置への収容を事後的に命じることができる。
1. 刑法典第63条による当事者の収容が、複数のそのような行為を理由として命じられており、又は当事者が刑法典第63条により収容を根拠づける行為の前に及んでいた一つ若しくは複数のそのような行為を理由として、3年以上の自由刑がすでに一度言い渡されており、若しくは精神病院への収容が行われているとき、及び、
2. 当事者、その行為及び補足的には処分の執行中におけるその成長の全体評価により、高度の蓋然性をもって、第3項第2文第1号に掲げられた態様における犯罪行為が新たに犯されることが明らかであるとき。

第2節　裁判所の構成及び手続

第107条（裁判所の構成）
　　少年裁判所の構成に関する規定のうち、第33条から第34条第1項及び第35条から第38条は、青年の非行について準用する。

第108条（管轄）
(1) 少年裁判所の管轄に関する規定（第39条から第42条）は、青年の非行についても適用する。
(2) 一般刑法の適用が予想され、かつ、裁判所構成法第25条により刑事裁判官が裁判を行わなければならないときには、少年係裁判官が青年の非行についても管轄権を持つ。
(3) 青年の違法行為を理由として一般刑法が適用されなければならないときには、裁判所構成法第24条第2項が適用される。個別の事件において長期の刑が4年を超える自由刑若しくは精神病院への収容が予想され、又は単独若しくは刑の他に保安監置（第106条第3号、5号及び6号）が予想されるときには、少年裁判部が管轄権を持つ。

第109条（手続）
(1) 少年刑事手続に関する規定（第43条から第81条）のうち、第43条、第47条a、第50条第3項及び第4項、第68条第1号及び第3号並びに第73条は、青年に対する手続においても準用する。少年審判補助者及び適当な場合には学校に対しても、手続の開始及び結果につき通知が行われる。これらの機関は、被疑者に対し他の刑事手続が係属していることを知ったときには、検察官に報告を行う。青年の利益のために必要であるときには、公開しないことができる。

⑵　裁判官が少年刑法を適用する場合（第105条）には、第45条、第47条第1項第1文第1号、第2号、第3号、第2項及び第3項、第52条、第52条a、第54条第1項、第55条から第66条、第74条、第79条第1項並びに第81条は、これを準用する。第66条は、第105条第2項により処分又は少年刑の統一的な確定が行われない場合であっても、適用する。一般手続法の促進手続において決定が行われるときには、第55条第1項及び第2項は、適用されないものとする。

⑶　青年に対する手続において、刑事訴訟法第407条第2項第2文は適用しない。

第3節　執行指揮、執行の実施及び前科の除去

第110条（執行指揮及び執行の実施）

⑴　裁判官が少年刑法を適用し（第105条）、かつ、本法によって許されている処分又は少年刑を科すときには、少年についての執行指揮及び執行の実施に関する規定について、第82条第1項、第83条から第93条aは、青年について準用する。

⑵　青年が行為時に21歳に達していないときには、第93条を準用するものとする。但し、21歳以上24歳未満の青年に関しては、第93条の規定による未決勾留を執行することができる。

第111条（前科の除去）

前科の除去に関する規定（第97条から第101条）は、裁判官が少年刑を科す場合に、青年に準用する。

第4節　一般の刑事事件について管轄権を有する裁判所における青年

第112条（準用）

第102条、第103条並びに第104条第1項から第3項及び第5項は、青年に対する手続に準用する。第104条第1項に挙げられた規定は、青年に対して適用される法律により排除されない限りにおいて、適用されなければならない。裁判官は、指示の賦課が必要であると思料するときには、青年が現住する地区の少年係裁判官にその選択及び命令を委ねる。

第4編　連邦国防軍の軍人に関する特則

第112条a（少年刑法の適用）

⑴　少年刑法（第3条から第32条、第105条）は、次のことを例外として、少年又は青年の国防軍勤務関係の期間にも適用する。

1. 第12条の意味における教育のための援助は、命じられてはならない。
  2. 少年又は青年の道徳的又は精神的発育から特別の教育的な影響づけを必要とするときには、裁判官は、教育処分として懲戒権を有する上官による教育的な支援を命じることができる。
  3. 指示及び遵守事項の賦課に際して、裁判官は、国防軍勤務の特殊性を考慮しなければならない。すでに賦課されている指示及び遵守事項について、裁判官は、この特殊性に適合させなければならない。
  4. 篤志の保護観察官として、軍人を任命することができる。この軍人は、活動（第25条第2文）にあたって、裁判官の指示には服さない。
  5. 少年又は青年の軍務上の上官が配慮しなければならない事項は、軍人でない保護観察官による監督から除外される。懲戒権を持つ上官による処分が優先する。

第112条b（懲戒権を有する上官による教育的な支援）

(1) 裁判官が教育的な支援（第112条a第2号）を命じたときには、懲戒権を持つ直近の上官が、少年又は青年が勤務外でも監督及び援護に服するよう、手配を行う。

(2) この目的のため、少年又は青年には、勤務、自由時間、休暇及び俸給の支払いに関連する義務並びに制限を課すことができる。その詳細は、法規命令（第115条第3項）によって定める。

(3) 教育的な支援は、その目的が達成されるまでの間、継続する。但し、遅くとも、教育的な支援が1年間継続した場合、軍人が22歳に達したとき、又は軍人が国防軍勤務から除隊したときには、教育的な支援は終了する。

(4) 教育的な支援は、少年刑に併せて命じることができる。

第112条c（執行）

(1) 執行指揮者は、その目的が達成された場合には、第112条a第2号による教育処分の解除を宣告する。

(2) 執行指揮者は、国防軍勤務関係の開始前に実行された行為を理由に科せられた少年拘禁については、国防軍勤務の特殊性がそれを必要とし、かつ、その執行の猶予によってはその特殊性が考慮されえないときには、国防軍の軍人に対する少年拘禁の執行を免除する。

(3) 第1項及び第2項による執行指揮者の裁判は、第83条の意味における少年係裁判官による裁判である。

第112条d（懲戒権を持つ上官の意見聴取）

裁判官又は執行指揮者は、連邦国防軍の軍人に対し、指示若しくは遵守事項を賦課し、第112条a第2号による教育処分を命じ、若しくはそれらの解除を宣告し、第112条c第2項による少年拘禁の執行を免除し、又は保護観察官として軍人を任命するとき

には、その前に、その少年又は青年の懲戒権を持つ直近の上官の意見を聴くべきものとする。

第112条e（一般刑事事件について管轄権を持つ裁判所における手続）
　一般刑事事件について管轄権を持つ裁判所における少年又は青年に対する手続（第104条）においては、第112条a、第112条b及び第112条dが適用されなければならない。

第5編　末尾規定及び経過規定

第113条（保護観察官）
　各少年係裁判官の管轄区域ごとに、少なくとも1名の官職の保護観察官が任命されなければならない。刑事事件の発生がわずかであるため不相応に高額の費用を生じる場合、官職の保護観察官の任命を複数の区域について行うことができ、又はこれを全く行わないこともできる。保護観察官の活動に関する詳細は、州法で定められなければならない。

第114条（少年刑務所における自由刑の執行）
　有罪の言渡しを受けた者が、まだ24歳に達しておらず、かつ、少年行刑に適しているときには、一般刑法によって科せられた自由刑も少年刑事施設において執行することができる。

第115条（執行の実施に関する連邦政府の規定）
(1)　連邦政府は、少年刑、少年拘禁及び未決勾留の執行に関し、連邦参議院の同意を得て、法規命令により、収容の様式、処遇、生活基準、教育上・教誨上及び職業上の援護、作業、学習、健康維持及び身体の鍛練、自由時間、外部との交通、執行施設における秩序と安全及びその違反に対する懲戒、収容及び釈放、並びに少年保護及び少年福祉に携わる官庁及び諸機関との協力につき、規則を制定公布する権限を与えられる。
(2)　連邦政府の法規命令には、執行施設内の秩序又は安全に対する違反についての懲戒に関し、所長又は未決勾留については裁判官が科する懲罰（Hausstrafen）のみを定めることができる。最も重い懲罰は、非常の場合における3月以内の外部との交通の制限及び2週間以内の拘禁である。これらよりも軽い懲罰も許される。暗室拘禁（Dunkelhaft）は禁じられる。
(3)　連邦政府は、第112条b第2項の実施のために、連邦参議院の同意を得て、法規命令により、日課、自由時間、休暇及び俸給の支払いに関して、少年又は青年に課し、

又は懲戒権を持つ直近の上官により課することのできる義務並びに制限の種類、範囲及び期間についての規則を制定公布する権限を与えられる。

第116条（時間的適用範囲）
(1) 本法は、その施行前に実行された非行についても適用される。この非行に対する少年刑の下限は、3月である。
(2) 本法の施行前に犯行が実行されており、かつ、一般刑法によれば3月未満の自由刑の賦課が予想される場合、青年に対して少年刑を言渡してはならない。

第117条（裁判所の構成）
(1) 第35条による少年参審員の選任は、第1回目が本法の施行後6月以内に行われ、その後は、参審裁判所及び刑事裁判部についての参審員の選任と同時に行われる。
(2) 少年福祉委員会がまだ成立していない場合、第35条第3項による候補者名簿は、少年局が作成する。

第118条（対象なし）

第119条（自由刑）
本法の施行前に少年に言い渡された少年軽懲役刑は、本法の適用にとっては少年刑と同等に扱う。

第120条（指示）
1943年11月6日のライヒ少年裁判所法（ライヒ官報Ⅰ巻637頁）の規定への参照指示は、それに代わる本法の規定への参照指示として効力を持つ。

第121条（執行の委任）
州が、他の州の管轄区域に少年刑事施設を持つときには（1990年12月1日以降施行されている版の第85条第3項）、1991年9月4日が経過するまで、少年刑事施設に関し管轄権を持つ監督官庁が所在する地区の区裁判所の少年係裁判官が、その管轄権を有する。

第122条（対象なし）

第123条　（ベルリンに関する特別規定）
第4編（第112条aから第112条e）及び第115条第3項は、ベルリン州には適用しないものとする。第5編（末尾規定及び経過規定）は、ベルリン州においては第4編として適用するものとする。

第124条　（ベルリン条項）

　本法は、1952年1月4日の第三次譲渡法第13条第1項（連邦法律広報Ⅰ1頁）を基準として、ベルリン州において適用する。本法において留保されている権限の付与を理由として発付された法規命令は、第三次譲渡法第14条により、ベルリン州において適用される。

第125条（施行）

　本法は、1953年10月1日から施行する。

少年裁判所法に関する準則
(Richtlinien zum Jugendgerichtsgesetz)

序
　少年裁判所法に関する連邦で統一された準則は、主として検察に向けられるものであり、標準的な事案について手引きと指針を与えるものである。個々の事案の特殊性を理由として、この手引きや指針と異なる扱いを行うこともできる。
　この準則は、裁判所に対する指示と勧告も含む。この準則を考慮することは、その指示が職務遂行の本質にかかわらない限りにおいて、裁判所に委ねられる。その他の点においても、準則は、裁判所にとって意義を持ちうる諸原則を含んでいる。
　この準則が特別の規定を明示していない限りにおいて、刑事手続及び過料手続に関する準則が適用される。
　人称及び活用形については、女性形、男性形のどちらか一方でしか表されていない場合であっても、その都度、女性と男性の双方を指すものとする。

第1条に関する準則
1. 秩序罰又は強制処分が予定されている行為には、少年裁判所法は適用されない。過料手続については、秩序違反法に別段の規定がない限りにおいて（秩序違反法第46条第1項）、少年裁判所法の規定を、意味に即して適用する。
2. 検察が責任無能力（刑法典第19条を参照）を理由として手続を中止する場合、検察は、誰が通知を受けなければならないのかということと（特に第70条第1文、第109条第1項第2文を参照）、監督義務者に対して介入しなければならないかどうかを、検討するものとする。

第3条に関する準則
1. 他の調査手段を尽くした後でも刑法上の責任に関して重大な疑いが残る場合には、鑑定が行われるべきかどうかが検討されなければならない（第38条、第43条、第73条及びそれらの準則を参照）。この場合、比例性原則が考慮されなければならない。
2. 成熟性が欠けているために少年が有責でないこと、又は有責性が確実には確定できないことが、調査により明らかになったときには、検察は、手続を中止する（刑事訴訟法第170条第2項）。すでに公訴が提起されているときには、検察は、手続の中止を提案する（第47条第1項第1文第4号）。

第5条に関する準則
　審判手続において、教育処分がすでに行われ、又は開始されていることが明らかにな

り、なおかつ、検察がそのことで懲罰を必要でないと思料するときには、検察は、手続の中止を提案する(第47条第1項第1文第2号)。

第6条に関する準則

第6条に掲げられていない付加刑又は付随効果が強制的な形で規定されていないときには、検察は、教育的に必要であると思料するときにのみ、その付加刑又は付随効果を提案する。

第9条に関する準則

中央登録簿及び教育登録簿への登録に関しては、連邦中央登録法第5条第2項及び第60条第1項第2号が参照される。

第10条に関する準則

1. 生活態度を整える命令は、一般に禁止に優先させられなければならない。指示は、原則として、命じられる手続が行為と本質的な関連性を持つときには、特に効果的である。
2. 援護者のもとに置く指示(第10条第1項第3文第5号)は、それにより少年に掛かる負担並びに少年審判補助者の領域における人的及び時間的支出をも考慮して、軽微な非行では考慮されない。教育権者が同意している場合にのみ、この処分は、少年に対して有意義になる。処分の命令が考えられるときには、遅滞なく少年審判補助者との連絡を開始することが望ましい。第38条第2項第7文、第38条第3項第2文及びそれらに関する準則が参照される。援護者の身分は、可能な限り正確に記載されなければならない。第45条による手続において、この指示は許されない(第45条第3項第1文を参照)。
3. 社会訓練コースへの参加が指示される場合でも(第10条第1項第3文第6号)、そのコースの構造的、時間的な形態次第では、少年に軽くはない負担となる比較的費用の掛かる処分が問題になる。第2号第1文、第3文及び第6文は、これを準用する。その他社会的なグループワークの形態に参加することの指示は、第10条第1項第3文第6号によって除外されない。
4. 行為者−被害者−和解(第10条第1項第3文第7号)は、手続全体において考慮に値する(第45条第2項第2文、第45条第3項第1文を参照。第47条第1項第1文第2号及び第3号、第23条第1項第1文、第29条第2文並びに第88条第6項第1文も関連して参照)。第45条第2項による手続との関連において、行為者−被害者−和解は、特に意義を持つ。第2号及び第3号は、これを準用する。行為者−被害者−和解は、被害者においては物的、精神的損害の埋め合わせを、少年においては学習過程の開始を目指すものである。
5. 労務の提供における保険による保護に関しては、ライヒ保険法(RVO)第540条が参照される。

6. 指示の遵守が費用を伴う場合には、検察は、指示を付与する前に、誰が費用を負担するのか明らかにするよう努めるべきものとする。少年又は扶養義務者が費用をまかなうことができないときには、社会福祉機関又はその他の機関が、費用負担者として考えられる。第10条第2項による指示を実施するための費用を負担する第三者機関の義務は、法律上の健康保険の権利、社会保障法典第8編(社会保障法典第8編第91条、第92条)及び連邦社会扶助法(連邦社会扶助法第37条による補足的な疾病扶助、社会編入援助令の他連邦社会扶助法第39条による社会編入援助、連邦社会扶助法第72条による危険援助)から生じうる。管轄が重複する場合には、考慮されている費用負担者の協力によって、費用負担における不足が出ないことが保証されうる(例えば共同的な処理方法)。
7. 指示を賦課する前に、少年審判補助の代表者の意見が聴かれなければならない(第38条第3項第3文)。
8. 裁判所が少年に指示及び有責な違反行為の効果が持つ意義(第11条第3項第1文)について教示を行い、この教示が審判についての記録に書き留められ、又はその他文書で明らかにされるよう、検察は努力する。
9. 少年が治療教育的な処遇又は離脱治療を受けることの指示を課される前には、原則として、鑑定として専門家の意見を聴くことが必要である。

第11条に関する準則
1. 少年が長期に渡り従わなければならない指示の場合には、適当な間隔をおいて、指示若しくはその期間を変更し、又は指示を取り消すことが教育上の理由から必要であるかどうかを検討することが望ましい。少年審判補助者、選任された援護者及び社会訓練コースの指導者の意見の聴聞に関しては、第65条第1項第2文を参照する。
2. 指示に対する違反行為が行われるときには、比例性原則を考慮して、例えば形式性のない戒告などの軽い処分では不十分であるときにのみ、少年拘禁が科されるよう、検察は努めるべきものとする。第11条第3項第1文により少年拘禁が科されなければならない場合、検察はその程度が定められるよう提案する。違反が繰り返されたときに、教育上の理由からそうすることが必要であることが証明された場合には、その程度を高めることができる。
3. 少年拘禁を賦課する前に、少年には口頭により意見を表明する機会が与えられるなければならない(第65条第1項第3文)。

第12条に関する準則
　　第105条に関する準則第2号を参照する。

第13条に関する準則
　　中央登録簿又は教育登録簿への登録に関しては、連邦中央登録法第5条第2項第2

文及び第60条第1項第2号を参照する。

第14条に関する準則
　　確定力を持つ形で命じられる戒告（執行）の言渡しに関しては、第82条から第85条に関する準則の第IV節第1号を参照する。

第15条に関する準則
1. 損害の回復は、被害者のための労務の提供でも行うことができる（これに関しては、第10条に関する準則第5号を参照）。
2. 損害の回復又は被害者への謝罪に関しては、第10条に関する準則第4号を参照する。
3. 労務を提供する遵守事項に関しては、ライヒ保険法第540条を参照する。
4. 遵守事項を遂行する費用に関しては、第10条に関する準則第6号を参照する。
5. 裁判所が少年に遵守事項及び有責な違反行為の効果の意味（第11条第3項第1文）について教示を行い、この教示が審判についての記録に書き留められ、又はそうでないときには文書で明らかにされるよう、検察は努めるものとする。
6. 遵守事項の有責な不履行に関しては、第11条に関する準則第2号及び第3号を参照する。第15条第1項第1号及び第4号により賦課された金銭の給付は、強制的に徴収することができない。

第16条に関する準則
1. 毎週の休日は、週末における労働の終了から次週における労働の開始までの時間である。日曜日に労働に就かされた少年の場合には、その休日に代わってその週の間に相応する休日が与えられる。休日拘禁は、祝祭日においても執行することができる。但し、毎週の休日の通常の期間を超えることができない。拘禁期間に関しては、少年拘禁執行令第25条及び連邦国防軍執行令第5条を参照する。
2. 少年拘禁の際の未決勾留の考慮に関しては、第52条及びそれに関する準則を参照する。

第17条に関する準則
1. 少年刑は、少年裁判所法上の他の実体処分では不十分な場合にのみ、賦課することができる。少年刑は、まず第一に教育に資するべきものであり、それゆえ自由刑と同等に扱ってはならない。
2. 少年及び青年が共同して有罪の判決を受ける場合（第103条）、口頭による判決理由の中で少年刑の本質及び自由刑との相違を説明することが、原則として望ましい。

第18条に関する準則
1. 6月未満の少年刑を言い渡すことができないという事情から、適切でない場合でも少

年拘禁が科されることが導かれてはならない。少年刑も少年拘禁も正当化されない場合には、裁判所は複数の処分を併合し(第8条)、特に長期間に渡る持続的な教育的作用を可能とする指示を与えることができる(第10条及びそれに関する準則を参照)。
2. 法律により命じられた教育思想を優先して考慮することは、責任を埋め合わせることの重要性が排除されることを意味しない。教育思想を優先的に考慮することで、責任に見合った刑罰の上限が超えられることがあってはならない。
3. 少年刑への未決勾留の算入に関しては、第52条a及びそれに関する準則を参照する。

第21条に関する準則
1. 保護観察のために少年刑を延期するかどうかに関する裁判は——初めて処分を受ける者であっても——少年の人格及び生活環境に関する綿密な調査を前提とする。有利な予測がある場合、1年を超えない少年刑は、延期されなければならない。しかし、1年以上2年未満の少年刑の場合、少年の従前及び近い将来の成長における特別な事情から執行が求められるかどうかについて、追加的な検討が必要である。
2. 保護観察のための少年刑の延期が成功することにとって重要なのは、少年が自ら立ち直る能力と意欲を持っているかどうかである。処分に対する少年の同意は、確かに規定されていない。しかし、この同意を欠く延期は、少年が保護観察中に肯定的な態度に至ることが期待されうる場合にのみ、有意義なものである。
3. 少年刑は少年の自己保証の能力とその意思を信頼して延期され、かつ、このことから特別な義務が生じることを少年に自覚させることが、教育上の理由から望ましい。
4. 保護観察のために刑の延期が認められ、この裁判が取り消されなかったときには、2年を超えない少年刑の言渡しは、行状証明書に記録されない(連邦中央登録法第32条第2項第3号を参照)。

第23条に関する準則
1. 保護観察の枠組みにおける指示及び遵守事項の内容に関しては、第10条に関する準則第1号及び第15条に関する準則第1号から第3号を参照する。その実施の費用に関しては、第10条に関する準則第6号を参照する。
2. 指示又は遵守事項の事後的な変更に関しては、第11条に関する準則第1号を準用する。
3. 指示又は遵守事項は、少年に交付されなければならない保護観察計画書において記載される(第60条)。
4. 少年が確約を行い、又は履行を申し出るか意思があるかどうかの質問に関しては、第57条第3項第1文を適用する。

第24条及び第25条に関する準則
1. 保護観察官は裁判官と協力して監督の任務を果たし、裁判官は保護観察官に担当す

る活動に関しても指示を与えることができるために、裁判官と保護観察官との緊密な個人的な協働作業が不可欠である。但し、少年を援護する際の保護観察官の自立性は、可能な限り制限しないことが望ましい。
2. 裁判官は、少年との個人的な信頼に基づく関係を獲得する努力において、保護観察官を支援する。
3. 保護観察期間中の少年の成長を観察できるように、当初は短い、後には長い時間的間隔をおいて活動及び少年の指導に関して報告する義務（第25条第3文）を保護観察官に負わせることが望ましい。さらに、保護観察官は、指示、遵守事項、確約、又は申出に対する少年の重大又は執拗な違反（第25条第4文）だけでなく、少年の成長、生活環境及び態度について明らかとなった全ての事実を報告するよう努力することが望ましい。特別な出来事について、保護観察官はすぐに裁判所に報告する。保護観察官の終了報告に関しては、第26条及び第26条aに関する準則第1号を参照する。
4. 特に教育活動のために必要な保護観察官と少年との信頼関係を損なわないためにも、他の者及び機関に対し、保護観察官は秘密を守るものとする。このことは、業務監督機関との関係では当てはまらない。
5. 篤志の保護観察官を選任する前には、少年の援護に関する適性を慎重に調査し、少年の同意を得るべきものとする。
6. 保護観察官の活動に関して、行状監督（刑法典第68条a以下）の枠組みにおいても各州において特別な行政規則が公布されている場合には、それらを参照する。

第26条及び第26条aに関する準則
1. 第26条第2項による処分が求められた時間内に行われるよう、特に保護観察期間又は観護期間がなおも延長されうるように（第26条第2項第2号、第22条第2項第2文、第24条第2項第1文）、保護観察官は、観護期間の満了前に、適時に裁判所に終了報告書を提出する。保護観察官は、少年刑の免除又は刑の延期の取消しに関する裁判にとって重要と考えられる事情を知ったときには、この終了報告書を観護期間の満了までに補足する。
2. 第26条による裁判が問題となるときには、口頭による意見表明の機会が少年に与えられなければならない（第58条第1項第3文）。第58条第1項第2文を参照する。
3. 刑罰又は残余刑の免除後の前科の除去に関しては、第100条を参照する。
4. 延期の取消しが考慮される場合、裁判所は、少年の人格を確かめるために、暫定的な処分を与えることができる（刑事訴訟法第453条cとの関係における少年裁判所法第58条第2項）。

第27条に関する準則
　　第27条による有罪宣告は、行状証明書に記録されない（連邦中央登録簿法第32条第2項第2号）。

第31条に関する準則
1. 判決の言渡しの後、さらなる犯罪行為が犯されたときには、刑法典第55条と異なり、確定力のある判決も算入される。
2. 先行する判決により少年刑が賦課され、かつ、第21条により執行が保護観察のために延期されたときには、算入のために延期の取消しは必要ではない。このことは、第88条及び第89条により少年刑の執行中に保護観察のための延期が命じられた場合に、同様に当てはまる。第27条により、先行する判決において単に有罪が確定されただけのときには、この判決の算入により、その判決の基礎となった手続も終了する。
3. 新たな裁判に際しては、算入されるべき確定力を持った判決の犯罪事実の確定及び有罪宣告が基礎にされなければならない。但し、特に新たな処分又は新たな少年刑の確定という観点において、被告人の全体的判断にとって必要である場合、新たに証拠を収集しなければならない。
4. 新たな犯罪行為を理由として前判決の加重評価を行うことが適切でないときには、検察は、原則的に刑事訴訟法第154条に従い処理を行う。このことは、保護観察のための少年刑若しくは残余刑の延期を取り消せば十分な場合（第26条、第88条及び第89条）、又は有罪宣告後に延期された手続を継続すれば十分である場合（第30条）にも妥当する。
5. 吸収された判決との関係において執行された未決勾留の算入又はその考慮については、新たに裁判が行われなければならない。

第34条に関する準則
1. 第34条第1項により捜査手続において裁判官がとる措置及び少年事件における嘱託書の処理も、少年係裁判官の任務に属する。未成年者の尋問が求められるときには、事務配分に際して、その他の刑事事件における司法共助の処理も少年係裁判官に委ねることが望ましい。
2. 他の区裁判所が後見裁判所として管轄権を持つ少年又は青年に、区裁判所の裁判官が少年係裁判官又は執行指揮者としてかかわるときには、少年係裁判官又は執行指揮者の裁判所が、非訟事件手続法第46条により後見裁判所の任務を引き継ぐことが適切でありうる。少年係裁判官は同規定により再度、引き継がれた後見裁判所の任務を移譲することができる。
3. 他の裁判所に公訴が提起されるべきものとされており、又は提起されている少年又は青年に対する後見裁判官の処分が、刑事手続の開始後に必要となるときには、すでに少年若しくは青年にかかわっており、又は間もなくかかわる少年裁判所に後見裁判所の任務を移譲することが望ましいかどうかを後見裁判所は調査すべきものとする。

第36条に関する準則
　管轄権を持つ少年係検察官は、簡易少年手続において口頭弁論への出席を見合わせ

ない限り(第78条第2項)、可能な限り審判手続においても公訴を維持すべきものとする。

第37条に関する準則
1. 少年裁判所の構成及び少年係検察官の選任にあたっては、特に適性及び資質が考慮されるべきものとする。少年裁判部は、可能な限り経験豊かで以前に少年係裁判官及び後見裁判官の職を経験した者により構成されなければならない。
2. 少年刑事司法においては、原則として、長い期間が経過するうちに初めて獲得される特別な経験が必要とされる。したがって、少年裁判所における裁判官及び少年係検察官の頻繁な交替は、可能な限り避けられなければならない。
3. 少年裁判所における裁判官及び少年係検察官の活動に関しては、教育学、少年心理学、少年精神医学、犯罪学及び社会学の諸分野の知識が特に有用である。それにふさわしい専門教育を行うことができるようにすべきものとする。
4. 少年裁判所における裁判官及び少年係検察官は、少年援助に役立つ団体及び施設と接触を保つことが望ましい。

第38条に関する準則
1. 少年審判補助者が調査を記録した報告書が、責任の問題について詳述することなく、被疑者の人格、成長及び環境の様子を明らかにするよう、検察及び裁判所は努める。報告書には、いかなる情報に基づくものであるかが記されるべきものとする。存在する情報のすべてが報告書中に記入されるわけではない場合、そのことが明示されるべきものとする。少年扶助の給付が問題となるかどうかが記されなければならない(社会保障法典第8編第52条第2項)。
2. 少年審判補助者の報告書は、原則として、刑事手続及び過料手続に関する準則第185号第3項及び第4項による記録閲覧から排除されなければならない。

第39条から第41条に関する準則
第40条第2項による少年裁判部の裁判は、検察又は被告人は促すことができず、少年参審裁判所の裁判長のみがそれを促すことができる。受理に関しては、被疑者又は証人が多数であるために職業裁判官1人では適切に処理することができない刑事事件が特に考えられる。

第42条に関する準則
1. 後見裁判官の処分が必要でない違法性が小さい非行の場合には、検察官は、原則として、身体を拘束されていない被疑者が公訴提起時に在住していた地域を管轄している裁判所(第42条第1項第2号)又は被疑者が逮捕された地域を管轄する(刑事訴訟法第9条)少年裁判所に申立てを行う。
2. 第42条第1項第3号のときに、それによって管轄権を持つ裁判所に公訴が提起されな

かった場合には、検察は、執行指揮者に公訴の謄本を送付し、手続の結果を通知する。

第43条に関する準則
1. 検察の捜査は、実体処分に関する適切な裁判を行うことができるようにする任務も負う。刑事手続及び過料手続に関する準則第17号は、これを準用する。
2. 人格の調査に関しては、前科に関する記録及び後見裁判官の記録が援用されるべきものとする。執行施設の記録、少年扶助のホームの報告及び学校の記録文書は、少年の人格に関する重要な情報を与えうる。
3. 少年が未決勾留を受けているときには、検察又は裁判所は、原則として少年に対して行われた人格調査、施設における少年の行状及び少年の特質に関する報告を執行施設に要求する（未決勾留執行令第79条）。
   少年が拘留（Strafhaft）されている場合、同様に取り扱われなければならない。少年扶助のホームへの仮収容（第71条第2項、第72条第4項）が行われるときには、施設の責任者の意見が聴かれるものとする。
4. ホーム又はそれと同等の施設における教育のための援助が被疑者に行われるときには、少年局の他に施設の責任者にも直接意見が求められるべきものとする。
5. 被疑者が保護観察官の監督及び指導の下にあり、又は被疑者のために教育扶助者が選任されているときには、これらの者の意見も聴かれるべきものとする。
   このことは、被疑者が援護者の下に置かれ、又は社会訓練コースに参加している場合にも、当てはまる。
6. 少年刑法による処分及び刑罰は、原則として、行為後すぐに行われる場合に、最も効果的である。検察は、捜査状況が許すときには、直ちに少年局に通知するよう努め、少年局が調査を可能な限り迅速に行うことができるよう努める。適切な場合、口頭又は電話による報告を――文書による報告を前提とし、又はそれに代えて――求めることができ、検察又は裁判所は、記録にその内容を書き留める。
7. 検察は――原則として電話により――可能な限り早期に、少年局に、公訴を提起するかどうか、及びどの裁判所に公訴を提起するか、又は簡易少年手続（第76条）における申立を行うかどうかについて、通知を行う。手続が行われるべきものとされているときには、少年局は、通例、裁判所に直接報告を行い、かつ、検察に報告書の謄本を送付する。これは、審判手続を行う前に必要なことを行いうるように、適時に行われるべきものである。検察が第45条により訴追を見合わせることを考慮しているが、なお少年局の意見が必要であると思料するときには、検察は、少年局に対し報告を行うよう要求する。他の適切な場合、特に有罪を証明できないため検察が手続を中止しようとする場合には、検察は、報告が不必要であること及び報告が不必要である理由を、少年局に通知する。
8. 鑑定人による少年の調査は、特に次の場合に行われる。
   a) 非行が少年の精神的疾患と結び付いているという推測に理由があるとき、

b) 少年の心的、知的又は肉体的な特性が際立っているとき、又は
   c) 明確な原因なく少年が著しく不良化しているとき。
9. 第43条は、一般刑事事件について管轄権を持つ裁判所における少年に対する手続及び青年に対する手続においても適用する(第104条第1項第3号、第109条第1項第1文;但し第104条第3項、第112条を参照)。

第44条に関する準則
1. 尋問は、特に、少年がしばしば予断を持つ審判手続の前に少年の人格像を把握し、それにより刑法上の責任(第3条)の証明も容易にするという目的に資する。この尋問は、本法で規定されてはいないが(第104条)、一般刑事事件について管轄権を持つ裁判所における少年に対する手続においても適切でありうる。同様のことは、第105条を考慮して、青年に対する手続においても当てはまる(第109条)。尋問は、第43条第2項又は第73条第1項による少年に対する調査が適切であるかどうかを判断するための基礎とすることができる。このことは、第68条による弁護人選任に関する裁判についても、当てはまる。
2. 尋問の際には、刑事手続及び過料手続に関する準則第19号において掲げられている諸原則、及び就学児童が尋問される場合には、例えばこれに関係する規定が考慮されなければならない。

第45条に関する準則
1. 中程度の重さまでの比較的軽微な非行の場合には、判決による少年刑法上の制裁が放棄されうるかどうかが常に検討されなければならない。
2. 特に初犯の少年の行為のときに、すでに行為の発見及び捜査手続により生じている作用を超えて教育処分が必要とされない、責任の程度が小さく、かつ、影響が小さい少年に典型的な非行が問題となっている場合には、第45条第1項の適用が検討されなければならない。
3. 第45条第2項の意味における教育的な措置は、行為の違法性及びその結果に対する少年の弁識を促進するのにふさわしいものであるべきものとする。教育権者によるものの他、例えば少年局、学校又は職業教育指導者によるものも教育的な措置となりうる。適切な教育的な措置がまだ行われていないときには、検察は、自ら手続打切りのための要件を導くことができるかどうかを検討する(例えば、少年と教育的な話し合いを行い、少年に戒告を与え、又は行為者−被害者−和解の枠組みにおいて損害回復を提案することによってである)。これについては、被疑者が事実関係を真摯には争っておらず、検察の提案に同意し、かつ、教育権者及び法定代理人が異議を唱えていないことが必要である。
4. 検察が第45条第3項による提案を考慮するときに、この決定の準備にあたり少年審判補助者の意見をまだ聴いていない場合には、検察は、事実関係を報告して少年審判補

助者に通知する。
5. 第45条は、一般刑事事件に関し管轄権を持つ裁判所における少年に対する手続においてもこれを適用し（第104条第1項第4号）、少年刑法が適用される場合に限り、青年の手続においても適用する（第109条第2項）。

第46条に関する準則
1. 検察は、起訴状の表現を被疑者に分かりやすいものにすることを特に重要視しなければならない。性的自己決定に対する犯罪又は犯罪態様及びそれに類する情報に関する詳細は、不可欠である限りで、記載されなければならない。両親による少年への教育が不十分であることについては、詳述されるべきではない。
2. 一般刑事事件について管轄権を持つ裁判所における少年に対する手続及び青年に対する手続において、第46条が直接に適用されない場合でも（第104条、第109条）、その主旨が考慮されなければならない。

第47条に関する準則
1. 裁判所は、手続のいかなる段階においても——すでに審判手続の開始前においても——審判手続の遂行又は継続が必要であるかどうか、又は第45条との関係において第47条により、検察の同意を得ることができるかどうかを検討することができる。このことは、その間、適切な教育的対応が少年の社会的環境の中で行われ、又は少年審判補助者の関与に基づいてしかるべき可能性を開くことができる場合に、特に考慮される。
2. 簡易少年手続において口頭による審理に検察が関与しないときには、第47条第1項第2文及び第2項第1文による手続の打切りについて、検察の同意は必要ない（第78条第2項第2文）。
3. 第47条は、一般刑事事件について管轄権を持つ裁判所における少年に対する手続においても適用する（第104条第1項第4号）。但し、青年に対する手続においては適用しない（第109条第1項）。裁判所が少年刑法を適用する場合には、第47条第1項第1文第1号、第2号、第3号、第2項及び第3号は、これを準用する（第109条第2項）。

第48条に関する準則
法学研究又は研修中の者及び警察における教育又は社会奉仕のための教育を受けている者は、一般に出席を許される。学校のクラス又はその他の大規模な集団の審理への関与を認めることは、教育上の理由から望ましくない。このことは、報道機関についても当てはまる。それでもなお裁判長が審判への報道機関の在席を認めるときには、裁判長は、報道において少年の氏名が掲げられず、少年の写真が公表されず、かつ、少年の身元を示すその他のいかなる報道も行われないように努めるべきものとする。刑事手続及び過料手続に関する準則第131号第2項第3文は、これを意味に即して適用する。

第50条に関する準則
1. 少年刑事手続では、裁判所が少年に抱く人格に関する印象が決定的な意味を持つ。したがって、軽微な非行が問題となっており、少年審判補助者の報告に基づく明確な人格像が存在し、かつ、遠距離のために少年の出席に多大な困難を伴う場合、又は事情によっては証拠範囲が広いことから欠席している少年に対する手続の分離が適当でない場合にのみ、被告人欠席の審理が考慮される。
2. 検察が簡易少年手続において口頭による審理に関与しないときには、被告人が欠席した審理の遂行について検察の同意は必要ない（第78条第2項第2文）。
3. 審判手続は少年の生活における重要な出来事であり、かつ、少年の教育のためのものであるという事実を、第50条第2項は考慮する。したがって、教育権者及び法定代理人の出席は、原則として重要である。これらの者の審判手続への関与は、手続が迅速に確定力を持って終結することにも寄与しうる。第67条第5条を参照する。
4. 召喚が他の理由から必要でない場合であっても、援護を考慮して第50条第4項第2文及び第48条第2項に掲げられた援助者及び援護者に審判期日の通知を行うことが被告人の利益のために適切であるかどうかが、審判前に検討されるべきものとする。
5. 第50条第2項は、一般刑事事件について管轄権を持つ裁判所における少年に対する手続においても適用するが（第104条第1項第9号；但し、第104条第3項における例外を参照）、青年に対する手続においては適用しない（第109条第1項、第112条）。

第51条に関する準則
　一般刑事事件について管轄権を持つ裁判所における少年に対する手続において、第51条は裁判所の裁量により適用することができる（第104条第2項）。青年に対する手続においては、この規定は適用されない（第109条）。この場合、裁判所は、一般手続規定によってのみ被告人を審判廷から退席させることができる（特に刑事訴訟法第247条を参照）。

第52条及び第52条aに関する準則
1. 第52条、第52条a第1項第1文の意味における、行為を理由に受けたその他の自由剥奪として特別に評価されなければならないのは、特に第71条第2項、第72条第4項及び第73条によるホーム又は施設への収容である。
2. 第52条、第52条aは、一般刑事事件について管轄権を持つ裁判所における少年に対する手続においても適用し（第104条第1項第5号）、青年に対する手続では、裁判所が少年刑法を適用する場合にのみ、適用する（第109条第2項）。

第53条に関する準則
　一般刑事事件について管轄権を持つ裁判所における少年に対する手続において、教育処分が必要であると思料するときには、裁判所は、同時に少年刑を言い渡す場合であ

っても、その選択及び命令を後見裁判所に委ねなければならない（第104条第4項）。

第54条に関する準則

1. 少年刑事手続における裁判にとって、少年の人格は決定的に重要な意味を持つ。これは、判決理由においても反映されるべきものであり、特に執行における教育活動及びその他の後の処分にとって有用な基礎となるべきものである。有罪を言い渡す判決理由において、少年の心理的、精神的及び身体的な特質を考慮すべきものとするという規定は、単なる成育歴を記載することでは十分なものとはならない。このことは、特に少年のために援護指示を与える判決（第10条第1項第3文第5号）、教育のための援助を命じる判決（第12条）、少年刑を賦課する判決（第17条第2項）及び被告人の有罪を確定する判決（第27条）に当てはまり、又は成熟性が欠けることを理由として少年刑法が青年に対して適用される場合（第105条第1項第1号）に行われるこれらの判決にも当てはまる。
2. 判決の言渡しは、教育にとって重要な意味を持つ。口頭による判決理由の告知は、少年の性格及び理解力に合わせられるべきである。絶対に必要とはされていない法律上の記述をすべて行わないこともできる。少年の教育にとって不利となりうる検討は、避けられるべきものとする。
3. 理由を付した判決の謄本又は控えを少年が受け取るべきものとされているときには（例えば、刑事訴訟法第35条第1項第2文、第316条第2項、第343条第2項による場合）、裁判長は、書面により判決理由を少年に知らせる範囲を決定する。少年が理由の抄本のみを受け取るときには、このことは、少年について決定された謄本又は控えに書き留められる。
4. 第54条は、一般刑事事件について管轄権を持つ裁判所における少年に対する手続においても適用する（第104条第1項第6号）。青年に対する手続においては、裁判所が少年刑法を適用する場合にのみ（第109条第2項）、第54条第1項を適用する。

第55条に関する準則

1. 教育上の理由から、少年刑事手続は可能な限り早く終結されることが原則として望ましい。したがって、被告人にとって不利な上訴は、特に慎重に行うことが必要である（その他の点につき刑事手続及び過料手続に関する準則第147条以下を参照）。
2. 保護観察のための少年刑の延期の手続又は少年刑の宣告猶予の手続における判決に対する不服申立ては、第59条及び第63条において規定されている。指示に関する事後の裁判に対する不服申立てについては、第65条第2項が参照される。執行手続における判決に対する不服申立てに関しては、第83条第3項第1文が参照される。
3. 第55条は、一般刑事事件について管轄権を持つ裁判所における少年に対する手続にも適用し（第104条第1項第7号）、裁判所が少年刑法を適用する場合にのみ、青年に対する手続にも適用する（第109条第2項）。

第56条に関する準則

1. 第31条により形成された単一刑の部分執行を命じる可能性は、慎重を期してのみ用いることができる。特に考慮されなければならないのは、個々の有罪の認定を行わない場合に、少年の別の人格像が明らかになり、それによって少年刑の賦課がおよそ不必要となりうるかどうか、ということである。
2. 第56条は、一般刑事事件について管轄権を持つ裁判所における少年に対する手続においても適用し（第104条第1項第7号）、裁判所が少年刑法を適用する場合にのみ、青年に対する手続にも適用する（第109条第2項）。

第60条に関する準則

保護観察計画書の交付及び少年への教示は、別の期日において、教育権者、法定代理人及び保護観察官の出席の下で行うことが望ましい。

第66条に関する準則

1. 第1項の要件がある場合には、裁判所による裁判が行われなければならない。裁判所は、処分又は少年刑の統一的な確定を見合わせることができる（第31条第3項）。
2. 特に補充的な裁判が以前の裁判と相当に相違することが予想されうるときには、検察は、第2項による審判手続の遂行を申し立てる。

第67条に関する準則

第67条は、一般刑事事件について管轄権を持つ裁判所における少年に対する手続においても適用するが（第104条第1項第9号）、青年に対する手続においては適用しない（第109条）。

第68条に関する準則

第68条は、一般刑事事件について管轄権を持つ裁判所における少年に対する手続においても適用する（第104条第1項第10号）。青年に対する手続においては第68条第1号及び第3号のみを適用する（第109条第1項）。

第71条に関する準則

1. 教育に関する仮の命令を発する前に、裁判所は、原則として少年審判補助者並びに必要がある場合には教育権者及び法定代理人の意見を聴くべきものとする。但し、命令が猶予を許さない場合、これを見合わせることができる。この場合、後に聴取を行うことを通知することができる。仮の命令に関する決定には、理由が付されなければならない（刑事訴訟法第34条）。
2. 刑事訴訟法第112条以下による勾留状の発付に関する要件があるときには、適切な

少年援助のホームへの仮の収容は、特別な意義を持つ（第72項第4項第1文）。処分を執行することができ、かつ、それで足りる場合には、未決勾留を命じ、又は執行することはできない（第72条第1項第1文及び第3文）。それゆえ、検察及び裁判所は、適切なホームが利用できるかどうか、及び事情によっては施設の長と連絡を開始するかどうかにつき、遅滞なく検討すべきものとする。少年審判補助者が関与しなければならない。第72条a及びそれに関する準則は、補足的に参照される。
3. 勾留状がすでに発付され、かつ、収容が可能であることが事後的に明らかとなったときには、勾留状は、収容命令に代えることができる。
4. 仮収容が執行できないこと又は不適切であることが明らかとなり、かつ、勾留要件が存続するときには、第71条第2項による収容命令は、特に勾留状により代えられるべきものとする（第72条第4項第2文）。
5. 一般刑事事件について管轄権を持つ裁判所における少年に対する手続においても、教育に関する仮の命令を行うことができ、少年援助のホームへの仮収容を命じることができる（第104条第2項）。青年に対する手続においては、これらの措置は許されない。

第72条に関する準則

1. 逮捕されている少年に対する手続は、共同被疑者に対する捜査又は警察による証人の尋問によって、可能な限り遅滞のないようにすべきものとする。必要な場合には、手続は分離されなければならない。
2. 少年が、通常の所在地でもなく、後見裁判官の教育的任務の義務を負う裁判所の地区にも属さない土地で逮捕されたときには、検察は、原則として遅滞なく少年が単独移送によって後見裁判官の教育的任務について管轄権を持つ裁判所に引き渡されるようにする。同時に、検察は、後見裁判官の教育的任務を引き受けなければならない裁判所にその任務を委ねるよう、これまでの勾留裁判官に提案を行う。
3. 少年援助のホームへの仮収容に関しては、第71条に関する準則を参照する。
4. 未決勾留の執行に関しては、第93条及びそれに関する準則を参照する。
5. 第72条は、一般刑事事件について管轄権を持つ裁判所における少年に対する手続においても適用するが（第104条第1項第5号）、青年に対する手続においては適用しない（第109条）。

第72条aに関する準則

検察及び裁判所は、少年審判補助者が可能な限り早期に、事情によっては警察から通知を受けるよう配慮する。刑事訴訟法第128条による引致が予想される場合、検察及び裁判所は、少年審判補助者に引致の場所及び期日を通知する。

第73条に関する準則

1. 検察は、刑事事件の意味内容がその重大な処分を正当化し、かつ、第43条第2項に

よる調査では十分でない場合にのみ、少年の成長状態に関する鑑定の準備のための収容を提案する（第43条に関する準則第8号並びに刑事手続及び過料手続に関する準則61号以下）。
2. 弁護人を付されていない被告人には、弁護人が選任されなくてはならない（第68条第3号）。
3. 第73条は、一般刑事事件について管轄権を持つ裁判所における少年に対する手続（第104条第1項第12号）及び青年に対する手続においても適用する（第109条第1項）。

第74条に関する準則
1. 費用及び立替金は、それが独立して自由にすることができる資金から支払われることが推定されうるとき、及びそれを課すことが教育上の理由から適切であると思料されるときにのみ、少年に課されなくてはならない。少年の資力が費用及び立替金を支払うのに十分でないときには、少年には費用若しくは立替金のいずれか又はその一部を負わせることができる。
2. 費用及び立替金に関する裁判は、第66条による確定力のある裁判の補充の際にも行われる。算入された裁判（第31条第2項、第66条）において第74条の権限付与が用いられないときには、この点について前の費用裁判におけるものをそのままにしておくことを、新たな裁判において言い渡すことができる。特に前の費用裁判に基づいてすでに費用又は立替金が算入されている場合には、このことが望ましい。
3. 裁判所費用法第40条により、裁判の費用を算定する。第31条第2項により刑を算入するとき、又は第66条により確定力のある裁判を補充するときには、裁判の費用の算定に際しては裁判所費用法第41条が考慮されるものとする。
4. 少年援助のホームへの仮収容（第71条第2項、第72条第4項）の費用及び観察のための収容（第73条）の費用も、手続の立替金に含まれる。
5. 課された指示（第10条）又は遵守事項（第15条）に少年が従うことにより少年に生じる費用は、第74条の意味における費用及び立替金には含まれない。その費用は、少年自身又はそれに関して給付の義務若しくは用意のある第三者が負う。
6. 第74条は、一般刑事事件について管轄権を持つ裁判所における少年に対する手続においても適用するが（第104条第1項第13号）、青年に対する手続においては、裁判所が少年刑法を適用する場合にのみ適用する（第109条第2項）。

第76条に関する準則
1. 第76条第1文の要件があり、かつ、第45条による訴追の見合わせが問題とならないときには、検察は、原則として簡易少年手続に裁判の申立てを行う。
2. 第77条第1項による裁判及び後の判決のための明白な基礎を少年係裁判官に与えるため、検察は、一般に書面により申立てを行う。特に検察が口頭弁論に関与しないとき

には、書面による申立てを行うことが適切である。申立てにおいては、被疑者が責任を負うべき犯罪行為及び適用される刑法が示される。
3. 簡易少年手続は、一般刑事事件について管轄権を持つ裁判所においても行われず、青年に対する手続においても行われない（第104条、第109条）。

第77条に関する準則

行為に対する裁判官による懲罰が不必要であると思料するときには、少年係裁判官は、第47条に従い手続を行う。これに関し、検察が審理に関与しないときには、口頭弁論において検察の同意は必要でない（第78条第2項第2文）。

第78条に関する準則

時として、簡易少年手続の迅速な遂行のため、判決の言渡し前になされなければならない通知を行うことができないことがある。しかし、やむをえない場合には、手続及び審判期日に関する少年補助への通知を電話により遅滞なく行うことが、常に考慮されるべきものとする。

第79条に関する準則

青年に対する略式命令及び促進手続に関しては、第109条に関する準則第2号及び第3号が参照される。

第80条に関する準則
1. 特に少年が繰り返し犯罪に及び、又は重大な犯罪に及び、かつ、それらへの影響づけのために懲罰が必要であるときには、教育上の理由から、私人起訴の対象である犯罪の訴追が必要である。
2. 反訴に関しては、私人起訴にかかわった裁判所が管轄権を保持する。少年の反訴被告に対しては、一般刑事事件について管轄権を持つ裁判所は、自ら懲戒処分（第13条）のみを科すことができる。一般刑事事件について管轄権を持つ裁判所が教育処分が必要であると思料するときには、裁判所は第104条第4項第1文により手続を行う。
3. 一般刑事事件について管轄権を持つ裁判所においても、少年に対する私人起訴及び公訴参加手続は行われない（第104条第1項第14号）。青年に対しては、一般刑法が適用されなければならないか少年刑法が適用されなければならないかにかかわりなく、私人起訴及び公衆参加手続が許される（第109条）。この点についても、原則的に少年係裁判官が管轄権を持つ（裁判所構成法第25条第1項との関連において少年裁判所法第108条第1項及び第2項）。

第81条に関する準則
1. 行為者−被害者−和解及び損害回復の可能性が、注意されなければならない。

2. 刑事訴訟法第403条以下の規定は、一般刑事事件について管轄権を持つ裁判所における手続でも、少年に対しては適用されてはならない（第104条第1項第14号）。青年に対する手続においては、少年刑法が適用される場合にのみ、これらの規定は適用されない（第109条第2項）。

第82条から第85条に関する準則

I．執行に関する管轄権

1. 執行指揮者は、次の者である。
    a) 単独で自ら又は第一審の少年参審裁判所の裁判長として言い渡したすべての手続における少年係裁判官（第82条第1項、第84条第1項）。
    b) その他のすべての場合における、後見裁判官としての教育的任務を負う区裁判所の裁判官（第84条第2項、第34条第3項）又は区裁判所が属する地区の地区少年係裁判官（第33条第3項）。
2. 少年拘禁及び少年刑が執行されるときには、事情によっては、管轄権の変更が行われる。第1号に掲げられた少年係裁判官に代わって、次の者が執行指揮者となる。
    a) 執行の移譲又は移転後の執行場所における少年係裁判官（第90条第2項第2文又は第85条第2項第1文との関連における第85条第1項）。
    b) 少年刑の言渡しを受けた者が少年刑事施設に収容された後の第85条第2項第2文又は第85条第3項により定められた少年係裁判官。
3. 裁判所が、青年の犯罪行為に関して一般刑法を適用したときには、管轄権は、刑事執行令の規定により定める。

II．手続一般

1. 刑の執行において原則的に必要な執行の促進は、少年について確定した処分及び刑罰の執行に関して特に重要である。それについて、時間的間隔が開くことにより行為、判決及び執行の内的関連性が緩まるほど、意図した効果を処分又は刑罰で達成する見込みが少なくなる。それゆえ、すべての関係機関は、執行を協力に促進する努力をしなければならない。
2. 判決の確定力が生じた後は、遅滞なく、判決の確定力の証明とともに刑罰記録（Strafakten）が第I節第1号にいう執行指揮者に送致されるものとする。記録が必要ではない場合、執行指揮者には、執行帳（Vollstreckungsheft）及び判決全文の2部の正本が送付される。判決確定後に、確定した有罪の言い渡しを受けた者が関与した行為を理由として、有罪言い渡しに対する共同被告人が上告を行った場合、執行帳には上告理由の抄本が添付又は追送されなければならない。刑事執行令第19条及び刑事訴訟法第357条が参照される。
3. 第56条により単一刑の部分的執行が命じられるときには、執行指揮者には、決定の

確定力が生じた後、遅滞なく、判決及び決定全文の証明された謄本が2部送付される。
4. 判決の確定力に伴い生じる執行の副次的な業務（報告、集計用カード等）は、第一次的に執行指揮者として適格な少年係裁判官又は州司法行政庁によりその他に定められた機関（第I節第1号参照）において一般規定に基づき権限を持つ職員が行う。
5. 執行指揮者の裁判が少年係裁判官の裁判ではないときには（第83条第1項）、少年係裁判官は、執行指揮者として司法行政上の任務を負う。この点で、少年係裁判官は、指示に拘束される。刑事訴訟法第455条、第456条、第458条第2項及び第462条第1項によらずに第一審の裁判所であり、又は第83条第2項第1号により少年裁判部が管轄権を持つ場合には、少年係裁判官が行う執行指揮者の裁判以外への抗告に関しては、行政処分により裁判を行う。
6. 他に規定がない場合にのみ、執行に関して、刑事執行令の規定が適用される（刑事執行令第1条第3項）。少年係裁判官は、執行監督の義務を負う。それにより裁判官による執行命令又は執行監督と関係のない一般行政規則により遂行される執行業務は、司法補助官に移譲される。詳細は、州司法行政庁の命令により定められる。

III. 教育処分の場合の執行

1. 指示が課される場合、執行指揮者は、少年審判補助又は保護観察の場合には保護観察官に、指示の遵守を監督し、重大な違反行為を報告し（第38条第2項）、かつ、指示の変更若しくは期間の変更又は免除が適切なものと思料されるときには（第11号第2項）このような処分を提案することを依頼するともに、判決の証明された謄本を送致する。
2. 第12条の意味における教育処分が命じられたときには、執行指揮者は、管轄権を持つ後見裁判官に、判決の確定力に関する証明とともに刑罰記録を送付する。

IV. 戒告及び遵守事項の執行

1. 戒告は、判決が確定力を持ってすぐに、可能な限り直接、審判に引き続いて付与される。教育権者の出席が適切であるかどうかが検討されなければならない。
2. 遵守事項が賦課されているときには、執行指揮者は、少年審判補助又は保護観察の場合には保護観察官に、遵守事項の履行を監督し、重大な違反行為を報告する（第38条第2項）ことを依頼するとともに、判決の証明された謄本を送付する。適切な場合、執行指揮者は、遵守事項の履行を自ら監督する。

V. 少年拘禁の執行指揮

1. 第一次的に執行指揮者として管轄権を持つ少年係裁判官自身が、執行指揮者でないときには（第90条第2項第2文参照）、少年係裁判官は、執行指揮者に執行を移譲する。執行指揮者の同意を得て、少年係裁判官は、まず少年拘禁を開始するための召喚を行わせることができる。執行指揮が移譲されるときに、新たな執行指揮者に刑罰記

録、又は刑罰記録が不必要である場合には、少年係裁判官は、執行帳を送付する。
2. 少年拘禁施設又は州司法行政庁の休日拘禁室への収容は、執行指揮者の収容依頼により行われる。この場合、執行指揮者は、少年拘禁を開始するための召喚状に定められた時間に、又は有罪の言渡しを受けた者の身体が拘束されているときには、有罪の言い渡しを受けた者が収容されていた施設に通知を行う。さらに執行指揮者は、釈放時期の確定のために意義を持ちうる事情（例えば、仕事や学校の開始）を依頼において可能な限り通知する。
3. 執行指揮者は、身体を拘束されていない有罪の言い渡しを受けた者に、慣例となっている少年拘禁の開始に関する書式用紙を用いて、簡単な書簡により少年拘禁の開始を通知する。開始時期は、期日及び時間により定められなければならず、予想される釈放時期が通知されなければならない。開始時期を定める際には、有罪の言い渡しを受けた者の職業関係及び交通事情が考慮されなければならない。
4. 判決がすぐに確定力を持ち、かつ、裁判長が自ら執行指揮者であるか、又は執行指揮者の同意を得ることができるときには、召喚は、可能な限り審判手続に引き続いて行われる。適切な場合には、審判手続に引き続き、少年拘禁をすぐに開始するための口頭による召喚を行うことができる。
5. 少年拘禁施設又は休日拘禁室に関する運営コストについての指示は、州の少年拘禁職務令による。
6. 召喚と同時に、教育権者、社会法典第8編第34条による教育のための援助の場合においては少年局は、召喚を通知されなければならず、適時に少年拘禁を開始することができるよう配慮するよう依頼されなければならない。少年が通う職業教育の指導者又は少年の雇用者及び学校長若しくは職業学校長も、少年が少年拘禁に服さなければならない場所及び日時について、通知を受けるべきものとする。掲げられた者に召喚状を提示し、かつ、その者により召喚を閲覧したことを証明させることを、少年に課すこともできる。拘禁が休日又は少年の休暇の間に執行され、かつ、通知することにより少年の成長にとって望ましくない不利益が少年に生じうる場合には、通知は行われるべきではない。
7. 有罪の言い渡しを受けた者が、十分な弁明なしに少年拘禁を開始するための召喚に従わず、又は即時の召喚が行われるときに、有罪の言渡しを受けた者が準備ができていないことが明らかになった場合には、執行指揮者は、有罪の言い渡しを受けた者をすぐに執行に付す。強制的な護送（Zwangszuführung）に関しては、執行指揮者は、警察又はその他の適切な機関の援助を得ることができる。警察は、移送について、被収容者をまとめて護送すること（Gefangenensammeltransport）は考慮されないことに注意しなければならない。
8. 拘禁期間の算入に関しては、少年拘禁執行令第25条を参照する。

VI. 少年刑の執行指揮

1. 執行が遅れることにより、少年刑の教育成果が大きく損なわれるおそれがある。した

がって、身体を拘束されていない有罪の言い渡しを受けた者は、判決の確定力が発生した後すぐに、少年刑の開始のために召喚されるべきであり、未決勾留又は仮収容中の（第71条第2項、第72条第4項）有罪の言い渡しを受けた者は、管轄権を持つ執行施設に収容されるべきものとする。記録においてなお判決に理由が付されていないという事情があっても、執行の猶予は正当化されない。収容の依頼に判決全文の謄本を添付することができないときには、執行施設の謄本は、判決が作成後すぐに追送されなければならない。執行の効果的な形成にとって判決内容を知ることは不可欠であるため、この場合においても、促進することが求められる。
2. 有罪の言い渡しを受けた者が24歳を超えるときには、第85条第6項による執行は、移譲されうる。この場合、執行の枠組みにおいて行われる更なる裁判に関しては、刑執行部が管轄権を持つ。第88条第3項に注意して第88条第2項による期日が守られうるよう、適時に、第88条第1項による少年刑の残余部分の延期の審査のために、関係書類は、刑執行部に提出されなければならない。
3. 執行指揮者は、管轄権を持つ司法執行施設に有罪の言い渡しを受けた者を収容し、有罪の言い渡しを受けた者が少年刑務所に収容されるまでの間、執行を指揮する。収容依頼には、常に3部の判決全文の謄本が添付され、又は追送されなければならない。有罪の言い渡しを受けた者に対して、第12条による教育のための援助が以前に命じられているときには、教育処分の執行に従事する官庁の申立てにより、このことが司法執行施設に通知されなければならない。
4. 召喚と同時に、教育権者、社会法典第8編第34条による教育のための援助の場合においては少年局は、召喚が行われたことを通知されなければならず、かつ、適切な時期に少年刑を開始できるよう配慮するよう依頼されなければならない。少年が通う職業教育の指導者又は少年の雇用者及び学校長若しくは職業学校長も、少年が少年刑に服さなければならない場所及び日時について通知を受けるべきものとする。掲げられた者に召喚状を提示し、召喚を閲覧したことをその者により証明させることを、少年に課することもできる。少年刑が休日又は少年の休暇の間に執行され、かつ、通知により少年の成長にとって望ましくない不利益が生じうる場合、通知は行われるべきではない。
5. 身体を拘束されておらず、かつ、少年刑の執行のため居住地から10キロメーター以上離れた少年刑事施設に収容されている資力のない有罪の言い渡しを受けた者に、執行指揮者は、少年刑事施設までの運行のために、乗車券又は証書による方法が慣例であるときには、乗車券に代わる証書を交付することができる。
6. 有罪の言い渡しを受けた者が少年刑事施設に収容されたことの通知（刑の開始の通知）を執行指揮者が受けたときには、執行指揮者は、第85条第2項又は第3項により収容とともに執行を委ねられた少年係裁判官に刑罰記録又は執行帳を送付する。少年係裁判官は、刑期の算定を備えた2部の収容依頼及び収容請求と同時に送付された2部の判決の謄本とともに、刑の開始の通知を、新たな執行指揮者に遅滞なく送付する。
7. 第85条第2項又は第3項により管轄権を持つ執行指揮者は、信頼を持って個々の少

年の本質的な性格とかかわり、かつ、執行中はその成長を追求する。執行指揮者、施設長及び執行職員と緊密な関係を保ち、かつ、協議を通して、執行中の重要な意義を持つ問題に関与する。
8. 保護観察のために残余刑を猶予する場合において、遠距離のために、執行指揮者が、有罪の言い渡しを受けた者又は保護観察官と緊密な関係を保つことができないときには、執行の返還及び伝達（第85条第5項）を行うことが望ましい。執行が返還され又は伝達される場合、以前に管轄権を持っていた執行指揮者は、保護観察のために残余刑の猶予を取り消す前に再度執行を行うことができるように、保護観察期間中の有罪言渡しを受けた者の指導に関して、常に最新の情報を得ておくべきである。原則として、保護観察のための残余刑の猶予を取り消す決定が行われる前に、執行の伝達の場合に、執行指揮者が執行を引き継ぐことを明文で留保することが望ましい。

Ⅶ. 改善及び保安の処分の執行指揮

1. 改善及び保安の処分の執行に関する管轄権は、第84条及び第85条第4項にしたがう（第Ⅰ節第1号及び第2号を参照）。青年の場合に一般刑法が適用されるときには、管轄権は刑事執行令による。
2. 行状監督の執行に関しては、刑事執行令第54条aを参照する。

第88条及び第89条に関する準則

少年行刑に関する行政規則（VVJug）及び第100条による前科の除去は、これを参照する。

第90条に関する準則

州司法行政庁の執行施設における少年拘禁の執行に関しては、少年拘禁執行令が、詳細を定める。

第91条に関する準則

少年刑の執行に関しては、少年行刑に関する行政規則（VVJug）が詳細を定める。

第92条に関する準則

少年刑を言い渡された者がすでに18歳に達していたとしても、その者には、原則として第一次的には少年刑事施設への収容が命じられる。有罪の言い渡しを受けた者が少年行刑に適合するかどうかについての裁判（第92条第2項）は、第85条第2項又は第3項により管轄権を持つ執行指揮者により行われる。少年行刑に適さないことが明白である場合にのみ、18歳を超えた有罪の言い渡しを受けた者を管轄権を持つ司法執行施設へすぐに収容することが命じられる。

第93条に関する準則

　　未決勾留の執行に関しては、未決勾留執行令第1号第4項、第13号、第22号第4項及び第77号から第85号において、詳細が規定される。

第97条に関する準則

1. 少年刑を理由として連邦中央登録法第39条、第49条による特権が申請される場合、判決により前科の除去が宣告されるかどうかを検討しうるよう、申請は、原則として第一次的に第98条により管轄権を持つ少年係裁判官に提出されなければならない。前科が除去されることが宣告される場合、有罪の言い渡しを受けた者には、そのことにより申請が処理されたものとみなされることが通知されなければならない。
2. 第97条による裁判の中央登録簿への登録に関しては、連邦中央登録法第13条第1項第5号を参照する。

第98条に関する準則

1. 前科を除去するための手続では、刑罰記録及び執行経過の他に執行施設の個人記録（Personalakten）を用いることが、原則として望ましい。
2. 調査の依頼を行う場合、依頼された機関は、配慮のある調査の遂行が必要であることに注意することが望ましい。それまでそのことを知らされていなかった者に有罪の言い渡しが知られることは、避けられなければならない。

第100条に関する準則

　　中央登録簿への登録に関しては、連邦中央登録法第13条第1項第5号を参照する。

第101条に関する準則

　　中央登録簿への登録に関しては、連邦中央登録法第13条第1項第6号を参照する。

第103条に関する準則

1. 少年に対する刑事事件と成人に対する刑事事件の併合は、一般に目的に適ったものではない。特に、少年が自白しており、かつ、事実関係が明白であるとき、又は少年の両親が成人として問題になっているときには、少年に対する刑事事件と成人に対する刑事事件との併合は適切ではない。
2. 例えば、少年が出席して成人の被疑者に対して審理が行われ判決が出される場合、又は成人の被疑者に対する手続の遂行に長期間障害がある場合など、特別な取り扱いが目的に適うことが明らかなときには、検察は、即座に併合された事件の分離を提案する。
3. 第103条は、青年に対する手続においても適用する（第112条第1文）。

第104条に関する準則

第2項により適用が裁判官の裁量にある手続規定として、例えば第51条(関係者の一時退廷)、第69条(付添人)、第71条(教育に関する仮命令)、及び第72条第4項(未決勾留に代わる少年援助のホームへの収容)が問題となる。

第105条に関する準則

1. 第3条による成熟性の欠如を理由として、青年の刑法上の有責性は、排除されえない。青年の刑法上の有責性は、一般規定によってのみ判断される。重大な成長上の欠陥は、刑法典第20条又第21条により責任能力が排除又は減じられるかどうかの審査を行う契機となりうる。
2. 教育処分(第9条第2号、第12条)は、青年に対しては適用されない。それに代えて、援護者による観護の指示が特に問題となる(第10条第1項第3文第5号)。

第108条に関する準則

検察は、身体を拘束されていない被疑者に対しては、原則として当該被疑者が公訴提起時に滞在する地区の裁判所に、公訴を提起する。行為地に住む多数の証人が——例えば、交通刑事事件におけるように——尋問されなければならないときには、行為地につき管轄権を有する裁判所における公訴提起が特に考慮される。

第109条に関する準則

1. 少年に対する手続とは異なり、青年に対する手続は、原則として公開である。但し、公開は、裁判所構成法第171条a、第171条b及び第172条に掲げられた理由からのみならず、青年の利益からも排除することができる(これに関しては、第48条に関する準則を参照)。
2. 青年に対しては、一般刑法が適用されなければならない場合(第109条第2項、第79条第1項)にのみ、略式命令を発することができる。したがって、検察は、第43条による調査を行い、かつ、一般刑法が適用されなければならないという見解に達した場合にのみ、青年に対する略式命令を発することを提案する。
3. 簡易少年手続は、青年に対しては許されない。但し、刑事訴訟法第212条以下による促進手続を行うことはできる。
4. 私人起訴及び公訴参加手続は、一般刑法が適用されなければならないか少年刑法が適用されなければならないかにかかわりなく、青年に対して許される。この点についても、原則として少年係裁判官が管轄権を持つ。
5. 検察は、第43条による調査に基づき少年刑法が適用されなければならないという見解に達した場合、青年に第45条を適用する。

第110条に関する準則

1. 青年に対して一般刑法が適用されるときには、執行に関しては、一般規定を適用する。当該青年が学校又は職業学校に通っているときには、学校長は、執行官庁から当該青年が自由刑に服さなければならない場所及び時間について通知を受けるべきものとする。学校長に召喚状を提示し、召喚を閲覧したことを学校長により証明をさせることも、青年に課すことができる。少年刑が休日又は青年の休暇中に執行され、かつ、通知により青年の成長にとって望ましくない不利益が生じうるときには、通知を行うことはできない。
2. 少年刑事施設における自由刑の執行可能性に関しては、第114条及びその準則を参照する。

第114条に関する準則

1. 少年刑事施設における教育作用が期待でき、その者が少年刑事施設にいることで他の被収容者の教育に不利益を及ぼすおそれがないときには、24歳に満たない自由刑の言い渡しを受けた者は、少年刑行に適している。
2. 21歳に満たない自由刑の言い渡しを受けた者は、少年刑事施設に収容される。但し、司法執行施設の中に、若年被収容者のための特別な区画があるときには、司法執行施設への収容を行うことができる。
3. 21歳以上24歳未満の自由刑の言い渡しを受けた者は、原則として司法執行施設に収容される。
4. 24歳に満たない有罪の言い渡しを受けた者について司法執行施設が少年行刑が適切であると思料するときには、司法執行施設は、その者を少年刑務所に移送し、刑の執行官庁にそのことを通知する。
5. 第一審において判決を出した裁判長の意見を聴いた後で、かつ、有罪の言い渡しを受けた者が拘禁されているときに、22歳以上24歳未満の自由刑の言い渡しを受けた者の少年行刑への適性が明白である場合には、刑の執行官庁は、例外的に、司法執行施設に、その者をすぐに少年刑事施設に収容するよう命じることができる。
6. 24歳に満たない自由刑の言い渡しを受けた者が少年刑務所に収容されなければならないのか、それとも司法執行施設に収容されなければならないかに関する裁判は、司法補助官には委ねられない。
7. 有罪の言い渡しを受けた者の少年刑事施設への最終的な受け入れ及び有罪の言い渡しを受けた者が少年刑事施設にとどまることに関しては、いかなる場合でも、当該施設の長が決定を行う。

社会保障法典 第8編 児童及び少年の援助 (抄訳)

第1章 総則規定

第1条（教育を求める権利、親の責任、少年援助）
(1) どの若年者も、成長発達する権利 (ein Recht auf Förderung seiner Entwicklung) 及び自己責任を持ち社会で共同生活を送ることができる人格を持つために教育を求める権利を持つ。
(2) 児童の養育及び教育は、両親の自然権であり、かつ、第一次的には両親に課される義務である。その活動については、国家的共同体が監督を行う。
(3) 少年援助は、第1項による権利を実現するために、特に、
  1. 若年者の個人的及び社会的な成長を発展させ、かつ、不利益を回避又は除去することに寄与すべきものとし、
  2. 教育に際して両親及びその他の教育権者に助言及び支援を行うべきものとし、
  3. 福祉 (die Wohl) に対する危険から児童及び少年を保護すべきものとし、
  4. 若年者及びその家族のための積極的な生活条件並びに児童及び家族にとって好ましい環境を保持し、又は創出することに寄与すべきものとする。

第2条（少年援助の任務）
(1) 少年援助は、若年者及び家族のための給付及びその他の任務を持つ。
(2) 少年援助の給付は、次のものである。
  1. 少年ワーク (Jugendarbeit)、少年ソーシャルワーク (Jugendsozialarbeit) 並びに教育的な児童及び少年保護の提供（第11条から第14条）、
  2. 家庭における教育支援の提供（第16条から第21条）、
  3. 昼間施設及びデイ・ケアにおける児童支援の提供（第22条から第25条）、
  4. 教育のための援助及び補充的な給付（第27条から第35条、第36条、第37条、第39条、第40条）、
  5. 精神障害のある児童及び少年のための援助並びに補充的な給付（第35条aから第37条、第39条、第40条）、
  6. 若年成人のための援助及びアフター・ケア（第41条）。
(3) 少年援助のその他の任務は、次のものである。
  1. 児童及び少年の監護 (Inobhutnahme)（第42条）、
  2. 親権者の同意なく行われる児童又は少年の収容（第43条）、
  3. ケアの付与、撤回及び取消し（第44条）、
  4. 施設運営のための許可の付与、撤回及び取消し並びに事後における命令の付与

及びそれに伴う任務（第45条から第47条、第48条 a）、
5. 行為の禁止（第48条、第48条 a）、
6. 後見裁判所及び家庭裁判所の手続における協力（第50条）、
7. 子としての受け入れ（Annahme als Kind）のための手続における助言と教示（第51条）、
8. 少年裁判所法による手続における協力（第52条）、
9. 父子関係の確認及び扶養費請求権の主張に際する母親への助言及び援助並びに保護人及び後見人への助言及び援助（第52条 a、第53条）、
10. 統一的な後見を引き受けるための許可の付与、撤回及び取消し（第54条）、
11. 少年局による援助、公的保護、公的後見及び後見監督（第55条から第58条）、
12. 記録の作成及び公証（第59条）、
13. 執行しうる書面の作成（第60条）。

第 3 条（民間の少年援助及び公的な少年援助）

(1) 少年援助は、異なる価値を指向する担い手の多様性並びに内容、方法、活動形態の多様性により特徴づけられる。
(2) 少年援助の給付は、民間の少年補助の担い手及び公的な少年援助の担い手により行われる。本編に根拠を持つ給付を行う義務は、公的な少年援助の担い手に向けられる。
(3) 少年援助のその他の任務は、公的な少年援助の担い手により引き受けられる。この任務が明確に規定されている限りにおいて、民間の少年援助の担い手はこの任務を引き受けることができ、又はその遂行を委ねられることができる。

第 4 条（公的な少年援助による民間の少年援助との協力）

(1) 公的な少年援助は、少年及びその家族の福祉のために、パートナーシップを持って民間の少年援助と協力すべきものとする。その際、公的な少年援助は、民間の担い手が持つ任務の目的設定及びその遂行並びにその組織構造の形成における自立性に注意しなければならない。
(2) 承認された民間の少年援助の担い手の施設、業務及び催しが適切に運営され、又は適切な時にもたらされうる場合、公的な少年援助は、自らが行う措置を見合わせるべきものとする。
(3) 公的な少年援助は、本編による民間の少年援助を支援すべきものとし、かつ、その際に自助の多様な形態を強化すべきものとする。

第 5 条（希望権及び選択権）

(1) 受給権者（Leistungsberechtigten）は、異なる担い手による施設やサービスの中から選択を行い、かつ、援助の形成に関して希望を述べる権利を持つ。受給権者は、この権利を告知されなければならない。

(2) 選択と希望は、それが過度に大きな支出を伴わない限り、叶えられるべきものとする。その施設の担い手との間に第78条bによる取り決めがない第78条aに掲げた施設における給付を受給権者が希望するときには、この施設における給付が個別事例において、又は援助計画（第36条）を基準として提供される場合にのみ、この希望が叶えられるべきものとする。

第6条（適用範囲）

(1) 本編による給付は、国内に滞在している事実のある若年者、母親、父親並びに児童及び少年の親権者に対して行われる。他の任務の履行に関しては、第1文を適用する。
(2) 外国人は、適法に、又は外国人法の許可に基づき国内に日常的に滞在している場合にのみ、本編による給付を請求することができる。
(3) ドイツ人は、外国に滞在しているときであっても、滞在国の援助を受けていない場合には、本編の給付を受けることができる。
(4) 超国家的及び国家間の権利に関する規定は、そのまま適用する。

第7条（概念の定義）

(1) 本編の意味において、
　1．児童（Kind）とは、第2項から第4項までにおいて別段の定めがない限り、14歳未満の者をいい、
　2．少年（Jugendlicher）とは、18歳未満の者をいい、
　3．若年成人（junger Volljähriger）とは、18歳以上27歳未満の者をいい、
　4．若年者（junger Mensch）とは、27歳未満の者をいい、
　5．親権者（Personensorgeberechtigter）とは、単独又は他の者と共同して民法典上の規定により親権を持つ者をいい、
　6．教育権者（Erziehungsberechtigter）とは、親権者及び親権者との取り決めに基づいて一時的にのみならず、かつ、個別的にのみならず、親権の任務の遂行を引き受けている者をいう。
(2) 第1条第2項の意味における児童は、18歳未満の者をいう。
(3) （削除）
(4) 子としての受け入れに関係する本編の規定は、18歳未満の者についてのみ適用する。

第8条（児童及び少年の参加）

(1) 児童及び少年は、成長状態に見合う形で、自らに関係する公的な少年援助による全ての決定に参加させられなければならない。児童及び少年は、行政手続並びに家庭裁判所、後見裁判所及び行政裁判所の手続における権利を告知されなければならない。
(2) 児童及び少年は、教育及び成長にかかわる全ての事柄について、少年局に相談を行う権利を持つ。

(3) 緊急状態及び葛藤状態のために相談が必要なときで、かつ、親権者に通知することで相談の目的が無に帰せられる限りにおいて、児童及び少年は、親権者の承諾なく、相談を行うことができる。

第9条（教育の基本的な方向性、女子と男子の同権）
給付の形成及び任務の履行の際には、
(1) 親権者により定められた教育の基本的な方向性並びに宗教教育を決定する際の教育権者及び児童又は少年の権利に注意されなければならず、
(2) 自立的で責任を自覚した行動をとるための児童又は少年の能力及びニーズが発達中であること、並びに若年者及びその家族がそれぞれに持つ特別な社会的及び文化的なニーズ並びに特性が注意されなければならず、
(3) 女子（Mädchen）及び男子（Jungen）の生活状態が異なっていることが注意されなければならず、不利な扱いが取り除かれなければならず、かつ、女子と男子の同権が促進されなければならない。

第10条（他の給付及び義務との関係）
(1) 他の者の義務、特に扶養義務者又は他の社会保障給付の担い手の義務は、本編にかかわりなく、そのまま適用する。その他の給付は、本編により相応する給付が予定されていることを理由として、拒否することができない。
(2) 本編による給付は、第12編及び第2編による給付に優先する。第2編に対する優先は、本編の第13条による給付にはあてはまらない。身体若しくは精神の障害を持ち、又はそのような障害のおそれのある少年のために行われる第12編による編入援助（Eingliederungshilfe）の措置は、本編の給付に優先する。州法は、児童のために行われる早期支援（Frühförderung）の措置が障害の態様に関係なく、他の給付に優先して与えられることを規定することができる。

第2章　少年援助の給付

第1節　少年ワーク、少年ソーシャルワーク、教育的な児童及び少年の保護

第11条（少年ワーク）
(1) 若年者が、その成長を発達させるために必要な少年ワークの提供を自由にできるようにしなければならない。少年ワークは、若年者の利益に結びつけられるべきものとし、かつ、若年者により共に決定及び形成されるべきものとし、自己決定を行う能力をつけ、社会的な共同責任及び社会参加を促し、それに至るべきものとする。
(2) 少年ワークは、団体、少年のグループ及び運動、少年ワークの他の担い手並びに公的少年援助の担い手により、提供される。少年ワークは、構成員のために特定の提

供、公的な少年ワーク及び公共団体を指向する提供を含む。
(3) 少年ワークの重点になるのは、次のことである。
  1. 一般的な教育、政治、社会、健康、文化、博物及び工学の教育を伴う学校外の少年ワーク、
  2. スポーツ、遊技、社交における少年ワーク、
  3. 労働、学校及び家庭に関係する少年ワーク、
  4. 国際的な少年ワーク、
  5. 児童及び少年のレクレーション、
  6. 少年相談。
(4) 少年ワークの提供には、27歳以上の者も、適切な範囲において含めることができる。

第12条（少年団体の支援）
(1) 少年団体又は少年グループの自己責任を持った活動は、第74条の基準に従った法令を遵守した自立的な活動に注意して、支援されなければならない。
(2) 少年団体及び少年グループでは、若年者の少年ワークが自身で組織され、共同して形成され、かつ、共同して責任が負われる。その活動は、長期に渡り、かつ、原則としてそれぞれの組織の構成員に対して行われるものであるが、構成員ではない若年者に対しても行うことができる。少年団体及びその提携団体により、若年者の希望と利益が表明され、かつ代理される。

第13条（少年ソーシャルワーク）
(1) 社会的な不利益を埋め合わせ、又は個々人が被っている侵害を克服するために相当に支援を必要としている若年者は、少年援助の枠組みにおいて、社会教育的な援助を提供されるべきものとし、その学校及び職業上の教育、労働世界への編入及び社会的統合を促進されるべきものとする。
(2) この若年者の教育が他の担い手並びに組織の措置及びプログラムによっては保証されない場合、当該の若年者の能力及び成長状態を考慮に入れた、社会教育を伴う適切な教育及び職業上の措置が提供されうる。
(3) 若年者は、学校又は職業に関係する職業上の措置に参加している間又は職業上の編入にあたって、社会教育を伴う住居形態における宿泊を提供されうる。この場合、若年者に必要な生活費及び第40条の基準による疾病援助も保証されるべきものとする。
(4) 提供は、学校運営、連邦雇用仲介庁（Bundesagentur für Arbeit）、企業による職業教育及び企業外の職業教育の担い手並びに作業提供の担い手による措置と調和させられるべきものとする。

第14条（教育的な児童及び少年保護）
(1) 若年者及び教育権者は、教育的な児童及び少年保護の提供を行われるべきものとす

る。
(2) この措置は、
1. 若年者に、危険な影響づけを防ぐ能力を与え、並びに、批判能力、判断能力及び同胞（Mitmensch）に対する責任をもたらすべきものとし、
2. 児童及び少年を危険な影響づけから守るより良い能力を両親及びその他の教育権者に与えるべきものとする。

第15条（州法による留保）

本節において規定されている任務並びに給付の内容及び範囲に関する詳細は、州法が定める。

第4節　教育のための援助、精神障害を持つ児童及び少年のための編入援助、若年成人のための援助

第1款　教育のための援助

第27条（教育のための援助）
(1) 児童又は少年の福祉のために相応する教育が行われておらず、その成長のために援助がふさわしく、かつ、必要である場合、親権者は、児童又は少年の教育に際して援助（教育のための援助（Hilfe zur Erziehung））を請求する権利を持つ。
(2) 教育のための援助は、特に第28条から第35条を基準にして、与えられる。援助の態様及び範囲は、個別事件における教育上の必要性による。その際、児童又は少年の緊密な社会的環境が取り込まれるべきものとする。
(3) 教育のための援助は、特に教育的な給付及びそれと結びついた治療的な給付を含む。これらの給付は、第13条第2項の意味における職業教育の措置及び職業活動上の措置の必要性がある場合にも、教育のための援助に含まれるべきものとする。

第28条（教育相談）

教育相談所並びにその他の相談サービス及び施設は、個人及び家族に関係する問題並びにその根底にある要因の解決及び克服の際、教育問題の解決の際、離別及び離婚の際に、児童、少年、両親及びその他の教育権者を支援すべきものとする。その際、異なった方法論上の試みに習熟している様々な専門領域の専門家が、協力すべきものとする。

第29条（社会的なグループワーク）

社会的なグループワークへの参加は、成長における困難及び行動上の問題を克服する際に、年長の児童及び少年を援助すべきものとする。社会的なグループワークは、グループ学習上の構想を基礎として、グループにおける社会学習を通して年長の児童及び

少年の成長を促進すべきものとする。

第30条（教育補佐人、援護者）

教育補佐人及び援護者は、成長における問題を克服する際に、可能な限り社会環境を取り込んで、児童又は少年を支援し、かつ、家族の生活関係を維持する中でその自立を促すべきものとする。

第31条（社会教育的な家族支援）

社会教育的な家族支援は、家庭による教育任務を行う際、日常的な問題の克服の際、葛藤及び危機の解決の際並びに官公庁及び諸機関と連絡をとる際に、集中的な援護と付添いを通して、家庭を支援し、自助のための援助を与えるべきものとする。社会教育的な家族支援は、原則として長期に渡り、かつ、家族との協力を必要とする。

第32条（昼間グループにおける教育）

昼間グループにおける教育のための援助は、グループ内の社会的な学習、学校に関する事柄の支援及び両親が行うべき活動を通して、児童又は少年の成長を支援し、そのことを通して家庭における児童又は少年の居場所を確保すべきものとする。援助は、家族ケアの適切な形態においても行われうる。

第33条（フルタイムのケア）

フルタイムのケア（Vollzeitpflege）における教育のための援助は、児童又は少年の年齢及び成長状態、人的な結びつき及び出身家庭における教育的な条件の改善可能性に応じて、他の家庭の児童及び少年に、時間を限定した教育援助又は長期に渡る居住形態を提供すべきものとする。特に成長が損なわれている児童及び少年については、家族ケアの適切な形態がつくり出されなければならず、かつ、拡充されなければならない。

第34条（ホームにおける教育、その他の援護的な居住形態）

昼夜対応の施設（ホームにおける教育（Heimerziehung））又はその他の援護的な居住形態における教育のための援助は、成長過程における教育的及び治療的な提供に日常生活を結びつけることを通して、児童及び少年を成長させるべきものとする。この教育のための援助では、児童又は少年の年齢及び成長状態並びに出身家庭における教育的な条件の改善可能性に応じて、
1. その家族のもとへの復帰が試みられるべきものとし、
2. 他の家庭における教育が準備されるべきものとし、又は、
3. 長期間に渡る生活形態が提供され、かつ、自立した生活の準備が行われるべきものとする。

少年は、職業教育及び職業活動並びに一般的な生活における問題について助言を受

け、かつ、支援を受けるべきものとする。

第35条（集中的な社会教育的な個別援護）

集中的な社会教育的な個別援護（intensive sozialpädagogische Einzelbetreuung）は、社会的統合及び自己責任を持った生活のために集中的な支援を必要としている少年に付与されるべきものとする。援助は、原則として、長期に渡り、かつ、少年の個別的なニーズを考慮すべきものとする。

第2款　精神障害を持つ児童及び少年のための編入援助

第35条ａ（精神障害のある児童及び少年のための編入援助）
(1) 次の場合、児童又は少年は、編入援助を請求する権利を持つ。
  1. その精神的な健康が、6箇月よりも長く、年齢に典型的な状態とは異なっており、かつ、
  2. それゆえに、社会生活への参加が侵害されており、又はそのような侵害が予想されうるとき。
(2) 援助は、個別事件におけるニーズに基づき、
  1. 社会内の形態において、又は、
  2. 児童のための昼間施設又は他の部分的な入院を用いた施設において、
  3. 適切な保護人（Pflegepersonen）により、及び、
  4. 昼夜対応の施設及びその他の居住形態において、行われる。
(3) 援助の任務及び目的、人的範囲の決定並びに給付の態様は、当該規定が精神障害を持ち、又はその障害のおそれのある者に適用される限りにおいて、第2編の第53条第3項及び第4項第1文、第54条、第56条並びに第57条にしたがう。
(4) 教育のための援助が同時に給付される場合、編入援助の任務を満たし、かつ、教育的なニーズをカバーするのにふさわしい施設、サービス及び人が要求されるべきものとする。まだ学齢にない児童のための治療教育的な処分が、児童のための昼間施設において行われ、かつ、援助の必要性が認められるときには、障害のある児童と障害のない児童がともに援護される施設が要求されるべきものとする。

第3款　教育のための援助及び精神障害を持つ児童及び
少年のための編入援助に関する共通規定

第36条（協力、援助計画）
(1) 親権者及び児童又は少年は、援助の請求に関する決定の前並びに援助の態様及び範囲の必要的な変更の前には、助言を受けなければならず、かつ、児童又は少年の成長にとって生じうる結果が告知されなければならない。自分の家庭の外で長期に渡って給付されるべき援助の前及び援助中は、子としての受け入れが考慮されるかどうかが審査されなければならない。自分の家庭の外において援助が必要であるときには、第1文

に掲げた者は、施設又はケアを行う場所を選択する際に、参加させられなければならない。選択及び希望は、それが過度に大きなコストと結びつかない限りにおいて、叶えられなければならない。第1文に掲げられた者が、担い手との間に第78条bによる取り決めがない施設における第78条aに掲げられた給付を希望するときには、この施設における給付が第2項による援助計画を基準として提供される場合にのみ、その希望が叶えられるべきものとする。
(2) 個別事件において告知された援助形態に関する決定は、援助が長期に渡り給付されることが予想されるときには、複数の専門家が協力して行うべきものとする。援助を形成するための基礎として、これらの専門家は、親権者及び児童又は少年と協力して、ニーズ、行われるべき援助の形態及び必要な給付に関する確認を含む援助計画を定めるべきものとする。これらの専門家は、原則として、行われる援助の態様が引き続き適切で、かつ、必要であるかどうかを確かめるべきものとする。援助を遂行する際に、他の者、サービス又は施設が活動するときには、他の者、サービス若しくは施設又はその担い手は、援助計画の定立及びその審査に関与させられなければならない。
(3) 第35条aによる援助が必要であると思料されるときには、援助計画の定立及び変更の際並びに援助の遂行の際に、障害者のための援助について特別な経験を自由にできる医師が関与すべきものとする。職業上の編入の措置が必要であると思料されるときには、連邦雇用仲介庁当局も関与すべきものとする。

第37条（自己の家庭の外で援助が行われる際の協働）

(1) 第32条から34条まで並びに第35条a第2項第3号及び第4号による援助の際、保護人又は施設において教育について責任を持っている者及び両親は、児童又は少年の福祉のために協働するよう、努めるべきものとする。出身家庭における教育の諸条件は、助言及び支援を通して、児童又は少年の成長を考慮して是認できる期間内に、児童又は少年を再び自力で教育することができるように改善されるべきものとする。この期間中、随伴する家庭の助言及び支援を通して、児童又は少年の出身家庭との関連づけが促進されるよう、努められるべきものとする。出身家庭における教育の諸条件を持続的に改善することがこの期間内に行うことができないときには、関与者は、相互に協力して、児童又は少年の福祉に役立ち、かつ、長期に渡る人生の展望を築くべきものとする。
(2) 保護人は、児童又は少年を受け入れる前及びケアの期間中、助言及び支援を請求する権利を持つ。このことは、児童又は少年に教育のための援助も編入援助も与えられておらず、又は保護者が第44条による許可を必要としないときにも、あてはまる。第23条第4項は、これを準用する。
(3) 少年局は、個別事件のニーズのために、児童又は少年の福祉に役立つ教育を保護人が保証しているかどうかを、場所及び立場に応じて審査すべきものとする。保護人は、児童又は少年の福祉に関係する重要な出来事を少年局に通知しなければならない。

第38条（親権を行使する際の仲介）

親権を持つ者が、民法典第1688条第3項第1文による宣告により、児童又は少年の福祉に役立つ教育をもはや行いえないほどに、保護人の代理権を制限しているとき、及びその他意見に差違があるときには、関係者は少年局を介入させるべきものとする。

第39条（児童又は少年の扶養のための給付）

(1) 第32条から第35条又は第35条a第2項第2号から第4号による援助が行われるときには、家庭外における児童又は少年の必要な扶養が保証されなければならない。必要な扶養は、教育に関する支出も含む。

(2) 規則的に反復して必要となる物は、すべて、経常の給付により弁済されるべきものとする。規則的に反復して必要となる物には、第32条及び第35条a第2項第2号の場合における物の他、児童又は少年の対人処分を行うための適切な現金支出も含まれる。金額は、第34条、第35条、第35条a第2項第4号の場合には、州法により管轄権を持つ官庁が定める。金額は、年齢集団により、段階づけられるべきものとする。フルタイムのケア（第33条）における援助の枠組み又は適切な保護人（第35条a第2項第2文第3号）の下で進行する給付は、第4号から第6号により、量定されなければならない。

(3) 一時的な補助金又は手当は、特にケアを行う場所の初期整備のため、重要な個人的な理由がある場合並びに児童又は少年の休暇旅行及び外出旅行のために与えられる。

(4) 経常の給付は、それが適切な範囲を超えない限りにおいて、実際の支出に基づき、与えられる。個別事例の特殊性により通常とは異なる給付が提供されていない限りにおいて、経常の給付は、月の総計で与えられる。児童又は少年が、他の少年局の領域に属するときには、与えられるべき総計の金額は、ケアを行う場所がある地域に適用されている状況に基づくべきものとする。

(5) 養育のための経常の給付に関する総計の金額は、州法により管轄権を持つ官庁により定められるべきものとする。その際、年齢集団によって金額を段階づけることで、年齢により異なる児童及び少年の養育の必要性を考慮しなければならない。詳細は、州法において規定する。

(6) 児童及び少年が、所得税法第31条による家族給付調整の枠組みにおいて、保護人のもとにいるものとして考慮に入れられるときには、所得税法第66条により第一子のために支払われなければならない金額の半分の額が、経常の給付に計算に入れられなければならない。児童又は少年が、保護人の家庭において年長ではないときには、この児童または少年のための計算額は、第一子のために支払われられなければならない金額の4分の1に割り引かれる。

第40条（疾病援助）

第33条から第35条又は第35条a第2項第3号若しくは第4号により援助が与えられるときには、疾病援助も給付されなければならない。援助の範囲については、第2編の第

47条から第52条を準用する。少年局は、適切な場合には、それが適切な限りで、任意の疾病保険のための金額を引き受けることができる。

第4款　若年成人のための援助

第41条（若年成人のための援助、アフター・ケア）
(1) 援助が若年者の個別的な状況に基づき必要な場合で、かつ、それが必要な限りにおいて、人格の発展のため、及び自己責任を持った生活を送ることができるように、若年成人に援助が与えられる。援助は、原則として、21歳に達するまでしか与えられない。理由づけのある個別事案では、それを超えて、限定された期間について、援助が継続されるべきものとする。
(2) 援助の形成については、親権者又は児童若しくは少年を若年成人と読み替えて、第27条第3項並びに第28条から第30条、第33条から36条、第39条及び第40条を適用する。
(3) 若年成人は、自立に際する援助が終了した後も、必要な範囲で助言され、かつ、支援されるべきものとする。

第3章　少年援助のその他の任務

第1節　児童及び少年の保護のための一時的な措置

第42条（児童及び少年の監護）
(1) 児童及び少年の監護は、次のところにおける児童又は少年の一時的な収容である。
　1. 適切な者、
　2. 施設、又は
　3. その他の援護的な居住形態。
監護中は、児童又は少年の必要な扶養及び疾病援助が保証されなければならない。監護とともに、児童又は少年には、信頼を寄せる者（eine Person seines Vertrauens）を通知する機会が、遅滞なく与えられなければならない。監護中、少年局は、監督、教育及び滞在期日を決定する権利を行使する。その際、親権者又は教育権者の推定的な意思が、適切に考慮されなければならない。現在の状態において児童又は少年に助言を行い、かつ、援助及び支援の可能性を示すことが、児童又は少年の福祉のために、配慮されなければならない。
(2) 児童又は少年が監護を願い出たときには、少年局は、児童又は少年を監護する義務を負う。少年局は、親権者又は教育権者に遅滞なく監護を通知しなければならない。親権者又は教育権者が監護に反対するときには、少年局は、遅滞なく、
　1. 児童又は少年を親権者又は教育権者に引き渡さなければならず、又は、
　2. 児童若しくは少年の福祉のために必要な処分に関する家庭裁判所の決定を得な

ければならない。
　　親権者又は教育権者に連絡がとれないときには、第3文第2号を準用する。
(3)　児童又は少年の福祉について差し迫った危険があるために監護が必要となる場合、少年局は、児童又は少年を監護する義務を負う。その際、児童若しくは少年の身体及び生命に関する危険又は第三者の身体及び生命に関する危険を阻止するために、それが必要な場合で、かつ、その限りにおいてのみ、自由剥奪処分が許される。裁判所による決定がない場合、自由剥奪は、遅くともそれが開始された日に終了しなければならない。第2項第2文から第4文は、これを準用する。

第43条（親権者の同意なしに行われる児童又は少年の収容）
(1)　親権者の同意を得て、児童又は少年が、他の者の所又は施設に滞在しており、民法典第1666条の要件が存在するという推定の正当性を理由づける事実が明らかになったときに、危険が差し迫っている場合には、少年局は、児童又は少年をその場所から遠ざけ、かつ、適切な人、施設又はその他の援護的な住居形態において一時的に収容する権限を与えられる。少年局は、当該の措置について遅滞なく親権者に通知を行わなければならない。親権者が同意しないときには、少年局は、遅滞なく家庭裁判所の決定を得なければならない。
(2)　第42条第1項第2文から第5文は、これを準用する。

第3節　裁判所の手続における協力

第50条（後見裁判所及び家庭裁判所の手続における協力）
(1)　少年局は、児童及び少年の人格のために行う保護に関係する全ての措置の際に、後見裁判所及び家庭裁判所を支援する。少年局は、任意の裁判管轄の事件に関する法律の第49条及び第49条aに掲げられた後見裁判所及び家庭裁判所の手続において、協力しなければならない。
(2)　少年局は、特に提供され、もたらされた給付について教示し、児童又は少年の成長のために教育的及び社会的な観点をもたらし、かつ、援助のさらなる可能性を指摘する。
(3)　少年局が児童又は少年の福祉が危険にさらされることを阻止するために裁判所が行動を起こす必要があると思料するときには、少年局は裁判所に連絡をとるものとする。第2項は、これを準用する。

第51条（子として受け入れるための手続における助言及び教示）
(1)　少年局は、民法典第1748条第2項による受け入れを行う際の一方の親による承諾を代理するための手続において、承諾を代理する可能性について親に教示を行わなければならない。少年局は、教示の後3箇月が経過した後に初めて後見裁判所が承諾を代理

することができることを、親に告知しなければならない。親が新しい住所を言い残すことなく所在地を変えており、かつ、適切な調査にもかかわらず所在地が少年局により3箇月の期間内に明らかにされえなかったときには、教示を行う必要はない。この場合、教示又は所在地の調査に向けられた少年局の最初の行動により、期間は開始する。期間は、早くとも児童の誕生後5箇月で満了する。
(2) 少年局は、自らの家庭において児童の教育を行うことができる親に、第1項により教示を行うとともに、援助について助言を行うべきものとする。特に児童が長期に渡って家族ケアを受け入れた者のもとで生活しており、かつ、親に児童を引き渡したときに、児童の身体的及び精神的健康が重大かつ持続的に損なわれることが予想できる場合には、助言は必要ではない。少年局は、手続において、後見裁判所に、どの給付がもたらされ、若しくは提供されたのか、又はどのような理由からそれが見合わされたのかを報告しなければならない。
(3) 両親が婚姻関係になく、かつ、親権の意思表示を行っていないときには、少年局は、民法典第1747条第1項及び第3項による権利を守るにあたり、父親に助言を行わなければならない。

第52条（少年裁判所法による手続における協力）
(1) 少年局は、少年裁判所法第38条及び第50条第3項第2文の基準により、少年裁判所法による手続において協力しなければならない。
(2) 少年局は、少年又は若年成人のために少年援助の給付が考慮されるかどうかを、早期に検討しなければならない。少年援助の給付が考慮されるとき、又は相応する給付がすでに開始されており若しくは行われているときには、この給付が訴追の見合わせ（少年裁判所法第45条）又は手続の打ち切り（少年裁判所法第47条）を可能にするかどうかが検討されうるように、少年局は、検察官又は裁判官に、すぐにそのことを通知しなければならない。
(3) 少年局の担い手又は少年裁判所法第38条第2項第2文により活動を行う承認された民間の少年援助の担い手は、手続の全体に渡って少年又は若年成人を援護すべきものとする。

第4章　社会保障に関するデータの保護

第61条（適用範囲）
(1) 少年援助におけるデータの収集、処理及び利用の際の社会保障に関するデータ保護については、第1編の第35条、第10編の第67条から第85条a及び本編における以下の規定を適用する。これらの規定は、本編による任務を引き受けている限りにおいて、公的な少年援助の担い手の全ての活動について適用する。郡に属する地方自治体及び公的な担い手ではない地方組織による、本編による任務の引き受けに関しては、第1文及

び第2文を準用する。
(2) 公職の保護人、公職の後見人、補佐人及び後見監督人の活動の枠組みにおいてデータを収集、処理、利用する場合の社会保障に関するデータの保護については、第68条のみを適用する。
(3) 少年刑事手続において協力する場合の少年局による社会保障に関するデータの収集、処理及び利用については、少年裁判所法の規定を適用する。
(4) 民間の少年援助の担い手である施設及び機関が求められる場合、データの収集、処理及び利用に際する社会保障に関するデータの保護が相応する方法で確実に行われることが保証されなければならない。

第62条（データの収集）
(1) 社会保障に関するデータは、各々の任務を満たすためにそれを知ることが必要な限りにおいてのみ、収集される。
(2) 社会保障に関するデータは、当事者本人のところでのみ収集されなければならない。当事者本人は、それが明白でない限りにおいて、収集の法的根拠、収集の目的及び処理又は利用の目的について説明を受けなければならない。
(3) 次の場合にのみ、当事者の協力なく、社会保障に関するデータを収集することができる。
　　1. 法律上の規定が、そのことを定めており、若しくは許しているとき、又は、
　　2. 当事者本人のところではその収集ができず、若しくはその時々の任務が、本質において、他の者のところで収集することを求めるが、次の点に関して、データを知ることが必要であるとき。
　　　　a) 要件の確認又は本編による給付の履行、
　　　　b) 第10編の第50条による給付の履行に関する要件の確認、
　　　　c) 第42条から第48条aによる任務の引き受け、又は、
　　　　d) 本編による給付の許可するための要件である裁判所の決定。
　　3. 当事者本人のところでの収集が、均衡を失した支出を必要とし、かつ、当事者本人の保護に値する利益が侵害されることを支持する根拠がないとき。
(4) 当事者本人が同時に受給権者ではなく、又はその他給付に関係しないときに、本編による給付を許可するためのデータを知ることが必要である場合には、受給権者又は給付に関係するその他の者のところでも、データを収集することができる。

第63条（データの保管）
(1) 社会保障に関するデータは、その時々の任務を履行するために必要である限りにおいて、文書及びその他のデータ記憶媒体で保管することができる。
(2) 公的な少年援助が異なった任務を満たすために収集されるデータは、直接的な事実関係があるためにそうすることが必要であり、かつ、その限りにおいてのみ、文書又はそ

の他の記憶媒体で一緒にすることができる。第2条第2項の意味における給付目的のために収集されたデータ及び第2項第3項の意味におけるその他の任務のために収集されたデータは、その時々の任務を満たすためにそのことが必要である限りにおいて、一緒にすることができる。

第64条（データの伝達及び利用）
(1) 社会保障に関するデータは、それが収集された目的で伝達し、又は利用することができる。
(2) 第10編の第69条による任務を満たすための伝達は、そのことにより給付の成果に疑問が生じない限りにおいてのみ、第1項と異なる扱いをすることが許される。
(3) 社会保障に関するデータは、第80条の意味における計画という目的のために、公的な少年援助の担い手のところで保管又は利用することができる。そのデータは、遅滞なく匿名化されなければならない。

第65条（人的及び教育的援助における特別な信頼の保護）
(1) 人的及び教育的援助の目的から公的な少年援助の担い手に委ねられた社会保障に関するデータは、次の場合にのみ、その者から転送することができる。
   1. データを委ねた者の同意があるとき、
   2. 児童又は少年の福祉に対する危険性を考慮して、給付を認めるために必要である裁判所の決定がその通知なしに行うことができない場合に、後見裁判所又は家庭裁判所が、第50条第3項による任務を満たす必要があるとき、又は
   3. 刑法典第203条第1項又は第3項において掲げられた者のうちの1人にその権限が与えられる要件があるとき。

   委ねられた社会保障に関するデータを担い手が転送するときには、社会保障に関するデータは、そのことについて担い手が権限を得ている目的のためにのみ、受取人から転送されることができる。
(2) 第1編の第35条第3項は、第1項による官庁内の転送禁止がある限りにおいて、適用する。

第66条（削除）

第67条（当事者の情報）
当事者には、申請により、その身上について書類又はその他のデータ記憶媒体に保管されたデータを、第10編の第83条の基準にしたがい、与えなければならない。

第68条（補佐、公的なケア及び公的な後見の領域における社会保障に関するデータ）
(1) 補佐、公的なケア又は公的な後見の行使を委ねられた公務員又は職員は、任務を満

たすために必要な限りにおいて、社会保障に関するデータを収集、処理又は利用することができる。監督、統制又は会計監査を目的とした権限を持つ官署 (Stelle) によるこの社会保障に関するデータの利用及びこうした官署への転送は、個別事例を考慮して、許される。

(2) データの抹消及び保管については、第10編の第84条第2項、第3項及び第6項を適用する。

(3) 補佐、公的なケア又は公的な後見の下にある者は、18歳に達した後、第三者の正当な利益に反しない限りにおいて、その身上について書類又はその他の記憶媒体に保管された情報を知る権利を持つ。18歳に達する前には、その者が閲覧能力及び判断能力を持っており、かつ、第三者の正当な利益に反しない限りにおいて、その者に保管されている情報を知らせることができる。

(4) 社会保障に関するデータを転送された者又は官署は、第1項によりそのことについて権限を持って転送された目的のためにのみ、処理又は利用することができる。

(5) 後見監督人としての少年局の活動については、第1項から第4項を準用する。

第5章 少年援助の担い手、協働、共同責任

第1節 公的な少年援助の担い手

第69条（公的な少年援助の担い手、少年局、州少年局）

(1) 公的な少年援助の担い手は、地域又は地域を越えた担い手である。地域の担い手は、郡 (die Kreis) 及び独立市 (die kreisfreien Städte) である。誰が地域を越えた担い手であるかについては、州法が定める。

(2) 本編による任務を満たすための給付能力が保証されるときには、地域的な担い手に関する申請により、郡に属する市町村も定めることを、州法は規定することができる。州法は、郡にその能力がないときには、どのような方法で郡の他の市町村において本編による任務の履行が保証されるのかを規定する。公的な担い手としての郡に属する市町村によりひとつの市区の全領域がカバーされるときには、この市区は公的な担い手とはならない。

(3) 本編による任務を引き受けるために、全ての地域的な担い手、少年局、全ての地域を越えた担い手は、州少年局に連絡を行う。

(4) 複数の地域的な担い手及び複数の地域を越えた担い手は、異なる州に属する場合であっても、個別的な任務を遂行するために、共通の施設及びサービスに連絡を行う。

(5) 州法は、昼間施設及び児童デイ・ケアにおいて児童の育成の任務を遂行するために、地域的な担い手ではない、郡に属する市町村又は地方共同体連合 (Gemeindeverbände) の助力を得ることを定めることができる。

(6) 地域的な担い手ではない、郡に属する市町村及び地方共同体連合は、地域的な領域

のために少年援助の任務を引き受けることができる。この任務の計画及び遂行は、本質的な点において、地域的な担い手と一致させられなければならない。その全体的な責任は、そのままとする。民間の少年援助の担い手との協働については、第4条、第74条、第76条及び第77条を準用する。州法は、詳細について定めることができる。

第70条（少年局及び州少年局の組織）
(1) 少年局の任務は、少年援助委員会及び少年局の行政管理部門により引き受けられる。
(2) 公的な少年援助の領域における経常の行政管理は、地域団体の行政管理の長又はその依頼により規則並びに代表団体及び少年援助委員会の議決の枠組みにおける少年局の行政管理の長により、行われる。
(3) 州少年局の任務は、州少年援助委員会並びに規則及び州少年局が自由にすることができる手段の枠組みにおける州少年局の行政管理部門により、引き受けられる。通常の行政管理は、規則及び州少年委員会の議決の枠組みにおける州少年局の行政管理部門の長により、行われる。

第71条（少年援助委員会、州少年援助委員会）
(1) 次の者は、投票権のある構成員として少年援助委員会に属する。
    1. 5分の3の賛成を得た、公的な少年援助の担い手による代表団体における構成員又はそれにより選ばれた少年援助において経験をもつ男女、
    2. 5分の2の賛成を得た、公的な担い手の領域において活動し、かつ承認されている民間の少年援助の担い手の提案により、代表団体により選ばれた男女。少年団体及び福祉団体の提案は、適切に考慮されなければならない。
(2) 少年援助委員会は、少年援助の全ての職務、特に次の職務にかかわる。
    1. 若年者及びその家族を取り巻く現在の問題状況の検討並びに少年援助がさらに発展するための発議及び提案、
    2. 少年援助計画、
    3. 民間の少年援助の助成。
(3) 少年援助委員会は、代表団体により準備された手段、代表団体により公布された規則及び代表団体によりなされた議決の枠組みにおいて、少年援助の職務において議決権を持つ。少年援助委員会は、少年援助の問題における代表団体の全ての議決の前及び少年局の長を任命する前に、意見を聴取されるべきものとし、かつ、代表団体に提案を行う権利をもつべきものとする。少年援助委員会は、必要に応じて会合を開き、かつ、投票権者の5分の1以上の申請により、招集されなければならない。公共の福祉、個人の正当な利益又は集団を保護する必要性に反しない限り、その会合は公開で行われる。
(4) 州少年局の領域において活動を行い、かつ、認可されている民間の少年援助の担い手の申請により、ライトの最上級少年局により招集されなければならない男女は、5分

の2の賛成を得て、州少年援助委員会に属する。その他の構成員は、州法により規定される。第2項は、これ準用する。
(5) 詳細は、州法において規定する。州法は、少年援助委員会のために助言を行う構成員を規定する。地域団体の行政管理部門の長又は少年局の行政管理部門の長が、第1項第1号により投票権を持つことを、州法は規定することができる。

第72条（担い手、職業教育）
(1) 人格において折々の任務に適しており、かつ、その任務にふさわしい職業教育を受けた者（専門人員）又はソーシャルワークにおける特別な経験に基づいて任務を満たす能力のある者のみが、少年局及び州少年局において、本職として、公的な少年援助の担い手として活動すべきものとする。折々の任務において必要な限りにおいて、専門人員又は相応の追加的な職業教育を経た専門人員に、その任務の引き受けが委ねられなければならない。折々の任務において必要な限りにおいて、異なる専門領域の専門人員が協働すべきものとする。
(2) 少年局又は州少年局の指導的な役割は、原則として、専門人員のみに委ねられるべきものとする。
(3) 公的な少年援助の担い手は、少年局及び州少年局の担い手の専門教育及び実務上の助言を保証されなければならない。

第2節　民間の少年援助との協働、篤志活動

第73条（篤志活動）
少年援助において、篤志活動を行う者（ehrenamtlich tätige Personen）は、その活動にあたり指導を受け、助言を受け、かつ、支援されるべきものとする。

第74条（民間による少年援助の支援）
(1) 公的な少年援助の担い手は、少年援助の領域における自発的な活動を助成すべきものとする。公的な少年援助の担い手は、次の場合に、自発的な活動を支援すべきものとする。
　1. 計画された措置のための専門的な要件を担い手が満たすとき、
　2. 目的に適い、かつ、経済的に財政の用いるための保証を担い手が提供しているとき、
　3. 担い手が、公益目的を追求しているとき、
　4. 担い手が、適切な自己負担を行っているとき、及び
　5. 担い手が、基本法の目的を促進する活動のための保証を提供しているとき。
長期に渡る助成は、原則として、第75条による民間の少年援助の担い手として承認されることを前提とする。

(2) 本編による給付の保証を可能にするために、民間の少年援助により、施設、サービス及び催しがつくられる限りにおいて、少年援助計画の基準にしたがい、かつ、第9条に掲げた諸原則に注意して、この施設、サービス及び催しを提供する準備に助成を依存させることができる。第4条第1項は、そのまま適用する。
(3) 助成の態様及び金額に関しては、羈束裁量により自由にすることができる財政の枠組みにおいて、公的な少年援助の担い手が決定を行う。複数の申請者が助成の要件を満たしており、かつ、予定されている措置が同様に適切なものではあるが、ニーズを満たすには一つの措置だけが必要である場合にも、このことを準用する。自己負担の査定にあたっては、異なる財政源及びその他の関係が考慮されなければならない。
(4) それ以外に同様に適切な措置がある場合、当事者の利益により適っており、かつ、措置の形成に対して当事者が影響を及ぼすことができることが保証されるものが優先される。
(5) 複数の担い手による同内容の措置を助成する場合、その自己負担を考慮した上で、同様の原則と基準が適用されなければならない。民間及び公的な少年援助により、同内容の措置が行われるには、助成の際には、公的な少年援助による措置に対する支出について適用される原則及び基準が適用されなければならない。
(6) 認可された少年援助の担い手の助成は、専任、兼任及び篤志の担い手の専門教育のための資金並びに、少年ワークの領域においては少年の余暇場及び少年の教育の場の設備及び維持のための資金を含む。

第74条 a（児童のための昼間施設の財政援助）

州法は、昼間施設の財政援助について規定する。第90条による参加費の徴収は、そのまま適用する。

第75条（民間の少年援助の担い手としての認可）

(1) 次の場合、法人及び団体（Personenenvereinigung）は、民間の少年援助の担い手として認可される。
　1. 第1条の意味における少年援助の領域において活動しているとき、
　2. 公益目的を追求しているとき、
　3. 専門的及び人的な要件に基づいて、少年援助の任務を満たすために小さくない寄与をなしうる能力があることが期待されるとき、
　4. 基本権の目的にとって有益な活動に保証を与えるとき。
(2) 民間の少年援助の担い手として認可を売るための請求は、第1項の要件のもとで、少年援助の領域において少なくとも3年間活動を行ってきた者が、行うことができる。
(3) 公法上の教会及び宗教団体並びに連邦レベルにおいて提携している福祉ケアの団体は、民間の少年援助の承認された担い手である。

第76条（少年援助の認可された担い手による他の任務の引き受けへの参加）

(1) 公的な少年援助の担い手は、民間の少年援助の承認された担い手と、第42条、第43条、第50条から第52条a及び第53条第2項から第4項による任務の遂行を分担することができ、又はそれを満たすための任務を委ねることができる。

(2) 公的な少年援助の担い手は、任務を満たすことに対して、そのまま責任を負う。

第77条（コストの高さに関する取り決め）

民間の少年援助の担い手による施設及びサービスが求められるときには、公的な少年援助と民間の少年援助の間に生じるコストの高さに関する取り決めをつくるよう努めなければならない。詳細は、州法が定める。第78条aから第78条gは、そのまま適用する。

第78条（共同研究チーム）

公的な少年援助の担い手は、公的な少年援助の他、民間の少年援助の認可された担い手及び推進されている措置の担い手を代表する共同研究チームをつくるよう、努力すべきものとする。共同研究チームにおいては、計画された措置が相互に調整され、かつ、相互に補い合われるよう、努めるべきものとする。

訳者解説
ドイツ少年司法制度と「少年刑法改革のための諸提案」(第二次提案) の意義

武内謙治

DVJJについて

 1　本書は、ドイツ少年裁判所・少年審判補助者連合 (Deutsche Vereinigung für Jugendgerichte und Jugendgerichtshilfe e.V., DVJJ) の第二次少年刑法改正委員会による『少年刑法改革のための諸提案』(DVJJ 2. Jugendstrafrechtsreform-Kommission: Vorschläge für eine Reform des Jugendstrafrechts. Ausschlussbericht der Kommissionsberatungen von März 2001 bis August 2002, Hannover 2002) (以下では、「第二次提案」と記す) の翻訳である。表現や脚註中における文献の表記、ウェブ・サイトのアドレスの一部には、個別に原著者の承諾を得た上で、改めた箇所がある。また、翻訳中、( ) 及び [ ] は原註であり、〔 〕を付した箇所は、読者の理解を助ける意図から訳者が補ったものである。資料として付したドイツ少年裁判所法 (Jugendgerichtsgesetz)、少年裁判所法に関する準則 (Richtlinien zum Jugendgerichtsgesetz (RLJGG)) 及び社会福祉法典第8編・児童及び少年援助 (Sozialgesetzbuch (SGB) Achtes Buch (Ⅷ) Kinder- und Jugendhilfe) は、2005年6月末現在施行されているものを翻訳している。

 2　DVJJは、現在ドイツにおいて最大にして最も活発に活動している少年司法に関係する団体であり、その設立も1917年にまで遡る。DVJJが3年に一度開催しているドイツ少年裁判所会議 (Deutscher Jugendgerichtstag) は、今日まで、すでに26回を数えており、それぞれの時局の重要問題について、重要な議論と提言を行ってきている。また、地方組織の活動も活発であり、学理と実務の重要な交流の場が提供されている。少年司法に関する学術図書や雑誌の出版活動も盛んで、1990年からはDVJJ-Journalが、2003年からはその継続誌にあたる学術雑誌ZJJ (Zeitschrift für Jugendkriminalrecht und Jugendhilfe) が刊行されている。

 DVJJの会員数は、2005年6月末現在、約1850人を数えている。その内訳

は、少年裁判補助者25％、社会教育士とソーシャルワーカー（社会内処分の協力者、保護観察官、その他の教育的な職業）25％、法律家（裁判官、検察官、弁護士）約20％、研究者７％、警察関係者３％、少年行刑関係者２％、少年精神科医・心理士２％、となっており、少年司法に関係する職種を網羅する形になっている。

　３　第二次提案が「第二次少年刑法改正委員会」の手によるものであることや、本文中においても「第一次少年刑法改正委員会」の提案に度々言及されていることからも明らかなように、DVJJは、1990年に少年裁判所法第一次改正法が成立した直後の1992年に、一度、少年裁判所法第二次改正法の制定に踏み出すための立法提案である『新しい少年裁判所法のために』[1]（以下では、「第一次提案」と記す）を公にしている。2002年に公にされた第二次提案は、この第一次提案の延長線上に位置し、2001年の少年裁判所会議第25回マールブルク大会の場で公にされた「中間報告」[2]を経て公表されたものである。しかし、この第二次提案が持つ意味は、少年司法改革に向けたDVJJによるこの10年余りの取り組みの総括にとどまっていない。以下、ドイツ少年法制の枠組みを概観し、第二次提案の背景を確認することで、その意義を明確にすることにしよう。

ドイツ「少年刑法」とその変化

　１　ドイツの少年司法制度は、「大陸型少年法制」の典型であり——それがなお一般には「少年刑法（Jugendstrafrecht）」と称されていることからも窺われるように——刑事法的色彩を強くもつ制度であるといわれている[3]。その特徴は、①犯罪行為に及んだ少年の扱いが少年裁判所法に基づく一方で、放任少年、要扶助少年、虞犯少年などの処遇については少年福祉法に拠る二元的なシステムがとられていること、②刑事裁判所の少年部という性格が強い少年裁判所が、教育処分の他に懲戒処分や刑罰を選択的に科すことができる上、

1　Für ein neues Jugendgerichtsgesetz. Vorschläge der DVJJ-Kommission zur Reform des Jugendkriminalrecht, DVJJ-Journal 1-2/1992, S. 4 ff.
2　Vorschläge für eine Reform des Jugendstrafrechts. Zwischenergebnisse der Zweiten Jugendstrafrechtsreform-Kommission der DVJJ, DVJJ-Journal 4/2001, S. 345 ff.
3　平場安治『少年法［新版］』有斐閣（1987年）27頁を特に参照。

起訴前手続 (捜査手続)・中間手続・公判手続・上訴手続・執行手続から成る手続も、成人に対する刑事訴訟手続と基本的な枠組みを同じくしていることにある。①の点を若干敷衍しておくと、少年裁判所法の基本的な適用対象となるのは、犯罪行為に及んだ14歳以上18歳未満の少年 (Jugendliche) であり、14歳未満の児童 (Kinder) は対象とならない。また、現行法上、18歳以上21歳未満の青年 (Heranwachsende) には、原則として一般刑法が適用されるが、人格の全体評価を行い、行為時における道徳的・精神的発育から少年と同視できる場合や、行為の種類や事情、動機から少年事件として扱うべき場合には、少年裁判所法が適用される (少年裁判所法第105条)。

しかし、こうした枠組は、少年法制の指導理念とされる「教育思想」から、強い修正を受けている。例えば、少年刑の上限は10年に制限されている。また、検察段階における起訴法定主義の緩和と手続打ち切りによるダイバージョンの範囲は成人よりも大きく、未決勾留の要件も成人事件に比して厳格化されている。審判手続は、非公開で行われ、少年刑が予想される場合であっても、この点に変わるところはない。手続には、社会教育の領域で活動する少年審判補助者が関与し、(参審員も含めた) 裁判官や検察官といった手続関与者にも、教育的な資質が求められている。さらに、少年・教育権者・法定代理人の他、検察官も持つ上訴権は、手続を早期に終結させる必要性から、一定の条件下で制限される。特に検察官は、被告人に不利な判決に対して上訴を行うことができる一方で (刑事訴訟法第296条第2項)、少年に不利となる上訴は特に慎重に行うべきものとされている (少年裁判所法第55条に関する準則)。青年に対する少年裁判所法の適用も、実務運用上はすでに原則化しており、19世紀末に生じた少年裁判所運動以来の歴史的課題とされているその全面適用も、「すでに1970年代半ば以来存在している一般的な合意」[4]といわれている。

2 加えて重要なのは、システムの両翼を担う少年福祉法制と少年刑事法制、双方の改革とその方向性である。1960年代半ばから1970年代半ばにかけて、ドイツには、少年司法制度を福祉法システムに取り込む形での少年司

---

4 Frieder Dünkel: Heranwachsende im (Jugend-)Kriminalrecht. ZStW Jg. 105, Ht. 1, 1993, S. 164.

法一元化論、いわゆる「少年葛藤法」、「統一少年法」、「拡大された少年援助法」構想があった。この動きが挫折した後、警察法的色彩が強く、国家の積極的な介入を基本に据えるといわれてきた少年福祉法は、1990年に「社会保障法第8編 児童及び少年援助」へと改められている。それに伴い、福祉法上の援助は、基本法上の親の権利と義務、そして若年者の成長発達権（社会保障法典第8編第1条第1項）に基づく、受給者本人の任意を基本とする給付形態へと変化している。

　他方、少年裁判所法の領域では、1970年代の終わりから、「実務による少年刑法改革（Jugendstrafrechtsreform durch die Praxis）」と称される動き（「少年刑法の内的改革」、「下からの少年刑法改革」とも別称される）が生じている。この改革動向は、一方では、財政事情と立法の閉塞状況を、他方では、少年非行の軽微性・一過性・遍在性・エピソード性と自由剥奪処分の害悪性という犯罪学的実証研究により明らかにされた経験的知見を背景として、自由剥奪処分の回避と、ダイバージョンやいわゆる「新しい社会内処遇（neue ambulanten Maßnahmen）」を通した社会内処分の拡充を特徴としている。1990年の少年裁判所法第一次改正法は、この改革動向を立法に結実させたものであった。

　第二次提案は、この流れの上で、「少年刑法」の捉え直しをさらに推し進めようとするものである。

DVJJ第二次提案の背景

　1　第二次提案の意義を浮き彫りにするために確認しておかなければならないのは、①少年裁判所法第一次改正法が積み残し、第二次改正法が取り組むべきとされた課題、②少年裁判所法第一次改正法成立後の政治・政策的潮流、そして、③1990年代半ばから今日までの少年司法を取り巻く理論的状況、という三つの背景である。

　2　1990年の少年裁判所法第一次改正法は、「実務による少年刑法改革」の成果を汲み上げる形をとり、社会内処遇の拡充と自由剥奪処分の回避を基調とした[5]。しかし、その立法による改正は、抑制的なものであったといえる[6]。のみならず、青年の扱いといった歴史的な課題が、「第二次改正法」で解決が図られるべき問題として、立法作業の当初から先送りされていたことを考え

れば、それは不十分な改革であったとすら評しうる。まさにそのことを自覚して、連邦議会の法務委員会は、少年裁判所法第一次改正法を可決する際に、1992年10月までに少年裁判所法第二次改正法案を連邦議会に提出すべきことを、連邦政府に勧告していたのであった[7]。

　その際に、第二次改正法が取り組むべき具体的な課題とされたのは、次の点であった。すなわち、①18歳以上21歳未満の青年に対して少年裁判所法を全面的に適用すべきか否かを検討すること、②教育処分と懲戒処分との関係を整理すること、③少年刑の賦課要件を整理すること、④少年手続における弁護人の協力のあり方について検討すること、⑤少年を過剰に援護することの危険性（教育思想と比例性原則との関係）について検討を加えること、⑥少年司法の実務において観察される刑罰を積極的に評価する考えについて検討すること、⑦少年手続における少年審判補助者の地位と任務を整理すること、⑧捜査手続と上訴手続のあり方について検討すること、⑨少年刑法の特殊性

5　少年裁判所法第一次改正法で行われた立法的改革は、次の点に及ぶ。すなわち、①「新しい社会内処分」を「教育処分」として「指示」のカタログへ採り入れること（第10条）。つまり、援護指示、社会訓練コース、行為者−被害者−和解、労務遵守事項を「指示」のカタログに加えること、②不定期の少年刑の廃止、③保護観察のための刑の延期の拡充（第21条）。つまり、従前の原則・例外を逆転させ、刑期が2年までの少年刑を対象に、保護観察のための刑の延期を必要的なものにすること、④少年拘禁の縮小（第16条）。すなわち、休日拘禁を最高四休日から二休日に半減させ、短期拘禁の期間を最高6日から4日に縮減すること、⑤手続打ち切りの拡充（第45条、第47条）、⑥少年審判補助者の機能の改善（第38条）、⑦教育ホームへの一時収容の改善（第72条）、⑧未決勾留の制限（第72条）。特に、14-15歳の少年に対する未決勾留の制限。つまり、未決勾留が比例性原則に適っていることを吟味すべきことを明文化し、その際に少年にとって執行がもつ特別な負担を考慮すべきものとすること。また、16歳未満の少年について、逃亡のおそれを理由とした勾留を制限すること、⑨未決勾留執行に際する少年への必要的弁護人の選任（第68条）、である。

6　例えば、少年裁判所法第一次改正法については、次のような評価もある。「少年裁判所法第一次改正法は、最近行われた『実務による少年刑法改革』を安定させ、その統一及び若干の明白な欠陥を取り除くことに寄与するだけに甘んじている。したがって、それは、中間決済として捉えられる。しかし、必要である少年刑法上の新しい概念は生まれていない」(Wolfgang Heinz: Das Erste Gesetz zur Änderung des Jugendgerichtsgesetzes (1. JGGÄndG). ZRP 1991, Ht.5, S.186)、「新しい規定は、実際のところ『完熟』したものではあるが、少年刑事司法の携わる実務家及び理論家にとってほとんど新しいものをもっていない。それは満足されるものではあるが、喜ばせるものではない」(Alexander Böhm: Zur Änderung des Jugendgerichtsgesetzes. NJW 1991, Ht.9, S.534)。

7　Vgl. Beschlußeempfehlung und Bericht des Rechtsausschusses (6. Ausschuß) vom 19.6.1990. BT-Drs. 11/7421, S. 3.

に関する裁判官、検察官、弁護人の専門教育と職業教育のあり方について検討を加えること、⑩制裁を命じ執行する際に女性の利害関係を必要的に考慮する制度を検討すること、⑪行為者–被害者–和解を拡充すること、である。

　これらは、いずれも少年司法の根本的な性格と体系にかかわる重要問題である。それに向けた第二次提案が、少年司法の根幹にかかわる諸問題に正面から取り組んでいることは、いわば必然であったといえよう。

　3　ところで、当初設定されていた期限から10年以上が経過している現在においても、少年裁判所法第二次改正法案は、連邦議会に提出されていない。それは、第二次改正法案において取り組むべき問題が、理論的に見て、少年司法制度の根幹にかかわるからだけではない。ドイツでは、特に1990年代半ばから、警察統計上の少年犯罪の増加、「凶悪化」、「低年齢化」が指摘され始める。センセーショナルなマスコミ報道と政治的喧伝を通じて、自由剥奪処分の回避と社会内処遇の拡充という基本線上で少年司法改革を更に進めることに対する風当たりは、厳しさを増しているといえる。

　反対に、1990年代半ばから現在にかけて、保守政党を中心に取りまとめられた少年法「改正」法案が、繰り返し議会に提出されている[8]。その主張の中核には、青年に対する一般刑法適用の「原則」の明確化や、保護観察のための少年刑の延期を言い渡す際に少年拘禁を科すという「入口拘禁 (Einstiegsarrest)」や「威嚇射撃拘禁 (Warnschussarrest)」の導入がある。「無罪放免」であると少年に「勘違い」させないように「入口拘禁」を導入すべきである、との主張から明らかなように、その特徴は、特に自由剥奪処分の一般予防効果に期待を寄せている点にある。根本において少年裁判所法第一次改正法とは反対の方向性を持ち、その意味で「逆改革」を志向するこうした流れが強まっていることが、第二次提案の第二の背景になる[9]。

　4　以上の背景に加えて、1990年代初頭に立法提案として形を現し、2000年代に入りそれを反復する形で現れている理論的状況にも目を配っておく必要がある。それは、少年司法における法治国家的保障や規範の確証の重要性を強調する脈絡で——1993年に公にされたAWO提案[10]や2002年のドイツ法曹大会第64回ベルリン大会の刑事法部会[11]におけるH.-J. Albrechtの基調レポート[12]に明確に表されているように——少年司法の指導理念として「教育思想」を放棄しようとする考えの強まりである。その主張の核心には、「跡づ

け不可能」な「教育思想」が自由剥奪処分の正当化に用いられており、そのこ

8　最近のものだけに限っても、例えば、次のような法案がある。Gesetzesantrag des Freistaats Thüringen: Entwurf eines Gesetzes zur Änderung des Jugendgerichtsgesetzes, BR-Drs. 549/00, Antrag des Landes Baden-Württemberg: Entschließung des Bundesrates zur wirksameren Bekämpfung von Rechtsextremismus und Fremdenfeindlichkeit, BR-Drs. 564/00, Gesetzesantrag des Freistaates Bayern: Entwurf eines Gesetzes zur Änderung des Strafgesetzbuches, des Jugendgerichtsgesetzes und anderer Gesetze (Gesetz zur Erweiterung des strafrechtlichen Sanktionensystems), BT-Drs. 637/00, Gesetzesantrag des Landes Brandenburg: Entwurf eines Gesetzes zur Verbesserung der Bekämpfung der Jugendkriminalität, BR-Drs. 634/02, Gesetzesantrag des Landes Baden-Württemberg: Entwurf eines Gesetzes zur Verbesserung der Bekämpfung der Jugenddelinquenz, BR-Drs. 321/03, Gesetzesantrag der Länder Sachsen, Bayern, Hessen, Niedersachsen, Thüringen: Entwurf eines Gesetzes zur Stärkung des Jugendstrafrechts und zur Verbesserung und Beschleunigung des Jugendstrafverfahrens, BR-Drs. 238/04, Gesetzesantrag der Freistaaten Bayern, Thüringen: Entwurf eines Gesetzes zur Vermeidung von Rückfalltaten gefährlicher junger Gewalttäter, BR-Drs. 276/05, Entwurf eines Gesetzes zur Verbesserung der gesetzlichen Maßnahmen gegenüber Kinder- und Jugenddelinquenz, BT-Drs. 14/3189, Entwurf eines Gesetzes zur Änderung des Jugendgerichtsgesetzes, BT-Drs. 14/8788, Gesetzentwurf des Bundesrates, Entwurf eines Gesetzes zur Verbesserung der Bekämpfung der Jugenddelinquenz. BT-Drs. 15/1472, Gesetzentwurf des Bundesrates: Entwurf eines Gesetzes zur Stärkung des Jugendstrafrechts und zur Verbesserung und Beschleunigung des Jugendstrafverfahrens, BT-Drs. 15/3422.なお、2002年11月に開催された諸ラントの司法相会議の決議も、これらの法案と同様に、少年裁判所法上の処分を厳しくするとともに、18歳以上21歳未満の青年に対しては原則的に一般刑法を適用するよう求めている。vgl. Herbstkonferenz der Justizministerinnen und -minister am 14. November 2002 in Berlin. Beschluss.

9　さらに、近時ドイツの一般刑法の領域において顕著となっている「危険な犯罪者」の隔離拘禁を強化する傾向——この傾向は、第二次提案の公表後さらに強まりを見せている——が、少年司法の分野にも及び始めている。本書の資料として収めた少年裁判所法の第106条に定められている青年に対する保安監置の適用は、2004年の事後的保安監置の導入に伴い行われた少年裁判所法の改正で実現したものである。

10　Arbeiterwohlfahrt Bundesverband e.V., Jugend ohne Zukunft?—Befäigihen statt Strafen— Bonn 1993. AWO提案の基本視座および「少年刑法」にかかわる提案の要約として、Monika Frommel; Bernd Maelicke, Für ein normverdeutlichendes und liberal-rechtstaatliches Jugendstrafrecht. Neue Kriminalpolitik 3/1994 S.28 ff. 1992年のDVJJ第一次提案は、このAWO提案の対案の役割を果たしたといえる。

11　ドイツ法曹大会第64回大会は、実に、1904年の第27回大会以来取り上げられることのなかった少年刑法をテーマとして取り上げるものであった。DVJJ第二次提案も、このドイツ法曹大会の日程に合わせてまとめられており、大会の場でも配付されたものである。結果的に見れば、DVJJ第二次提案はH.-J. Albrechtの基調レポートに対する対案の役割を担ったともいえる。

12　Hans-Jörg Albercht: Ist das deutsche Jugendstrafrecht noch zietgemäß? München 2002.

とで若年者は大きな負担を強いられているという認識、さらには公平性や透明性、行為責任の要請から、「教育思想」を少年司法の指導理念として放棄すべきであり、福祉の刑事化を遮断するためにも少年刑法と少年援助法は厳格に分離されるべきである、という考えがある[13]。

第二次提案は、新自由主義的な潮流の上にあるとも指摘される[14]このような理論動向の前にあり、これと自覚的に対峙するものになっている。

DVJJ第二次提案の特徴と課題

1　以上の三つの背景の前で、第二次提案の特徴を捉えれば、次の四点にまとめることができるだろう。

第一の特徴は、少年司法の目的と諸原則の明確化、明文規定化にかかわる。第二次提案は、若年者が将来に渡って犯罪行為と関係しない生活を送ること（Legalbewährung）を少年裁判所法の目的に据えている。それと同時に、捉え直された「教育」の内実として、子どもの成長発達権の保障を目的規定に置くべきことが、提唱されている。このことは、次の三つのことを同時に意味する。すなわち、まず、少年司法上の処分の直接的な目的が特別予防にあり、一般予防にはないことを、次に、曖昧な「教育」という概念を根拠にして自由剥奪処分の賦課を正当化すること——第二次提案は、「刑罰による教育」、「教育によるおまけ」という言葉で、このことを言い表している——の否定を、そして最後に、それにもかかわらず、児童及び少年援助法に歩調を合わせる形で、司法と少年援助の協働・協力関係を強化し、少年司法に取り込まれた少年の疎外や冷遇を埋め合わせ、少年が主体的に非行を克服するのにふさわしく、手続や処分を形成すること、である。

この点で、第二次提案は——「教育思想」を少年司法の「支柱」として残すべきことを主張していた第一次提案の基本路線を継承する形で——厳罰を求

13　もっとも、その主張の背後にあるのは、少年自身の負担の考慮だけではない。そこでは、むしろ積極的一般予防ないしは刑法を用いた規範の確証を強調する考えが、大きな位置を占めている。

14　Vgl. Frieder Dünkel: Jugendstrafrecht – Streit um die Reform, Neue Kriminalpolitik 3/2002, S. 90 ff., Arthur Kreuzer: Ist das deutsche Jugendstrafrecht noch zeitgemäß? NJW Jg. 55, Ht. 12, 2002, S. 2345 ff.

める「改正」提案とはもとより、例えば、「法治国家原則」や規範の確証を強調することで少年司法の指導理念としての「教育思想」を放棄すべきことを説く見解とは、立場を異にしている[15]。確かに、第二次提案も、責任主義や比例性原則を用いて国家的介入の外枠を画する必要性を説いている。しかし、第二次提案の構想によれば、それは、もっぱら国家的介入を抑制するための道具にとどまるべきものである。その外郭の中で行われるべき少年司法の具体的な手続や処分の形成は、少年のニーズや教育を指針としなければならない。このことは、第二次提案が掲げる「少年刑事手続の諸原則」に「参加の原則」や「補整の原則」もが含められていることとも、密接な関連を持っている。第二次提案のいう責任主義や比例性原則が、行為の重さに見合う処分を必ず科さなければならないという、いわゆる「積極的責任主義」や「積極的比例主義」を意味しないことは、すでに明らかであろう。

　第二の特徴は、少年審判補助の改革に関係する。第二次提案によれば、「少年審判補助（Jugendgerichtshilfe）」の概念は、児童及び少年援助法に適う形で、「刑事手続における少年援助の協力」の概念に代えられなければならない。そのことで、少年援助は、少年の援助者であるとともに、社会教育的立場から裁判所に「助言」を行う協力者として位置づけ直されている。これは、司法と少年援助を平等な立場にある協力者同士として措定するとともに、少年への援護・付添い機能を前面に押し出すことで、「二重スパイ」とも称されることがあった少年審判補助の役割葛藤の問題の緩和を図ろうとするものである。少年援助への質問権の付与や、少年との信頼関係を保証するために証言拒否権を与えるという提案も、この点と密接に関係している。

　第三の特徴は、少年裁判所法の人的な適用対象にかかわる。第二次提案は、18歳以上21歳未満の青年を原則的に少年裁判所法の適用対象に含めるだけでなく、21歳以上24歳までの「若年成人（Jungerwachsene）」にまで部分

---

[15] この対立の背後には、規範確証や積極的一般予防を少年司法で考慮すべきか、どれだけ考慮すべきかに対する見解の対立がある。例えば、H.-J. AlbrechtとDVJJ第二次提案は、少年司法において行われる判断が「跡づけ可能性」を持つべきことを共通して訴えている。しかし、H.-J. Albrechtのいう「跡づけ可能性」は、規範確証や積極的一般予防を背後に据えた、一般人によるものである。それに対し、DVJJ第二次提案は、特別予防を重視する立場から、あくまで少年司法に取り込まれた少年本人による「跡づけ可能性」を念頭に置いている。

的な適用を認めるべきことを提唱し、適用対象の上限の拡張を図っている。その一方で、少年裁判所法の適用範囲の下限を現行法通り14歳に据え置くべきことが主張され、下限の拡張は拒否されている。殊に、「若年成人」への例外的な少年裁判所法の適用は、第一次提案には見られなかった点であり、第一次提案に対する第二次提案の特徴ともなっている。

　最後に、実体処分の改革である。第二次提案では、補充性原則に即して実体処分を段階づけ、再編することが提案されており、「教育処分」や「懲戒処分」といった現行法上の形式的なカテゴリーが放棄されている。その上で、社会内処分と施設内処分を区別し、前者においては社会教育的な措置と抑圧的な措置を厳格に区別することが提唱されている。16歳未満の者に対する（未決勾留を含めた）自由剥奪処分の原則禁止も主張されている。それは、自由剥奪処分の最終手段性や補充性原則の確認からくる主張にほかならず、自由剥奪処分の存在を――現実論から、いわば「必要悪」として――認めながらも、その積極的な教育効果については常に留保を付す態度と結びついている。そのような態度は――少年援助による社会内の措置を拡充することを通して――将来における自由剥奪処分の縮小を強く志向していることとも表裏をなしている。

　2　こうした第二次提案は、法目的や原則といったいわば基礎部分から「少年刑法」を再構成し、少年裁判所法第一次改正法がとった基本的な改革路線を深化させる形で、少年司法改革をさらに推し進めようとするものである。そして、こうした第二次提案の出発点になっているのは、まさに犯罪学的実証研究の成果と、子どもの人権や少年司法に関係する国際条約・国連準則なのである[16]。

　この点で、第二次提案は、ドイツにおける少年司法改革の基本路線の確認を超える意義を持っている。実証的・経験的な知見に基づく少年非行の本質的性格の把握と政策論としての展開、国際条約・国連準則を指針とした法目的や法原則の明確化とそれを基点とした少年司法改革の方向づけ、謙抑的で

---

[16] これに関連して、北京ルールズの成立に多大な貢献を果たしたHorst Schüler-Springorumが、1968年から1977年までDVJJの代表者を務めていたという事実は、DVJJの活動と主張を理解するためにも、そしてまた北京ルールズの基本的な発想を理解するためにも、記憶に留められておいてよい事柄である。

あるべきながらも具体的な手続や処分は少年の援助に資するものでなければならないという、少年司法の性格の捉え方や位置づけなどは、基本的な視座や発想のみならず、その具現化という点で、示唆に富んでいる。

　加えて、第二次提案は、各論的な問題の解決を図る際にも、重要な示唆を与えるものになっている。現在日本で解決が求められている問題、あるいは少年法「改正」論議の俎上に載せられている問題を、少しく想起してみよう。そのうちの多く——刑事未成年者（触法少年）の法的な扱い、警察段階におけるダイバージョンや事件不送致の是非、「未決」段階における少年の身体拘束のあり方、家庭裁判所調査官による調査活動のあり方と役割葛藤、対象者のデータ保護の必要性、手続関与者が持つべき資質、少年手続における（弁護士）付添人選任のあり方、（刑事）手続における少年の人格権保障のあり方、行為者−被害者−和解制度の位置づけとその担い手、少年手続における被害者の利益の考慮の仕方、自由剥奪処分の選択基準、保護観察の担い手とその負担、保護観察制度改革のあり方、年少者に対する自由剥奪処分のあり方やその回避策等々——と類似する問題に関する記述を、第二次提案の中に見つけることができる。問題の解決を図る際の方向性、指導理念や諸原則の具体化という点で、それが与える解決への手がかりは、決して小さくない。

　3　第二次提案にも、課題が残されていないわけではない。少年司法を取り巻く政治状況の厳しさもあってか、第二次提案には、第一次提案や中間報告と比較して妥協的な側面が見られる。例えば、第二次提案は、「処罰責任年齢（Bestrafungsmündigkeit）」として具体化されている16歳未満の者に対する自由剥奪処分の禁止について、一定の例外を認めている。この点は、一切の例外を認めていなかった第一次提案や中間報告[17]から議論の後退があるといわざるをえないように思われる。また、第二次提案では、少年拘禁が「代替拘禁」に機能縮小されている。確かに、これは、少年拘禁の存廃をめぐるこれまでの議論の中では、廃止論に最も近いものであるといえる[18]。しかし、「教育処分」である指示や遵守事項の不履行の際に科される「不服従拘禁」が、少年拘禁と同様に、ナチス期に導入されたことを考えれば、「教育」概念の内実と

17　Vgl. DVJJ, DVJJ-Journal 1-2/1992 (Fn. 1), S. 12 f., DVJJ, DVJJ-Journal 4/2001 (Fn. 2), S. 346.

のかかわりで、根源的には問題が残るように思われる[19]。もっとも、第二次提案が歴史的には少年「刑法」を出発点とする改革の道程にあることを考えれば、こうした不十分で不徹底に見える点も、改革の大きな方向性の中で位置づけられ、評価されなければならないことは、いうまでもない。

4 最後に、DVJJ第二次提案が、すでにドイツにおいて現実の立法動向に影響を及ぼしはじめていることに言及しておこう。

ドイツ連邦司法省は、2004年に「少年行刑法の規定のための討議案 (Referentenentwurf: Entwurf eines Gesetzes zur Regelung des Jugendstrafvollzuges (GJVollz). Stand: 28.4.2004)」と「少年裁判所法第二次改正法のための討議案 (Referentenentwurf: Entwurf eines Zweiten Gesetzes zur Änderung des Jugendgerichtsgesetzes (2. JGGÄndG). Stand: 8. April 2004)」を作成している[20]。憲法上の社会的法治国家原則に鑑みれば、成人に向けられた行刑法とは別に少年行刑法を制定する必要性があることは、1970年代から繰り返し指摘されてきたことであり、DVJJ第二次提案もその問題に触れているところである。前者の法案は、まさにこうした指摘に基づき、一応の立法的な対応を図ろうとするものである。後者の法案は、少年裁判所法第二次改正法の制定作業を進めるべきとの声に応えようとするものである。そこでは、被害者の手続関与に関係する規定の他、少年裁判所法の目的の明確化や必要的弁護事件の拡張など、重要な法改正が提案されており、そこにDVJJ第二次提案の影響を見て取ることも十分に可能である[21]。いずれにしても、第二次提案が、今後のドイツにおける少年司法の立法動向の

---

18 少年拘禁の存廃をめぐっては、第一次提案の際には、継続拘禁を存置する案と代替拘禁としての機能のみを残す案との対立があり、中間報告の際には、少年拘禁を施設内の社会訓練コースに再編する案と代替拘禁に機能を限定する案が併記される状況にあった。vgl. DVJJ, DVJJ-Journal 1-2/1992 (Fn. 1), S. 33 f., DVJJ, DVJJ-Journal 4/2001 (Fn. 2), S. 353 f.

19 その際、「不服従拘禁」の必要性が、まさに「国家の権威」により理由づけられたことについては、Heinz Kümmerlein: Das neue Reichsjugendgerichtsgesetz. DJ Jg. 11, Nr 37, 1943, S. 536を参照。

20 これらの法案に対するDVJJ側からの評価については、次の文献を参照。Stellungnahme zum Referentenentwurf eines Gesetzes zur Regelung des Jugendstrafvollzuges (GJVollz). Entwurf des BMJ vom 28. April 2004. ZJJ 2/2004, S. 314 ff., Stellungnahme zum Referentenentwurf eines Zweiten Gesetzes zur Änderung des Jugendgerichtsgesetzes (2.JGGÄndG). Entwurf des BMJ vom 08. April 2004. ZJJ 2/2004, S. 322 ff.

展開を評価し、位置づける際のひとつの座標軸として不可欠の存在になっていることは、間違いがない。

＊＊＊

　この第二次提案は、少年裁判所法第二次改正法へ向けた立法提案という体裁をとってはいるものの、児童・少年福祉の領域をも含めた広義の少年司法をめぐるドイツにおける学理・実務・立法の状況と今日までの到達点を鳥瞰するものになっている。資料として付した法令とともに、比較法研究を進める上での基礎資料として活用して頂ければ幸いである。それを超えて、専門家・非専門家を問わず、また学理・実務を問わず、少年司法をめぐる問題に関心を持たれている方々に幅広く手にとって頂き、本書が日本における少年司法をめぐる議論の進展に資するところがあるとすれば、訳者としては、望外の幸せである。

　本翻訳にあたっては、Bernd-Rüdeger Sonnen会長をはじめとして、DVJJより惜しみないご協力を頂いた。また、本翻訳は、アレクサンダー・フォン・フンボルト財団 (Alexander von Humboldt Stiftung) 奨学研究員として訳者がドイツ連邦共和国、コンスタンツ大学のWolfgang Heinz教授のもとで従事した在外研究の成果のひとつでもある。Heinz教授はじめ同教授の講座の皆さんには、本翻訳にあたっても一方ならぬお世話になった。さらに、本書の刊行は、九州大学法学部国際学術交流振興基金の助成の上にある。出版を快くお引き受け頂いた現代人文社の成澤壽信さんにお礼を申し上げるとともに、翻訳をご支援頂いたすべての方々に、この場をお借りして、心から、感謝を申し上げたい。

Die vorliegende Übersetzung ist das Ergebnis eines Forschungsaufenthalts des Übersetzers an der Universität Konstanz am Lehrstuhl von *Prof. Dr. Wolfgang Heinz*. Dieser Aufenthalt wurde mit einem Stipendium der *Alexander von Humboldt Stiftung* gefördert und ich bedanke mich sehr für die großzügige Unterstützung. Auch möchte ich meinen herzlichen Dank ausdrücken der *DVJJ e.V.* und ihrem Vorsitzenden *Herrn Prof. Dr. Bernd-Rüdeger Sonnen* sowie *Herrn Prof. Dr. Wolfgang Heinz* und den wissenschaftlichen Mitarbeitern an seinem Lehrstuhl für ihre vielfältige Hilfe.

21　もっとも、この「少年裁判所法第二次改正法のための討議案」は、1990年代初頭に想定されていた「第二次改正法」よりもかなり小規模なものとなっており、なおかつ、極めて抑制的な改正案にとどまっている。

武内謙治（たけうち・けんじ）
1971年、熊本県生まれ。1995年、九州大学法学部卒業。2000年、九州大学大学院法学研究科博士後期課程修了。現在、九州大学大学院法学研究院助教授（刑事法学専攻）。
主な著作に、「少年手続における『教育思想』と『法治国家原則』──ドイツ少年刑法における『内的改革』の展開」九大法学第76号（1998年）45頁以下、「ドイツの厳罰政策をめぐる動向」団藤重光＝村井敏邦＝斉藤豊治ほか著『「改正」少年法を批判する』（日本評論社、2000年）215頁、「付添人による援助の公的保障」葛野尋之編『「改正」少年法を検証する』（日本評論社、2004年）169頁以下、などがある。
ホームページは、http://www.law.kyushu-u.ac.jp/~takeuchi/index.html、
メール・アドレスは、takeuchi@law.kyushu-u.ac.jp

ドイツ少年刑法改革のための諸提案

2005年12月20日　第1版第1刷発行

著　者	ドイツ少年裁判所・少年審判補助者連合（DVJJ）
訳　者	武内謙治
発行人	成澤壽信
発行所	株式会社 現代人文社
	東京都新宿区信濃町20 佐藤ビル201（〒160-0016）
	Tel.03-5379-0307（代）Fax.03-5379-5388
	daihyo@genjin.jp（代表）hanbai@genjin.jp（販売）
	http://www.genjin.jp/
発売所	株式会社 大学図書
印刷所	株式会社 シナノ
装　幀	清水良洋＋渡邉雄哉（Push-Up）
口絵デザイン	西澤幸恵（Push-Up）

検印省略　Printed in JAPAN
ISBN4-87798-274-4 C3032
©2005 by Kenji TAKEUCHI

本書の一部あるいは全部を無断で複写・転載・転訳載などをすること、または磁気媒体等に入力することは、法律で認められた場合を除き、編著者・訳者および出版者の権利の侵害となりますので、これらの行為を行う場合には、あらかじめ小社または編著者・訳者に承諾を求めてください。